الحاج عبد الله

ILIJA TROJANOW

NOMADE AUF VIER KONTINENTEN

AUF DEN SPUREN

VON SIR RICHARD FRANCIS BURTON

Die Andere Bibliothek   *Herausgegeben von Hans Magnus Enzensberger*

Sir RICHARD

FRANCIS

ILIJA TROJANOW

Nomade
auf vier Kontinenten

Auf
den Spuren
von

BURTON

Eichborn Verlag   Frankfurt am Main 2007

ISBN 978-3-8128-4527-2
Copyright © Eichborn AG
Frankfurt am Main 2007

Omne Solum Forte Patria
Dem Starken ist jeder Ort Heimat

für S.

الحاج عبد الله

6

Einstieg

WER IST DIESER MANN,

UM DEN ES HIER GEHEN SOLL,

UND WAS BRINGT DEN AUTOR DAZU,

SICH MIT IHM ZU BESCHÄFTIGEN?

8 *NOMADE AUF VIER KONTINENTEN*

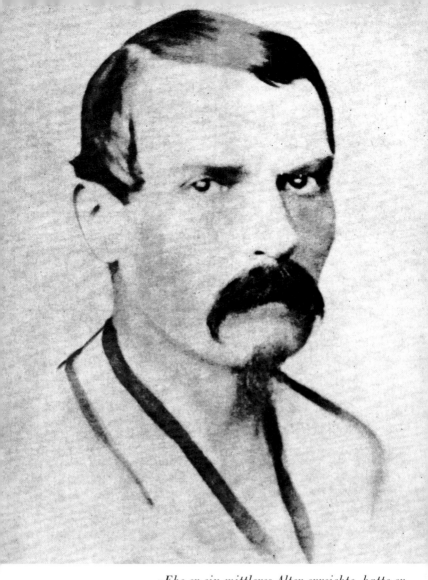

»Ehe er ein mittleres Alter erreichte, hatte er schon mehr studiert, erlitten, erlebt und bewirkt als ein halbes Dutzend gewöhnlicher Männer in ihrem ganzen Leben.«
EDWARD STANLEY, 14th Earl of Derby

*»Bismarck war, nach meinem Dafürhalten,
kein so großer Mann wie Sir Richard Burton.
In Charakterstärke, Mut und Kraft waren
sie sich nicht unähnlich; aber Burton hatte
eine breitergefächerte Intelligenz, ein umfassen-
deres Denken und eine großzügigere Natur.«*
FRANK HARRIS

والسيف والضيف والقرطاس والقلم الليل والخيل والبيداء تعرِ فُني

Er war ein Reisender, ein Abenteurer, ein Soldat, ein Diplomat, ein Anthropologe, ein Geograph, ein Geheimagent, ein Geschichtenerzähler, ein Übersetzer, ein Hobbydichter, ein Laienwissenschaftler, ein Archäologe, ein Goldsucher, ein Meisterfechter, ein Agnostiker, ein Satiriker, ein Häretiker, ein Provokateur, ein Aufklärer.

Er war wie ein Orchester ohne Dirigent.[1]

Er hatte nackte, dunkle, gebieterische, aggressive Augen und einen durchdringenden Blick, breite Schultern, ein Lachen aus tiefer Brust, Lust und Appetit ohne Maß, eine Vorliebe für das Unbekannte und das Stigmatisierte.

Er war stolz auf seine körperliche Härte.

Er litt an Schlaflosigkeit, an Selbstzweifeln, an Depressionsepisoden, die ihn nach jeder Unternehmung

[1] Alan Moorehead: *The White Nile.*

überwältigten. Nur in Bewegung, nur auf Reisen, war er glücklich. Er litt an seiner Abhängigkeit von Alkohol und Drogen, Folge seiner Experimente mit Haschisch, Opium und Khat; Rauschmittel, die er erfahrungsgierig einnahm, nicht nur, weil man ihnen eine aphrodisierende Wirkung nachsagte.

Er liebte es, zu schockieren...

Ich bin schon drei Tage an diesem Ort und wirklich enttäuscht. Kein Mann getötet, kein Kerl gefoltert. Das im Blut treibende Kanu ist der Mythos aller Mythen. Der arme Hankey muß weiterhin auf seine *peau de femme* warten. Habe keinem einzigen Aufschlitzen bisher beiwohnen können. In Benin *au moins* haben sie einen Burschen zu Ehren meiner Ankunft gekreuzigt – hier nichts! Und dies soll das blutgetränkte Land von Dahome sein!! Völlig angewidert von der Zahmheit des Ortes – der König wird erst in einem Monat zurückkehren –, werde ich am Nachmittag in die Küstenstadt Whydah zurückreisen und dort ein wenig herumlaufen, bevor ich mich nach Lagos aufmache. In der Biafra-Bucht tobt das Gelbfieber; ich traue mich nicht, einen Kreuzer dorthin zu nehmen. Wahrscheinlich werde ich versuchen, in einem Kanu den Niger hinauf bis nach Timbuktu zu gelangen. Wahrlich, es wird ein merkwürdiges Spektakel für die unsterblichen Götter sein, auf einen Kerl hinabzublicken, der sich fast ohne Aussicht auf Rückkehr einen Fluß hinaufwagt! Ich frage mich ›wieso‹, und das einzige Echo lautet ›verdammter Narr‹ [...] der Teufel herrscht![1]

Aus einem Brief an Monckton Milnes, in: *In Search of Sir Richard Burton*, S. 7 ff.

[1] Die bibliographischen Hinweise finden sich am Ende des Buches ab Seite 419.

Er war ein Rebell, der dazugehören wollte, ein skeptischer Spion, ein Außenseiter, dessen Nonkonformismus durch ein Gefühl sozialer Unbeholfenheit verstärkt wurde. Er traute sich nicht, die Grenzen des sozialen Anstandes endgültig zu überschreiten, er begnügte sich damit, sie immer wieder in Frage zu stellen.

Er kultivierte ein Leben lang seine charakterlichen Widersprüchlichkeiten.

Er verachtete Aberglauben, hielt es aber für schädlich, im Mondlicht oder unter einem Tamarindenbaum zu schlafen (er habe dies einmal getan und sich gleich ein Wechselfieber eingefangen); er glaubte an Kismet, an Vorbestimmung, weswegen er in entscheidenden Momenten seines Lebens eine verblüffende Passivität an den Tag legte; er hegte zeitweilig den Plan, eine Biographie des Satans zu verfassen.

Er war ein einzigartiges Produkt der viktorianischen Zeit.

Er liebte es, bei Dinnerpartys lauthals zu verkünden: »Sir, ich kann mit Stolz behaupten, jede Sünde des Dekalogs begangen zu haben.« Oder ausführlich zu erzählen, wie er einen Mitpilger erdolcht habe, der ihn auf der Hadsch ertappt hatte, als er im Stehen pinkelte.[1]

Er haßte England, Bürokratie und Heuchelei, das Alteingesessene und das Selbstgerechte, den Universalismus.

[1] Anstatt, wie bei ›Orientalen‹ üblich, in der Hocke.

Einige Zeilen aus einem bekannten Literaturjournal, die ich nachfolgend zitieren werde, dienen mir als Vorwand, mich unaufgefordert an einige Fetzen Autobiographie zu wagen. Solange sich die Kritiker damit begnügen, den Stil eines Autors zu verteufeln, dadurch sie zu dem Ergebnis gelangen, sein Jargon sei ›vulgär‹ und seine Bemühungen um Komik allesamt ›Reinfälle‹, sollte man schweigend ihren Vorstellungen von ›Vornehmheit‹ lauschen und ihre Definitionen des Geistreichen akzeptieren und derweil mit seiner eigenen Meinung zu diesen Themen hinter dem Berg halten. Denn der Autor ist in diesen unseren modernen Tagen als Clown in einer großen Pantomime engagiert, er wird zu Boden geschlagen und wieder aufgerichtet, er wird zum Wohle der vergnügungssüchtigen Öffentlichkeit verrissen, provoziert und gebuttert[1] – à discrétion. Es wäre seinerseits ein Zeichen der Schwäche, sich über einen wunden Rücken, aufgescheuerte Ellenbogen und Beulen am Kopf zu beschweren. [...]

»Es fehlt ihm an *Humor*«, sagt ein verdrießlicher Aristarchos,[2] wenn, aus irgendeinem Grund, Sie oder Ihr Verleger ihm mißfallen.

»Ein *raffiniertes* Buch«, äußert ein anderer, der keinen besonderen Grund hat, Ihr Freund zu sein.

»Erzählt mit *gedanklicher Frische*«, erklärt ein dritter, der stolz darauf ist, neidlos jede Leistung anzuerkennen, selbst die des Teufels. [...]

Aber kommen wir zu dem biographischen Ausschnitt, –
»Mr. Burton war, wie es scheint, fünf Jahre lang mit sei-

---

[1] Richard Burton fühlte sich *buttered;* was sich mit ›geölt‹ auch nicht besser übersetzen ließe.

[2] A. von Samothrake, der Marcel Reich-Ranicki der Antike, dessen Vorbild Schule machte.

nem Regiment im Scinde¹ stationiert, und es steht ihm zu, damit zu prahlen, daß er den anderen Subalternoffizieren mit gutem Beispiel vorangegangen ist, indem er so gewissenhaft seine Studien der Sprache, der Literatur und der Bräuche der einheimischen Bevölkerung betrieben hat. Obwohl wir weit davon entfernt sind, seine Haltung gegenüber unserer Politik im Osten zu akzeptieren, insbesondere betreffs der Behandlung der Einheimischen, sind wir uns des Wertes der zusätzlichen Informationen wohl bewußt, die er zu vielen wichtigen Themen vorgebracht hat. Für einen Mann seiner Jugend scheint er einige sehr extreme Ansichten zu haben;² und es ist vielleicht nicht übertrieben, zu sagen, daß der Fehler, den zu begehen er am meisten fürchten sollte, nicht nur als Autor, sondern auch als Offizier, die Mißachtung jener gut eingeführten Regeln der Mäßigung ist, die niemand ungestraft überschreiten kann.«

Es gibt keine größere Schwierigkeit für einen noch ungeschliffenen Autor, der sich indischer Themen angenommen hat, als das rechte Verständnis der *ignorance crasse*, die das Denken des Lesers zu Hause und das seines Orakels, des Kritikers, befällt. Was für ein Unwissen über die Möglichkeiten des Studiums, die sich einem anglo-indischen Subalternoffizier in seiner Dienstzeit mit dem Korps bieten, diese Zeilen doch offenbaren! […] Wir waren etwa in Gharra einquartiert, einem Haufen von Bungalows, umgeben von einem Wall aus Milchbüschen, auf einer sandigen Ebene nahe einem schmutzigen Dorf gelegen, dessen ängstliche Einwohner uns mieden, als seien wir die Pest auf zwei Beinen. Egal, wie aufmerksam wir die Häuser durchsucht hätten, an diesem Ort wäre

¹ Auch Sind und Sindh(e) geschrieben.
² Wann extreme Ansichten, wenn nicht in der Jugend?

kein einziges Scinde-Buch aufgetaucht, abgesehen von den Kassenbüchern der örtlichen Krämer; und, soweit ich mich erinnern kann, gab es keine einzige Seele, die sich in der Lingua franca des indischen Gesprächs verständlich machen konnte – Hindustani.

Falconry in the Valley of the Indus, S. 58 ff.

Das 19. Jahrhundert ist in hohem Maße gegenwärtig. Viele unserer Vorstellungen von Differenz – bezogen auf fremde Länder und Kulturen – wurden damals geformt. Wenn wir heute über Bräuche oder Stämme oder Kasten sprechen, denken wir innerhalb von Paradigmen – oder widersetzen uns ihnen –, die zu Lebzeiten von Richard Francis Burton (1821 bis 1890) geprägt wurden. Wenn wir über Universalismus oder Relativismus diskutieren, führen wir einen der dominanten Dispute des 19. Jahrhunderts fort. Wir sind weiterhin konditioniert von der Weltsicht des imperialen Zeitalters (wie selbst ein kursorischer Blick in die Medien und ihre Berichterstattung über Indien, Arabien und Afrika aufzeigt), weil wir sie nie umgeworfen, sondern nur korrigiert haben. Und heute, da imperiale Positionen mit einer frischen Frechheit bezogen werden und manch ein Intellektueller sich beeilt, sie mit seiner Bildung abzufüttern, ist es lehrreich, nachzuvollziehen, wie das ›viktorianische Archiv‹ gefüllt wurde, von Männern – und einigen wenigen Frauen – wie Richard Burton.

So sehr Burton ein Zögling seiner Zeit war, seine Eigenwilligkeit, Sturheit und Flexibilität verhinderten, daß er zu einem Konformisten wurde. Lust auf Einsicht war bei ihm gepaart mit Gier auf Teilhabe. Kaum hatte er erkannt, daß dem britischen Offizier in Uniform nichts als Abscheu entgegenschlug, wählte er den Weg der Camouflage, verkleidete sich nicht nur, sondern erforschte so leidenschaftlich intensiv seine Umgebung, daß sich seine Kenntnisse im selben Maß vertieften wie seine Empathie. Wer war er, wird oft gerätselt, als was gab er sich aus – und die Antwort kann nur fragen: Wann wird eine Maske zu einem neuen Gesicht? Denn selbst wenn Burton schimpft und hadert, seine detailbesessene Wahrnehmung widerspricht oft seinen Aburteilungen. So sehr verschmolz er, als Vorläufer der ›teilnehmenden Beobachtung‹, mit dem Fremden; seine Erfahrungen wollten sich nicht einfügen in die hingebungsvoll gepflegten Dogmen. Ich kenne keinen anderen Autor, der so entspannt und unverkrampft die Widersprüche im eigenen Text duldet. Burton war verliebt in Vielfalt, und jede Entwicklung, die der kulturellen Vielfalt der Menschheit Schaden zufügte, wie etwa die Missionierung, war ihm verhaßt. Ebenso die Ignoranz nicht nur der breiteren Öffentlichkeit, sondern auch der Politiker, Generäle und Beamten, die er in jedem seiner Bücher und in unzähligen Leserbriefen an alle führenden Publikationen der Zeit ohne Nachsicht vorführte und eines Besseren belehrte. Sie rächten sich an ihm, indem sie ihn übergingen. Nach der ersten erfolgreichen Expedition ins Innere Ostafrikas, auf der Suche nach den Nilquellen, übertrugen sie dem braven, blonden Sekundanten John Hanning Speke, der an kultureller Myoplegie litt, das Kommando über die nächste Expedition, und als Burton in den diplomatischen Dienst trat, wurde er – als einer der führenden Arabisten seiner Zeit – nicht nach Kairo oder Bagdad geschickt, sondern auf abgelegene Posten wie etwa Fernando Po in Äquatorialguinea abgeschoben. Die Verachtung, die seine Aufbrüche und Metamorphosen unter ›seinesgleichen‹ provozierten, gehört zu der Geschichte dieses Mannes.

In unserem Lager gab es keinen einzigen englischen Offizier, der des Arabischen mächtig war. […] Die krasse Ignoranz unseres Landes hinsichtlich der orientalischen Völker, die uns hochgradig interessieren sollten, läßt England in den Augen der östlichen Welt an Achtung verlieren.

Burton war ein eifriger Publizist; neben den vier Dutzend von ihm verfaßten Büchern zählen die Bibliographien[1] mehr als ein Dutzend Übersetzungen auf. Vor allem seine Übertragung von *Kamasutra* und *Tausendundeiner Nacht* haben die Rezeption dieser Klassiker in der englischsprachigen Welt bis zum heutigen Tag geprägt: Weiterhin sind Taschenbuchausgaben beider Werke in seiner Fassung lieferbar. Aber er war ein höchst unzuverlässiger Übersetzer. Es wäre bei manchen Werken gar ein Euphemismus, zu behaupten, er habe die originalen Texte nachgedichtet. Seine Übertragungen sind vielmehr Neukonstruktionen, die gelegentlich nur die äußere Form des Ursprünglichen beibehalten. Übersetzung bedeutete für ihn Nachbesserung. Er malte aus, er erfand hinzu (und kreierte gerne auch neue Wörter), er veränderte den Ton und die Stimmung. Er bekehrte die Texte. So überzeugt war er von seinen nachbesserwisserischen Qualitäten, daß er in den Marginalien der von ihm studierten Bücher detaillierte Korrekturen anbrachte, und er machte nicht einmal vor William Shakespeare halt. Burton wortwörtlich zu übersetzen wäre nicht nur ein Vergehen gegen dessen eigene Poetik, es würde ihm nicht gerecht werden.

[1] Jeder Autor erhält den Bibliographen, den er verdient – im Falle von Burton sind es deren zwei, beide leidenschaftliche (so weit man dieses Wort beim Bibliographieren anwenden darf) Kenner: Norman M. Penzer und James A. Casada.

Burton, ein begnadeter Erotomane, war Fußnoten-
fetischist. Ob als Satire auf akademische Gewohnheiten
oder als Verschrobenheit eines Außenseiters, der das
Exzentrische pflegt und hegt, Burton versteckte oft die
spannendsten Informationen, die provokantesten Aussagen in seinen gelegentlich überquellenden Randbemer-
kungen. Es scheint, als sollte der Haupttext die Nebensächlichkeiten abhandeln, die Fußnoten sich dagegen ins
Wesentliche vertiefen. Auch in dieser Hinsicht will ich
seinem Vorbild folgen, will ihn kommentieren, überlegt
und ungerecht, wie er es sich ein Leben lang bei anderen
Autoren erlaubte – und ich vermute, daß dieses Vorgehen
Sir Richard Francis Burton durchaus amüsiert hätte.

Burton war wie ein Orchester ohne Dirigent. Ich habe
versucht, dieses Orchester abzubilden, ohne es einem
Taktstock zu unterwerfen.

والسَّيفُ والضَّيفُ والقِرطاسُ والقلمِ اللَّيلُ والخَيلُ والبَيداءُ تَعْرِ فُني

INDIEN

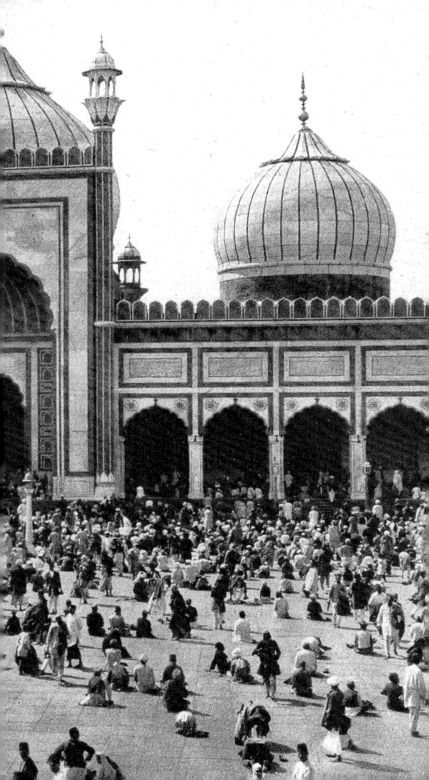

NACH EINER BERGHOCHJAUCHZENDEN,

WENN AUCH REICHLICH VERWIRRENDEN

BEGEGNUNG NIMMT DIE REISE AUF

DEN SPUREN VON RICHARD BURTON

EINEN SCHWER VERSCHULDETEN

FORTGANG IN DIE SUBTROPEN

Im Sommer, wenn in den Niederungen selbst die Gedanken verglühten, zog die britische Kolonialverwaltung, angeführt von dem Vizekönig von Indien, Herrscher über Millionen, ins Gebirge, genauer gesagt, in das zweitausend Meter hoch gelegene Städtchen Shimla. Ein Troß von Beamten und Wasserträgern, Barbieren und Spionen, Polizisten und Witwen, Soldaten und Parasiten schleppte sich, auf dem Rücken ächzender Lasttiere, über die ersten Kämme des Himalaja. Einmal angekommen, mußten sich Herren und Diener in die behelfsmäßigen Büros und Unterkünfte zwängen, die allesamt Schlagseite hatten. Sie standen sich immer wieder im Weg, das Trappeln der Affenfüße auf den Dächern gab ihnen keine Ruhe, aber solche Unannehmlichkeiten waren ein geringer Preis für die erfrischende Kühle, die sie durchatmen und nachdenken ließ. Denn die Damen und Herren des Raj[1] ließen es sich ansonsten gutgehen. Auf dem schmalen Bergkamm, der einzig ebenen Fläche der Stadt, führte eine lange Promenade – ›The Mall‹, wie sie voll satter Selbstverständlichkeit hieß – von der Residenz des Vizekönigs bis zu der alles überragenden Kathedrale. Hier konnten die Blicke zwischen den Gipfeln des Hauptmassivs und dem Stadttheater flanieren. Am ›Scandal Point‹ verführten die dünne Luft und die Flüchtigkeit des Aufenthalts zu gewagten Flirts; im Theater wurden alle einundzwanzig Operetten von Gilbert & Sullivan in ordentlichem Turnus aufgeführt.

Die imperialen Menschengötter residierten auf dem Kamm oder in seiner Nähe, die einheimischen Zuträger klammerten sich an die Steilhänge. Je weiter man hinabrutschte, desto ärmlicher wurde es. Macht nahm mit der Höhe ab. Auf ›The Mall‹ gaben sich die Geschäfte feine Mühe, die Illusion einer englischen Kleinstadt einzurichten. Die Waren präsentierten sich hinter Vitrinen, im Inneren wurden die Kunden von Tresen und Regalen empfangen, von Dosen und Schachteln und von Krämern aus Surrey oder Essex, vielleicht sogar aus Northumberland. Weiter bergab hingegen, auf dem übervölkerten Basar, ging die Straße unmittelbar in die *dukans*[2] über,

[1] Sanskrit: *rajah* bedeutet König, *raj* hingegen Herrschaft. Groß geschrieben bezeichnet Raj die britische Herrschaft über Indien. Wohl von George Nathaniel Curzon (Marquess Curzon of Kedleston, Viscount Scarsdale, Baron Ravensdale), Vizekönig von Indien (1899–1905), der das imperiale Element seiner Herrschaft sehr ernst nahm, erstmals in dieser Bedeutung verwendet.

[2] Hindi: Laden; auf der Fahrt über den Indischen Ozean des letzten Konsonanten verlustig gegangen, weswegen die kleinen, über ganz Ostafrika verstreuten Läden, in denen man alles findet, was der Mensch in abgelegenster Gegend benötigt, *dukas* heißen.

jene rauchbefleckten Höhlen, vor denen die Händler aus Jutesäcken schöpften, mit klobigen Gewichten abmaßen und ihre Kunden mit achtsamen Blicken abschätzten.

Shimla hat sich seitdem wenig verändert. Heute sitzen die Ministerialbeamten des Bundesstaates Himachal Pradesh in den ehemaligen Kolonialbauten; die Hierarchie des Hanges hat sich erhalten. Im Winter ist die Diskrepanz zwischen oben und unten besonders augenfällig. Die abschüssigen Gassen — und das sind fast alle Gassen in Shimla — ähneln Rodelbahnen, und der Aufstieg von der Bahnstation zum Hotel kommt einer alpinen Herausforderung gleich. Kurz vor der Kathedrale spaltet sich die schneebedeckte Promenade wie anno dazumal in Aussicht und windgeschützte Gasse, letztere zur kalten Jahreszeit so willkommen wie eine dampfende Tasse Tee oder eine gefütterte Jacke. In dieser Gasse reihen sich viele kleine geduckte Geschäfte aneinander, darunter ein Laden, der von einem breiten hölzernen Schild herab Bücher anpreist. In Shimla gibt es keine Buchhandlung, aber mehrere Antiquariate, so auch dieses, das laut eines handschriftlichen, schief aufgeklebten Zettels an der Außentür jeden Abend von sechs bis zehn geöffnet hat.

Ich nahm die Öffnungszeit zu genau und mußte eine halbe Stunde frierend warten, bis die Tür endlich aufgeschlossen und ich von einem Mann hineingebeten wurde, der sich mit traurigem Gesichtsausdruck bei mir entschuldigte: Es habe einen Streit in der Nachbarschaft gegeben. In dem noch ungewärmten, schummrigen Geschäft zogen sich zwei enge Schluchten durch die Bücherberge, so eng, daß ich seitlich voranschreiten mußte, um nicht gegen einige sperrige Bände zu stoßen. Der Mann — er trug eine Strickjacke, die zuzuknöpfen gewiß

Geduld abverlangte – stellte sich als Eigentümer vor. Zunächst ließ er mich mit meiner Neugier allein. Nach einigen Minuten waren meine Finger schwarz vom Staub, und mein Gesicht juckte an mehreren Stellen. Aber ich ignorierte die Irritationen, so erregt war ich über die Auswahl. In diesem Antiquariat ließen sich Raritäten finden, die manch einer ein Leben lang sucht. Frühe Ausgaben von Thomas Coryats *Coryat's Crudities. Hastily gobbled up in five moneths travells,* Mirza Muhammad Hadi Ruswas *The courtesan of Lucknow: Umra'o Jan Ada* sowie Leo Africanus' *The history and description of Africa and of the notable things therein contained, written by Al-Hassan Ibn-Mohammed al-Wezaz al-Fasi, a Moor known as Leo Africanus; done into English in the year 1660, by John Pory, and now edited, with an introduction and notes by Robert Brown* sowie einige Erstausgaben von Rudyard Kipling, die mir der Antiquar erst nach einiger Zeit präsentierte, wohl zur Belohnung, daß ich trotz mehrerer Hustenanfälle so lange bei ihm geblieben war.

– Wußten Sie, daß Kiplings ursprünglicher Verleger die indische Eisenbahngesellschaft war?

Das wußte ich nicht. In Shimla lagen Schätze verborgen. Die Kolonialherren müssen eifrige Leser gewesen sein.

– Diese Ausgabe habe ich im Internet entdeckt und aus England bestellt.

– Sie verfügen hier über Internet?

– Aber natürlich, was meinen Sie, wie ich an viele meiner Bücher gelange?

– Haben Sie zufällig etwas von Richard Burton? Nicht der Schauspieler ...

– Ich weiß, knurrte der Antiquar. Sir Richard Francis Burton. Hadsch, Nilquellen, Kamasutra.

Er schaute hinauf; knapp unter der Decke waren die uniformen Einbände von Werk- und Gesamtausgaben zu erkennen.

– Wie wäre es mit seiner Übersetzung von *Tausendundeiner Nacht?*

– Besitze ich schon.

– Die Erstausgabe?

– Sie meinen die allerallererste …?

– Verlegt von der ›Kamashastra Society‹, erschienen zwischen 1885 und 1888 in Varanasi. Alle 16 Bände![1] Ungekürzt, mitsamt allen Fußnoten und Annotationen, mit denen Richard Burton seine Werke so gerne versah.

Er schleppte einen Hocker herbei und stieg hinauf. Ich weiß nicht mehr, welchen Band er mir zeigte. Ich war wie benebelt von der Gier, diese Erstausgabe zu besitzen. Wenn ich überhaupt einen Gedanken hegte, dann nur jenen nach dem möglichen Preis. Ich war optimistisch, daß dieser nicht zu hoch ausfallen würde, auch wenn dieser Mann über Internet verfügte. Immerhin befanden wir uns im Himalaja, in einer Stadt mit wenigen Lesern, und es war nicht die Jahreszeit der Touristen. Der Antiquar war gewiß darauf erpicht, die Gesamtausgabe loszuwerden. Mit der Stimme eines gelangweilten, desinteressierten Käufers erkundigte ich mich nach dem Preis. Vier *lakh*,[2] sagte der Antiquar, mit der Stimme des zuver-

---

[1] Vollständige deutsche Ausgabe auf Grund der Burton'schen englischen Ausgabe unter dem Titel *Die Erzählungen aus den Tausend und ein Nächten*, erschienen im Insel Verlag, Leipzig 1907.

[2] Ein *lakh*, von Sanskrit *laksha* (Ziel, Marke), entspricht 100.000. Der Begriff ist nach Malaysia und Indonesien ausgewandert, doch bei der Überfahrt scheint er eine Null verloren zu haben, weswegen Javanesen und Tamilen sich numerisch schwer einigen können. Schon früh zur Benennung menschlicher Größe im Gebrauch, wie etwa um 1300 bei Ibn Battuta: »Sie gingen in das Zelt des Kafirs, töteten ihn und kehrten in

sichtlichen Verkäufers, der einen stolzen Preis zu rechtfertigen wußte. Ich glaubte, ihn mißverstanden zu haben,
und fragte noch einmal nach, und als ich die gleiche Antwort erhielt, rechnete ich zweimal nach, und es waren und
es blieben zehntausend atemberaubende unerschwingliche Dollar.

– Wer wird sie denn zu diesem Preis kaufen?

– Es wird schon jemand kommen.

– Seit wann besitzen Sie diese Ausgabe?

– Ich habe sie von meinem Vater geerbt. Ich habe es
nicht eilig, sie zu verkaufen.

Ich betrachtete den in schwarzes Leinen gebundenen,
mit einem breiten, goldenen Diagonalstreifen versehenen
Band in meinen Händen aufmerksam. Auf beiden Buchdeckeln waren arabische Ornamente in Gold geprägt,[1]
ebenso die Schrift auf dem Rücken. Ich schlug das Buch
auf. Die Wörter ›Kamashastra Society‹ und *The Book of
the Thousand Nights and a Night* waren in Rot gedruckt,
alles weitere in Schwarz. Die weltweit erste vollständige
und kommentierte Übersetzung der *Arabian Nights'
Entertainments.*

die Stadt zurück, wobei sie mit sich trugen das Geld des Sultans in Höhe
von zwölf *lakh* ...« Wer es im Leben wirklich weit bringt, wird in *crore*
bemessen – ein *crore*, von Sanskrit *koti* (Gipfel), entspricht hundert *lakh*
und somit zehn Millionen. »Innerhalb dreier Jahre hatte er einen *crore*
aus dem Staatssäckel unterschlagen«, Zia-uddin-Barni, ca. 1350. Oder
erneut in den Worten von Ibn Battuta: »Man sagt mir, daß ein gewisser
Hindu die Stadt sowie seine eigenen Ländereien um siebzehn *crore*
erleichtert hat.« Somit wird folgerichtig der ordnende Punkt bei hohen
Millionenbeträgen so gesetzt, daß zu Beginn die *crores* ablesbar sind:
432.00.00.000, was wiederum in Jahren bemessen die Dauer eines einzigen Tages des Gottes Brahma beziffert.

[1] Farben und Ornamente wurden von Burton in Anlehnung an ein
abbasidisches Banner ausgewählt, das ursprünglich als Trauersymbol zu
Ehren des Imam Ibrahim Bin Mohammed diente, der von dem Kalifen
Al-Marwan hingerichtet worden war.

– Gewiß ist Ihnen bekannt, sagte der Antiquar, daß diese Bücher nicht in Varanasi erschienen sind. Sie wurden halblegal von einer dubiosen Druckerei in London gedruckt. Im Stadtteil Southwark, um genau zu sein. Und per Abonnement verkauft. Tausend Stück, die im Nu vergriffen waren. Die einzige finanzielle Unternehmung von Richard Burton, die sich je gelohnt hat.

– Rentabler als seine Goldminen.

– Sie scheinen sich bei Richard Burton auszukennen.

– Es hat sich einiges angesammelt.

Der Antiquar beäugte mich eine Weile, als müsse er über etwas Klarheit erlangen. Als er wieder sprach, war sein Tonfall verändert:

– Wenn Sie sich wirklich für Richard Burton interessieren, sollte ich Ihnen einen besonderen Katalog zeigen.

Wir zwängten uns an einer halboffenen Tür und einem Computer vorbei, dann stiegen wir auf eine Leiter und tasteten uns talabwärts, von Sprosse zu Sprosse. Wie ein Liftboy, der die Stockwerke ankündigt, benannte der Antiquar die Passagen der bücherbestandenen Steilwand, an der wir hinabstiegen: Sufismus; Ostindische Gesellschaft; Anthropologie des 19. Jahrhunderts; altindische Philosophie; Erotik; Reisebeschreibungen; Linguistik. So weit hinab stiegen wir, daß ich vermutete, der Buchladen verfüge über einen zweiten Eingang unten im Basar.

– Halt, rief der Antiquar.

Er knipste eine Taschenlampe an und steckte sie in den Mund. Er hielt sich mit der linken Hand an einer Leitersprosse fest, und mit der rechten kramte er in einer Nische, die unter dem Angriff des dichten Lichts Kartons und Aktenordner offenbarte.

– Hier ist es, sagte er schließlich.

Ich verrenkte mir fast den Hals, um das Titelblatt lesen zu können: *Katalog vernichteter Manuskripte.*

Wir stiegen weiter hinab, nur noch ein Dutzend Sprossen, dann spürte ich wieder Boden unter den Füßen, und als der Antiquar das Deckenlicht anknipste, fand ich mich in einem Raum vor, der mit einem Tisch und drei Sesseln in der Art eines intimen Lesesaals eingerichtet war.

– Machen Sie es sich bequem. Ich bin sicher, es wird eine anregende Entdeckungsreise für Sie werden.

– Und was ist mit Ihrem Laden? Oben ist doch niemand.

– Ach, es schneit nie mehr als ein Besucher am Abend herein.

Der Katalog sah nicht anders aus als jene, die von Auktionshäusern publiziert werden. Nur war der rechte Rand etwas zerfranst, die Seiten brüchig. Der Begriff ›Manuskript‹ schien weit gefaßt zu sein; er umfaßte auch Mappen, Skizzen, Zeichnungen und Karten. Überraschend war das alphabetische Ordnungsprinzip, das sich nicht nach den Autorennamen richtete, sondern nach den Namen der Vernichter der Werke. Das erschwerte die Suche ungemein, es sei denn man verfügte über ein profundes biblio-kriminologisches Wissen. Ich schlug den Katalog auf und mein Blick fiel auf den Eintrag mit der Nummer 33: <u>Gunadhya</u>: *Der Ozean der Flüsse der Geschichten. Fünf Bände.* Und in Klammern war vermerkt: (Paishachi/Sharada).

– Die Marginalie, erklärte der Antiquar, benennt die Sprache sowie die Schrift des Manuskripts. Ich kann Ihnen auch eine englische Übersetzung anbieten, fügte er hinzu, allerdings nur Ausschnitte aus dem einzigen nicht verschollenen Band, dem sechsten, mit dem ungenauen, da abgekürzten Titel *Ozean der Geschichten.* Sie wissen bestimmt, daß sich Salman Rushdie in seinem Roman *Harun und das Meer der Geschichten* auf dieses Buch bezieht.

Die Eintragung endete mit dem längsten Code, der mir je untergekommen war, eine mehrzeilige und völlig unentzifferbare Aneinanderreihung von Chiffren. Ich blätterte vor und zurück, erregt und zugleich bemüht, mir nichts anmerken zu lassen. Nummer 57 notierte einen gewissen JOHN MURRAY II, der sich um die Vernichtung der Tagebücher von Lord Byron verdient gemacht hatte. Nummer 69 stellte alle sechs Bände der *Milesiaca* von Aristeides in Aussicht. Mir lief das Wasser im Mund zusammen. Nummer 103 führte an: JOHN RUSKIN; William Turner: *Aktstudien von Londoner Prostituierten*. Als nächstes sprang mir das Manuskript Nummer 23 ins Auge: NIKOLAI GOGOL; Nikolai Gogol: *Die toten Seelen. Band II.*

– Das ist unglaublich … Ich kann … Sie meinen … dieses Manuskript erhalten?

– Darüber sprechen wir später. Lassen Sie sich Zeit. Sie werden noch andere Schätze entdecken. Es ist immer schwer, eine Entscheidung zu treffen.

Ich blätterte weiter. Es wimmelte in diesem Katalog von Ordensträgern, von Kardinälen und Bischöfen, von Mullahs und Ulema. Bei manchen Manuskripten hatte viel auf dem Spiel gestanden – manchmal war die Genese der Religion selbst betroffen. MARTIN HARRIS war der unschuldig klingende Name eines Mannes, dem die *Erste Fassung des Buches Mormon* abhanden gekommen war (in der Marginalie stand die verwirrende Angabe: reformiertes Ägyptisch). Mehrfach waren Handschriften von *Tausendundeiner Nacht* (die tunesische etwa), von Ibn al-Haytham und Ibn al-Arabi – *Die Welt als reine Vor-*

stellung – aufgeführt. Es mutete mich seltsam an, daß unmittelbar unter <u>al-Arabi</u> ein buddhistisches Manuskript vermerkt war, mit einem langen Titel, von dem ich nur noch das Wort *vijnaptimaatrataa*[1] in Erinnerung behalten habe. Der Katalog diskriminierte nicht zwischen Epochen oder Religionen. Alte Sanskrit-Manuskripte waren aufgeführt, die den Wahrhaftigkeitstest nicht bestanden hatten, die untergegangen waren, als sie ins heilige Wasser geworfen wurden. In der Zeile darunter war ein Offizier verzeichnet, ein Pilot wahrscheinlich, aus dessen Flugzeug die Bomben abgeworfen worden waren, die eine Bibliothek zertrümmerten, eine Privatsammlung zerstörten; an anderer Stelle waren SA-Schergen und NKWD-Knechte aufgeführt, die ganze Lebenswerke vernichtet hatten. Der Oberst der indonesischen Armee, der einen Roman von <u>Pramoedya Ananta Toer</u> verfeuerte, fehlte ebensowenig. Selten gab sich der Katalog geschlagen und notierte knapp: ›Während des Dreißigjährigen Krieges verschollen‹. Am Ende des Verzeichnisses befand sich ein Anhang mit den nicht mehr auffindbaren Titeln aus dem *Fihrist al Ulum*, dem *Katalog der Weisheit* des Archivars Abu'l Faraj Muhammed Ben Ishak al-Warrak Ibn Abi Ja'kub an-Nadim. Dieser sei ein äußerst fleißiger und penibler Buchhändler des 10. Jahrhunderts gewesen, erklärte mir der Antiquar, der leidenschaftlich gerne Bücher zusammengefaßt hatte. So besäßen wir wenigstens ein Resümee der Verluste, was uns allerdings keineswegs genügen könne, ich möge mir vorstellen, alles Essen wäre verschwunden und nur die Kochbücher übriggeblieben. Ein weiterer Anhang führte ›Geisterbücher‹ auf. Es handelte sich um Titel, die nachweislich

---

[1] Die Welt als reine Vorstellung.

niemals existiert haben, außer in den Verlautbarungen von Verlegern und Selbstverlegern, festgehalten etwa in den Meßkatalogen des 17. und 18. Jahrhunderts oder in den Vorschauen des Suhrkamp Verlages.

Ich blätterte vor, ich blätterte zurück.

Algernon Charles Swinburnes *Lesbio Brandon* tauchte auf, ein episches Gedicht, das unter dem Einfluß seines Saufkumpanen Richard Burton entstanden war, wenn ich mich recht erinnerte. Ich faßte dies als Signal auf, nach jenen Einträgen zu suchen, die mich am meisten interessierten. Ich schaute unter ISABEL BURTON nach, der Ehefrau, der nachgesagt wird, sie habe nach seinem Tod nicht wenige seiner Notizbücher und Manuskripte verbrannt. Mir stockte der Atem. Es waren zwar nicht viele Einträge vorhanden – einige Übersetzungen und Briefe sowie ein einziges Notizbuch –, aber allein die Vorstellung, dieses eine Notizbuch sehen, berühren, lesen zu können ... Ich schaute auf. Der Antiquar beobachtete mich aufmerksam. Unsere Blicke trafen sich. Er lächelte sibyllinisch, als habe er meine Leidenschaft von Anfang an durchschaut, als wüßte er, was mir bevorstand.

– Vielleicht interessiert Sie *The Scented Garden?*[1]

– Nicht so sehr, ich hätte lieber seine Notizbücher.

– Alle seine Notizbücher?

– Das wäre vermessen, oder?

– Es sind sehr viele Bände.

– Ich weiß, sie umfassen drei Jahrzehnte, und hier ist nur ein einziges dieser Notizbücher aufgeführt, was wohl bedeutet, wenn der Katalog nicht fehlerhaft ist ...

---

[1] Übersetzung eines Handbuches arabischer Erotologie, schon 1886 in einer Kleinstauflage erschienen und von Burton in den Monaten vor seinem Tod überarbeitet und mit vielen Anmerkungen versehen. Erwiesenermaßen das erste Opfer von Isabel Burtons Autodafé.

– Der Katalog irrt nie.

– ... daß Isabel Burton nur einen einzigen Band verbrannt hat. Was ist dann mit den anderen geschehen?

Der Antiquar schwieg.

– Jemand anderes muß sie vernichtet haben. Vielleicht nach dem Tod von Isabel Burton?

Wiederum schwieg der Antiquar. Ich überflog einige Seiten. Vergeblich. Ich würde den gesamten Katalog durcharbeiten müssen, das würde Stunden dauern. Ich begann mit der Arbeit.

– Mein Vater hat dieses Antiquariat begründet, sagte der Antiquar unvermittelt. In Lahore, vor der Teilung Indiens. Sein ganzes Leben lang hat er alte Bücher geliebt und sie hingebungsvoll gesammelt. Er war Sufi, von ganzem Herzen. Dann, ich hatte gerade geheiratet, zog er sich von einem Tag auf den anderen zurück und übergab mir das Geschäft. Ich verstand seine Beweggründe nicht. Weisheit, sagte er zu mir, könne man nicht aus Büchern erfahren. Sein eigener Lehrer hatte alle seine Bücher verschenkt, als er das Ziel seines *tariqa*[1] erreicht zu haben glaubte, mit den Worten, Bücher seien ausgezeichnete Führer, aber es sei absurd, sich an den Führer zu klammern, wenn man das Ziel schon erreicht habe.

– Ich wäre Ihnen unendlich dankbar, wenn Sie mir weiterhelfen würden.

– Ich ersticke in all den Büchern. Es sind zu viele, und es werden immer mehr. Wie schön wäre es, wenn wir Platz schaffen könnten. Aber ich habe mein Ziel noch lange nicht erreicht.

– Gewiß, ich verstehe ...

[1] Arabisch: Der mystische Pfad.

– Sie können sich natürlich denken, daß wir die verbrannten Manuskripte nicht lieferbar halten.

– Nein, natürlich nicht, ich dachte...

– Und daß wir sie nicht verkaufen. Ihnen ist gewiß aufgefallen, daß in dem Katalog jegliche Preisangabe fehlt.

– Ist das Ganze nur ein schlechter Scherz?

– Schauen Sie unter Fitzgerald nach, wies er mich barsch an.

Tatsächlich, einige Seiten weiter, unter DILLY FITZGERALD, der Schwester von Isabel Burton, wie ich im Laufe meiner Recherchen herausfinden sollte, waren sie unter einer Sammelbezeichnung aufgeführt: Richard Burton, *Notizbücher, 1862 bis 1890* (gebunden in grünes oder gelbes Leder). Und dahinter wieder ein kryptischer Code. Ich war euphorisch, aber zugleich auch verwirrt.

– Sie fragen sich, wie es nun weitergeht?

– Ja.

– Sie müssen sich selbst auf die Suche machen. Ich kann Ihnen nur eine kleine Hilfestellung geben.

– Können Sie mir denn diesen Code entschlüsseln?

– Ich kann Ihnen ein wenig zur Seite stehen. Aber unter einer Bedingung.

– Sagen Sie mir, welche.

– Sie müssen mir etwas abkaufen.

– Irgend etwas?

– Nein, es muß ein Buch von dem Autor sein, dessen verschollenes Werk Sie suchen. In Ihrem Fall also von Richard Burton.

– Welche Titel haben Sie von ihm?

– Ich fürchte, nur die Erstausgabe von *Tausendundeiner Nacht*.

– Und wie hoch war der Preis gleich noch...?

– Vier *lakh!*

Wir kletterten die Steilwand wieder hinauf. Ich trat in die Dunkelheit und begab mich in ein nahe gelegenes Dreisternehotel. Ich mußte ein Ferngespräch anmelden, eine telefonische Bitte um ein Darlehen. Mir wurde mulmig, als ich mir vorstellte, wie ich meinem stets hilfsbereiten Bruder erklären sollte, daß ich in einer Kleinstadt im Himalaja-Gebirge unbedingt die Erstausgabe von ›1001 Nacht‹ für 10.000 Dollar erwerben mußte.

Am nächsten Morgen glitt ich über vereiste Wege zu einer Bank, die mit Western Union zusammenarbeitete, und hob die vier *lakh* ab, die mein Bruder mir geschickt hatte. Den restlichen Tag bis zur Öffnung des Antiquariats um sechs Uhr abends verbrachte ich im Basar. Gelegentlich drängte sich mir der Gedanke auf, was ich mit dem Geld dort alles erwerben könnte. Die übrige Zeit aber ließ ich die Gesichter der Menschen, denen man das karge Leben in den Bergen ansah, an mir vorbeiziehen wie zerzauste Wolken. Als mir kalt wurde, verspeiste ich zwei Teller *momos*[1] in einer Garküche, die auf einer provisorischen Holzbank nur zwei Kunden gleichzeitig bediente. Um zehn vor sechs stand ich vor dem Antiquariat und klopfte. Mir wurde sogleich geöffnet. Auf dem Tisch neben dem Eingang war ein Paket abgestellt, auf dem ich meinen Namen in Großbuchstaben sah, fehlerfrei abgeschrieben von der Visitenkarte, die ich am Abend zuvor zurückgelassen hatte. Der Antiquar war mürrisch, kurz angebunden. Er ignorierte meine etwas gereizte Bemerkung, er sei sich des Geschäftes wohl sehr sicher gewesen. Er schien es eilig zu haben, mich loszuwerden, so, als erwarte er die Ankunft eines anderen Kunden. Er übergab mir eine Quittung, und erklärte mir auf welchem

[1] Tibetanische Ravioli, ladakhische Pelmeni, nepalesische Maultaschen.

Versandweg er die Bücher an meine Adresse in Bombay schicken würde. Nachdem er die Plastiktüte mit dem Geld weggesperrt hatte, übergab er mir einen Umschlag.

– Sie finden darin die Adresse eines Mannes in Goa, der mehr über Richard Burton weiß als jeder andere Mensch in Indien. Zudem ist er der Nachfahre eines Freundes von Burton. Ich habe ihm schon geschrieben. Er wird Sie empfangen und Ihnen helfen. Ich wünsche Ihnen viel Glück.

Wir schüttelten uns die Hand, er wandte sich ab, noch ehe ich die Ladentür aufgemacht hatte. Draußen war es dunkel und kalt. Der Sternenhimmel war wie eine aufgeschlagene Seite in einem Rätselbuch, und es war an mir, die leuchtenden Punkte so zu verbinden, daß sie einen Sinn ergaben.

DORT ANKOMMEN,
WO MAN SCHON SEIT LÄNGEREM
NICHT HINWOLLTE

Selbst die Palmen hatten sich in Goa mit Sonnen-
milch eingerieben. In dem Hotel, das den Namen
einer portugiesischen Heiligen trug, wurde ich ab-
gefertigt wie ein Stück Thunfisch in einer Konserven-
fabrik. Es war der Tag vor Weihnachten. Goa wurde seit
kurzem direkt von Manchester angeflogen, das Hotel war
voller junger Engländer, die sich eine sonnige Auszeit
gönnten. Sie amüsierten sich prächtig, vor allem am
Heiligen Abend. Das festliche Mahl wurde neben dem
Swimmingpool eingenommen, eine Band spielte auf, die
Musiker verkleidet mit latinoesken Insignien herzhafter
Belaunung. Das Buffet wurde von den jungen Englän-
dern weitaus weniger beachtet als die Bar, wo eine tropi-
sche Bowle in einer gewaltigen, mit glitzernden Sternen
beklebten Schüssel lockte. Sterne, in allen Größen und
Formen, waren überall, als Aufkleber auf dem Boden,
als Papierschmuck auf den Tischen, als Lampions, an
der Decke der provisorischen Bar befestigt. Die Engländer hüpften, sie sprangen, zunächst auf dem niedrigen
Podium, das als Tanzfläche vorgesehen war, die Jungs mit

der obligaten Bierflasche in der Hand, die sie gelegentlich so nachlässig zum Mund führten, daß die Hälfte des Schlucks auf die hemdentblößte Brust schwappte. Die Mädchen in ihren knappen Ethnowickelröcken drehten sich im Kreis, wirbelten umher, ihre gebräunten, stämmigen Oberschenkel gelegentlich mit Bier bespritzt. Sie lachten gierig, nimmersatt, und grölten die Texte der Coverversionen inbrünstig, als wären es Schlachtgesänge. Ihre Stimmen begannen zu taumeln, sie versuchten sich mit erhöhter Lautstärke auf den Beinen zu halten. Gelegentlich tänzelte einer der Jungs zur Bar, um Nachschub zu besorgen, und forderte die still dasitzenden und stumm staunenden Gäste auf, *to come and join the fun.* Die Kellner setzten ein Gesicht völliger Abwesenheit auf und verabreichten mechanisch *Merry-Christmas*-Glückwünsche. Nach einer rockigen Fassung von *Jingle Bells* verabschiedete sich der Bandleader sichtbar erleichtert von seinem Publikum, die Musiker packten blitzschnell ihre Instrumente ein und verschwanden. Der DJ, der die Steuerung der Lärmkulisse übernahm, kannte die jungen Engländer und ihre Lieblings-Drums-'n'-Beats, so daß der Tanz in ein frenetisches Hüpfen und Stampfen überging, für das die Tanzfläche zu klein war. Einer der jungen Engländer konnte die Zurückhaltung der wenigen verbliebenen Gäste nicht mehr hinnehmen. Er schwankte von Tisch zu Tisch und verlangte nach einem dramatischen Zeichen der Zugehörigkeit: *Give me a kiss, mate. Give Mike a kiss.* Ein vollbärtiger Herr gab Mike einen dicken Schmatz, direkt auf den Mund, worauf Mike etwas verstört zum nächsten Tisch schwankte, an dem er abgewiesen wurde. Er kletterte schwerfällig auf den leer geräumten Nachbartisch, richtete sich auf, zog seine Hose herunter, beugte sich nach vorn, streckte seinen weißen Hintern in die warme Nachtluft von Goa und schrie: *Kiss my ass!* Seine Freunde gurgelten frenetisch mit Gelächter und wiederholten *kiss my ass,* als handele es sich um einen Weihnachtssegen. Nach diesem Knalleffekt schien Mike sein Pulver verschossen zu haben, er wollte nur noch brav anstoßen. *We're heading home tomorrow, mate,* murmelte er. *Fucking home.* Und er taumelte davon.

Ich beschloß spazierenzugehen. Der Kellner, der sich unentwegt für das Verhalten der jungen Engländer entschuldigte, als habe er sie zu der Party eingeladen, warnte mich davor, zu dieser späten Stunde allein am Strand entlangzugehen, es sei Gesindel unterwegs, das mich belästigen würde, aber ich beruhigte ihn, alle Unholde befänden sich gewiß auf dem Weg zur Mitternachtsmesse. Er begleitete mich einige Schritte den Pfad zum Meer entlang, der von einem satten Mond beleuchtet war. Der Strand, eine Sandwiese, in der offene Holzpavillons ihre Claims abgepfählt hatten – am nächsten Tag würde sich das Rauschen des Meeres mit Technomusik paaren –, war menschenleer. Krebse liefen im Zickzack durch die Ausläufer der Wellen. Ich legte mich auf einen Liegestuhl und betrachtete den Kronenglanz, bis ich eindöste.

Im vollen Mondlicht konnten wir die ausgemergelte Gestalt eines alten Yogis[1] erkennen. Er war nur spärlich mit dem üblichen ockerfarbenen Baumwollstoff bekleidet, er kauerte auf der Erde, seinen Rücken an den Stamm eines Baumes gelehnt. Als er uns erblickte, richtete er sich auf seinem Ellenbogen auf und begann, in dem üblich wimmernden Ton zu betteln.

[1] Eine bestimmte Art hinduistischer Eremit und Bettler.

»Deine Gabe wird mir bei meiner Bestattung dienlich sein«, sagte er mit einem matten Lächeln, wobei er auf einige Bananenblätter zeigte, auf denen Gelbwurz, roter Puder, Reis und einige andere ähnliche Opfergaben aufgehäuft waren.

Wir erkundigten uns, was wohl die Anzeichen und Symptome seiner baldigen Dissolution sein mochten. Ein Leiden, das ihm enorme Schmerzen verursachen mußte und das jeder Arzt im Nu hätte beheben können. Wir erklärten ihm, was medizinisches Geschick alles bewirken könne, boten ihm an, ihn gleich dort hinzubringen, wo er Hilfe erwarten durfte, und warnten ihn, daß jene Art des Suizids, die er anstrebte, von qualvollster Art sein würde.

»Ich betrachte diese Krankheit als ein Zeichen Bhagwans[1] (des Allmächtigen), daß diese Form des Daseins zu Ende geht!« Und so verweigerte er standhaft jegliche Hilfe.

Wir fragten ihn, ob er in seinem Schmerz nicht eine Entscheidung fälle, die er dann bereuen könnte, wenn es zu spät sein würde. Die Antwort war charakteristisch für seine Kaste. Indem er auf einen langen Säbelschmiß zeigte, der sich über die gesamte Länge seiner rechten Seite zog, bemerkte er:

»Ich bin Soldat gewesen – unter Ihrer Herrschaft. Wenn ich den Tod nicht gefürchtet habe im Kampf unter den Befehlen der Firengi,[2] halten Sie es für möglich, daß ich vor Gott zurückweiche, wenn er mich ruft?«

Es ist sinnlos, mit diesen Leuten zu diskutieren; also beschränkten wir uns darauf, zu erfragen, unter welchen

---

[1] Sanskrit: *Bhaga* bedeutet Quelle der Energie, und *-wan* ist ein Vorläufer von *-wallah* (Hindi), also der ›Besitzende‹, der ›Dazugehörige‹.
[2] Europäer; stammt von dem arabischen *al-Faranj*, der Franke, ab.

Umständen er den Dienst der Gesellschaft[1] quittiert habe.

Er erzählte uns eine alte Geschichte; der Grund für jeden zweiten Fall von Askese im Osten – eine Enttäuschung in einer *affaire de cœur*. Nachdem er sehr rasch in den Rang eines *naick,* eines Hauptmanns, aufgestiegen war, weil er einem Offizier bei der Belagerung von Pune das Leben gerettet hatte, erhielt er Beurlaubung; gemeinsam mit einem Kameraden kehrte er in sein heimatliches Dorf in den Maharatta-Hügeln zurück. Dort verliebte er sich, so verzweifelt, wie nur die Orientalen es vermögen, in die Ehefrau des dörflichen Brahmanen. Einige Monate später starb der Ehemann, und seine Kastenbrüder entschieden, daß die Witwe ihm folgen sollte, verabschiedet im Sati-Ritus.[2] Der Soldat beschloß, sie zu retten, und sein Kamerad, von diesen Plänen überrascht, versprach, ihm mit Herz und Hand zu helfen.

Der Scheiterhaufen wurde aufgeschichtet und war bald von einer schaulustigen Menge umgeben, die sich versammelt hatte um einer Zeremonie beizuwohnen, die abergläubische Menschen gar so fesselt und erregt.[3]

[1] Die Ostindische Gesellschaft.
[2] Die erste Gattin, die mit ihres Gatten Leiche
Den Weg der Flammen ging zum kühlen Schattenreiche,
Hat wohl mit hohem Mut, das Vorbild sei gepriesen,
die Unzertrennlichkeit von Mann und Weib bewiesen.
　(Friedrich Rückert)
[3] Zum Flammentode gehn an Indusstranden
Mit dem Gemahl, in Jugendherrlichkeit,
Die Frauen, ohne Zagen, ohne Leid,
Geschmücket festlich, wie in Brautgewanden.
Die Sitte hat der Liebe Sinn verstanden,
Sie von der Trennung harter Schmach befreit,
Zu ihrem Priester selbst den Tod geweiht,
Unsterblichkeit gegeben ihren Banden.
　(Karoline von Günderode)

Nach einiger Zeit erschien die Sati,[1] unterstützt von ihren weiblichen Verwandten, und schritt durch die Gasse, die sich ihr in der ehrfürchtigen Menge öffnete. Langsam ging sie zu dem Scheiterhaufen, nachdem sie kleine Gaben an die Umstehenden verteilt hatte, setzte sich hin, mit dem Kopf des Verstorbenen in ihrem Schoß. An jeder der vier Ecken des Scheiterhaufens stimmte ein Brahmane ein Weihelied an. Nach geraumer Zeit zog sich der Priester, der gen Südosten gewandt war, zurück, um das heilige Feuer zu holen.[2]

Auf einmal stürzte ein Reitersmann, gekleidet in gelbe Gewänder,[3] aus dem Dickicht der Umgebung. Ehe jemand noch Zeit hatte, sich ihm entgegenzustellen, durchpflügte sein wildes Maharatta-Pferd die Menge und hielt abrupt vor dem Scheiterhaufen, wobei es fast auf seine Kruppe stürzte. Im selben Augenblick richtete die Witwe sich auf und wurde von den Armen des Reiters emporgehoben.

Eine Berührung mit den Sporen, und das Pferd wiehert und schlägt mit den Hufen aus, bahnt sich einen Weg durch die Menge, zurück in die Richtung, aus der es gekommen ist. Einige Augenblicke noch, und sie sind gerettet.

Gerade als die Flüchtlinge in dem Dickicht entschwinden, bohrt sich ein Pfeil vom Bogen eines Rankari[4] in die Brust der Witwe.

[1] Hindi: Die Gute, die Reine.

[2] Die Witwenverbrennung, einst auch in Ägypten, China, Teilen Afrikas sowie auf Java und Bali verbreitet, war überall eine besondere Ausnahmeerscheinung, und in Indien religiös nur gültig als freiwilliger Tod – siehe Jörg Fisch.

[3] Gelb ist die Farbe, die Hindus üblicherweise wählen, bevor sie sich »in eine verzweifelte Tat stürzen«.

[4] Ein Waldbewohner oder wilder Mensch.

Der Soldat begrub seine Buhle unter dem Baum, in dessen Schatten wir nun saßen. Das Leben war für ihn reizlos geworden. Er kehrte nie zu seinem Regiment zurück und hatte entschieden, sich der Zukünftigkeit zu widmen.

Es war wundervoll, zu hören, wie ruhig und nebensächlich er seine Erzählung vortrug, wenn man bedachte, was er erlitten haben mußte.

Am nächsten Morgen, als wir an derselben Stelle vorbeikamen, saßen drei oder vier halbnackte Figuren in heiliger Tracht wie Trauernde um den Körper des alten Yogis herum.

Merkwürdig, welche Verachtung gegen das Leben all diese Metempsychotiker[1] zeigen. Hätten wir diesen Mann gewaltsam gerettet – ein Ding der Unmöglichkeit unter diesen Bedingungen – hätte er uns verflucht, bis zum Ende seiner Tage, für diesen Akt der bitteren und grundlosen Feindseligkeit.

Goa, and the Blue Mountains, S. 64 ff.

Geweckt wurde ich von Kinderstimmen, gepaart mit neugierigen Augen, die aus dunklen Gesichtern herauslugten. Ich spürte, wie meine Finger verknotet wurden, auf beiden Seiten der Liege, und auf einmal merkte ich, daß meine Zehen geknetet wurden. Ich blickte mich um. Es waren nicht einige Kinder, es waren nicht viele Kinder, es waren unzählige Kinder. Offensichtlich war ich, dieser fremde Mann, den sie dösend am Strand gefunden hatten und dessen Gliedmaßen sie nun auf ihre Biegsamkeit hin prüften, ihr Spielzeug. Aber es war nicht

---

[1] Zweifelhaft, ob einem die religiöse Vorstellung einer Wiedergeburt die Angst vor dem Tod nimmt. Auch unter tiefgläubigen Hindus und Buddhisten habe ich Menschen getroffen, die den Tod fürchten, und unter Atheisten manch einen, der ihm ruhig entgegensieht.

unangenehm, dieses Gefühl des ungefährdeten Ausgeliefertseins.

– Wer seid ihr?

– Wir sind die, die nicht in die Kirche müssen.

– Was macht ihr mit mir?

– Du bist ein angeschwemmter Fisch.

– Wir haben dich gefangengenommen.

– Wir haben dich in eine Falle gelockt.

– Es ist Weihnachten ...

– ... du bist unser Geschenk.

Sie glucksten und intensivierten ihre Versuche, meine Finger zu verknoten, meine Arme zu verschränken.

– Wo ist eure Mutter?

– Sie schläft jetzt, sie arbeitet den ganzen Tag.

– Was für Arbeit?

– Sie verkauft an *firengi*.

– Was verkauft sie?

– Schmuck.

– Den machen wir!

– Du mußt hier bleiben.

– Du kannst nicht aufstehen.

– Für wie lange?

– Auf ewig.

– Wenn wir Zeit haben, spielen wir mit dir.

– Was ist mit der Liege, die wird doch von den Gästen des Hotels gebraucht.

– Die kommen selten an den Strand.

– Sie legen sich nicht hin.

– Sie gehen ins Wasser ...

– Oder sie trinken was.

– Du kannst gar nicht aufstehen.

– Nur wir haben unseren eigenen *firengi*.

– Ihr seid nicht aus Goa?

– Nein.

– Wir sind aus Bijapur!

– Dort gab es aber nichts.

– Zu essen. Es gab nichts zu essen.

– Hier ist es besser.

– Du kannst nie wieder aufstehen.

– Und euer Vater?

– Gibt keinen.

– Es gab mal einen.

– Der zählt nicht.

– Wieso?

– Weil er tot ist.

– Er hat Gift geschluckt.

– Rattengift.

– Zusammen mit unserem Onkel.

– Wo lebt ihr?

– Dort hinten.

– Hinter den Dünen.

– Es ist ein schwarzes Haus.

– Am Tag siehst du es, hinter den Büschen.

– Schwarzes Dach.

– Nicht so schön wie das Haus, in dem du lebst.

– Mein Haus? Ihr meint das häßliche Hotel ...

– Ja, es ist sehr schön.

– Wenn wir Geld kriegen, kaufen wir uns ein Zelt.

– Wir können jetzt sein Haus nehmen, er bleibt doch hier.

– Nein, ich bleibe nicht hier.

Und ich wollte mich aufrichten, als ein Schmerz durch meine Kopfhaut zuckte und ich mich instinktiv zurückfallen ließ. Ich begriff nicht sofort, wodurch dieser verursacht wurde, aber es hatte gewiß etwas mit dem prustenden und hustenden Gelächter um mich herum zu tun.

– Du bist festgebunden.
– An der Liege.
– So fesselt man einen Gefangenen am besten.
– Deine Haare!
– Deine Haare sind verknotet.
– Siehst du, du kommst nicht mehr weg von hier.

ÜBER DAS RUHMREICHE GESCHLECHT
DER DA CUNHAS, VON TRISTAN
ÜBER GERSON BIS CARLO

Ich wartete das Ende der Feiertage ab, ehe ich Carlo da Cunha anrief, den Mann, dessen Adresse und Telefonnummer mir der Antiquar in Shimla überreicht hatte. Er zeigte sich keineswegs verwundert über meinen Anruf. Im Gegenteil, er bot an, mich sogleich abzuholen, und mit mir die Orte abzufahren, an denen Burton sich ausgetobt habe. So formulierte er es – ›ausgetobt‹ –, als zeige er, der ältere Herr, nachträglich Verständnis für die ungestümen Bedürfnisse eines jungen Wilden.

– Wieso haben Sie Ihre Siebensachen nicht zusammengepackt?

Das waren die ersten Worte, die er nach seiner Ankunft an mich richtete.

– Sie haben doch nicht etwa vor, in diesem Hotel zu bleiben? Ich wundere mich schon ein wenig über Sie, wer quartiert sich denn in ein derart schäbiges Hotel ein, außer Pauschaltouristen, die es nicht besser wissen.

Kurz darauf saßen wir in seinem kleinen Auto, mein praller Rucksack auf dem Rücksitz. Carlo (»Sie müssen verstehen, mein Vater war Kommunist, meine Mutter konnte nur noch das ›o‹ hinzufügen«) verschwendete keine Zeit mit Nebensächlichkeiten, er kündigte einen Einblick in die Historie Goas an und landete umgehend bei der eigenen Familiengeschichte, während wir durch Ortschaften krochen, die einst stille Dörfer gewesen waren, bevor sie sich zu glitzernden Knotenpunkten touristischer Beglückung entwickelten. Über Burton sagte da Cunha nichts, um so mehr über seine portugiesischen Vorfahren, deren Vermächtnis ihm ins Gesicht geschrieben stand. Die Familie sei unter dramatischen Umständen gegründet worden, erklärte er. Damals, so vor etwa vier Jahrhunderten, habe ein Offizier namens Tristan da Cunha das Kommando über die örtlichen portugiesischen Truppen innegehabt. Er verliebte sich in eine einheimische Schönheit, die seine Leidenschaft erwiderte. Nur war sie leider dem örtlichen *rajah* zur Frau versprochen, die Hochzeit stand kurz bevor. Die beiden Jungverliebten hatten nicht einmal Zeit, Pläne für eine Flucht zu schmieden.

Wir wurden überholt von einem Motorrad. Auf der knatternden Enfield saß ein älterer Mann, seine tiefweißen Haare zu Rastalocken gedreht, der nichts weiter als eine Badehose und ein offenes seidenes Hemd trug, seine Epidermis sonnengegerbt zu einem Terrakottabraun.

Tristan da Cunha war untröstlich; seine Angebetete eine Maharani. Doch es sollte noch schlimmer kommen. Der *rajah*, der seine besten Jahre schon lange hinter sich hatte, verstarb nach kurzer Zeit; die Witwe sollte auf dem Scheiterhaufen verbrannt werden. Da Cunha hielt inne, kurbelte das Seitenfenster hoch und begann, zu meiner völligen Verwunderung, zu singen, in einem Tonfall, der nach großer Oper klang:

Ist das Irdische erst verzehrt,
Leben durch den Tod verklärt,
schwinget sich der Geist nach oben,
laßt uns alle Brahma loben.

– Brahma? Wieso denn Brahma? murmelte ich verständnislos, und mir schien, als huschte ein Ausdruck von Wohlgefallen über da Cunhas Gesicht, während er die Scheibe wieder herunterkurbelte.

– Die Pandits[1] und die Bajaderen, fuhr er fort, nahmen Abschied von ihrem Herrscher, das Volk bereitete sich auf den Ritus vor. Doch dann drängelt sich das Schicksal vor. Die Damen des Hofes begeben sich zum Fluß, damit die Witwe ein letztes Mal ein rituelles Bad nehmen kann, und vom Fort aus erblickt Tristan da Cunha, der mit einem Fernrohr an der Balustrade steht, weil den betrügerischen Indern nie zu trauen ist, das Antlitz seiner Verlorengeglaubten. Er eilt zum Fluß, und als sie ihn wiedererkennt, fallen Schleier raschelnd herab.

Ich biß mir auf die Zunge und suchte Ernüchterung in den Auspuffwolken des Lastwagens vor uns.

– Verlieren Sie die Hoffnung nicht, sagte Carlo da Cunha, und erzählte weiter, wie es Tristan da Cunha umgehend gelang, einen Verbündeten zu finden, einen Pandit, der in die Zofe der Maharani verliebt gewesen sein soll, aber es ist auch möglich, daß der portugiesische Offizier seinen Sold einsetzte. Auf jeden Fall führte der Pandit, schlau wie sein Name, eine Schar von Portugiesen durch einen geheimen Gang in die Stadt. Die Soldaten versteckten sich und warteten auf die Morgenröte. Mit dem ersten Licht des Tages erschien die Prozession, die

---

[1] Sanskrit: Priester; gelehrter Mann.

Pandits stimmten die vorgeschriebenen Hymnen an, die Witwe hingegen erhob ihren eigenen Wehgesang, und wieder kurbelte da Cunha das Fenster hoch, doch dieses Mal war ich nach der mir schon vertrauten dramaturgischen Pause darauf gefaßt, daß er eine weitere Strophe hinausschmettern würde, und zwar auf deutsch:

> *Hohe Götter schauet nieder,*
> *ach erbarmt euch meiner Not.*
> *Gebt mir den Geliebten wieder,*
> *rettet mich vorm Feuertod.*

Als sei dies das Signal, griffen die Portugiesen an. Der oberste Brahmane erkannte sofort den Verrat, er stürzte sich mit erhobenem Dolch auf die Witwe, aber Tristan sprang heldenhaft dazwischen, er konnte den Todesstoß gerade noch abwehren. Aus der erdrückenden Umarmung des Todes flüchtete sich die Witwe in die Arme des Geliebten. Das berühmte goanische Geschlecht der da Cunhas ward geboren.

Carlo da Cunha mußte an einer Ampel halten, der ersten seit unserer Abfahrt. Er ließ die Hände auf seine Schenkel niedersinken und blickte mich mit praller Zufriedenheit an. Hinter ihm faltete ein junger Mann Schals auseinander und ließ ihre Buntheit vor der Scheibe flattern, als seien die verwischten Farben das Wappenmuster der da Cunhas.

– Das kann doch unmöglich wahr sein.

– Sie meinen das Ende.

– Nein, ich meine die ganze Geschichte.

– Sie stellen die ruhmreiche Vergangenheit meines Geschlechts in Frage?

– Ganz zu schweigen davon, daß mir die Geschichte sehr bekannt vorkommt.

– Natürlich, sie ist gewandert, hat Kreise gezogen…

– Geben Sie es zu, Sie haben sie erfunden.

– Durchaus nicht.

– Das fällt mir schwer zu glauben.

– *Ich* habe sie nicht erfunden. Sie unterschätzen mich. Würde ich nicht einen würdevolleren Schöpfungsmythos erfinden? Aber Sie haben recht, es ist nichts weiter als ein zuckrig-dämliches Märchen. Ich wollte prüfen, ob Sie zu jenen Europäern gehören, die nur nach den Geschichten schürfen, die ihre eigenen Landsleute im fernen Boden vergraben haben.

Die Ampel zeigte uns Grün, der fliegende Verkäufer senkte seinen Schal, und Carlo da Cunha bog rechts ab, in eine breite Straße, auf der er beschleunigte, während ich zaghaft lachte; es ging einen Hügel hinab, vor uns Städtisches, und mein Lachen hob an, angefacht von da Cunhas mächtigem Baßbariton, der im Doppeltakt donnerte, wie eine unkoordiniert geschlagene *dholak*.[1]

Panjim,[2] die Hauptstadt Goas, erwies sich als ruhiges Städtchen, besonders zur feiertäglichen Mittagszeit. Es gab Plätze und Promenaden, an denen die Kolonialvergangenheit weiterhin residierte und mit verfallenden Fassaden gegen die Amnesie der Umgebung ankämpfte. Ansonsten wirkte Panjim so halbfertig wie jede indische Stadt, zwischen Erbautem und zu Erbauendem ein fließender Übergang, getragen von einer vagen Absichtserklärung. Wir fuhren durch Gassen, über Brücken, an einer weißgetünchten Kirche vorbei, zu der unzählige Stufen hinaufführten, die den Gläubigen den mühsamen Weg ins Himmelreich vermittelten. Dann bogen wir in

---

[1] Kolbenartige Doppeltrommel, deren zwei Felle simultan oder abwechselnd geschlagen werden.

[2] Neuerdings in Panaji umbenannt.

eine aufsteigende Straße ein, und zu beiden Seiten dehnten sich Villengrundstücke aus. Die herrschaftlichen Bauten waren elegant gemusterte Doggen, die nur noch schwerfällig im Schatten liegen konnten und das Zähnefletschen ebenso wie das Bellen längst verlernt hatten. Dieser Hügel, erklärte da Cunha, wenig einfallsreich ›Alti‹ genannt, sei Anfang des 20. Jahrhunderts fast unbebaut gewesen, abgesehen von der Irrenanstalt, oben auf der Kuppel, so einsam gelegen, die Schreie der Verrückten konnten niemanden stören, sie verwickelten sich im Gestrüpp, so wie heute die Plastiktüten, fügte er hinzu, und hielt inne, damit mir Zeit bliebe, sein Bonmot zu goutieren, und um mir den weiten Ausblick über die Hauptstadt Goas zu zeigen. Heute, gegen Ende des 20. Jahrhunderts, stehe die Irrenanstalt auf kostbarstem Land, umgeben von den Residenzen des Premierministers, einiger anderer Minister, des Polizeihauptkommissars und des Erzbischofs.

Und auch sein eigener Bungalow, vor dem wir kurz darauf hielten, ein bescheideneres Haus an einem steilen Abschnitt des Hangs, so daß man über eine Treppe zur Veranda hinaufstieg, mit der das Haus umschürzt war. Auf der Veranda standen Polstermöbel, lagen Teppiche, waren Tische gedeckt – diese Veranda wurde bewohnt. Mein Gastgeber stellte mich einigen Damen vor, die es sich auf den Plantageliegestühlen bequem gemacht hatten, schulterte, ohne mich zu fragen, meinen Rucksack und verschwand ins Haus. Ich unterhielt mich mit den Damen, Verwandten seiner Ehefrau, über das dringendste Problem Goas, den Wassermangel. Als wir alles gesagt hatten, was wir zu dem Thema wußten, erkundigte ich mich, ob sie zu Besuch da seien. Es stellte sich heraus, daß sie in London lebten.

– Ach, interessieren Sie sich auch für Richard Burton?
fragte ich.

Sie lächelten mich gütig an.

– Der war doch aus Irland, meinte die eine.

– Nein, ein Waliser, meinte die andere.

– Auf jeden Fall ein grobschlächtiger Kerl.

– Er hatte es faustdick hinter den Ohren.

Und ich schwieg. Es war erstaunlich, wie gut man jemanden beschreiben konnte, den man mit einem anderen verwechselte.

Die Ehefrau von Carlo gab ihr Entree; eine Grande Dame, wie sie in keinem Buch steht, ihre Schönheit durch das Alter veredelt, und zugleich um keine herrische Geste verlegen. In den folgenden Tagen legte sie mir jeden Wunsch als Bescheidenheit und jede Ablehnung als Koketterie aus. Sie erkundigte sich nach unserem Appetit und ließ umgehend *bebinca*[1] servieren, von einer drallen Hausgehilfin. Bald darauf erschien weiterer Besuch: einige Verwandte von Carlo, ein Schuldirektor, ein großgewachsener Schlagersänger samt seinem Liebchen sowie der Zeichner Mario Miranda, jedem, der in Bombay lebt, aufgrund seiner seit Jahrzehnten regelmäßig erscheinenden, großartigen Karikaturen bestens bekannt.[2] Leider hatte Carlo, der verschwunden blieb, Mario offenkundig vorab verraten, daß ich Schriftsteller sei, und der Cartoonist stürzte sich in eine Suada über die Arroganz

---

[1] Eine Süßspeise (für manche eine Leckerei), die wie Baumkuchen aussieht und wie eine etwas natürlichere Version von Gummibärchen schmeckt. Aufwendig in der Zubereitung, weil jede Lage erst abkühlen muß, bevor man die nächste hinzufügt.

[2] Das Goethe-Institut beging vor Jahren den Fehler, ihn auf eine Deutschlandreise einzuladen, und Mario bedankte sich, indem er den Deutschen einen Spiegel vorhielt, der an bissiger Genauigkeit nichts zu wünschen übrigließ.

der Schreibenden, die sich anmaßten, lebende Menschen als Figuren in ihren Geschichten abzubilden. Es klang zunächst wie eine grundsätzliche Überlegung, die Leidenschaftlichkeit des Arguments gründete sich aber auf einen konkreten Groll gegen Salman Rushdie, der in seinem Roman *Des Mauren letzter Seufzer* einen Künstler namens Miranda aus Goa beschrieben habe, unvorteilhaft, äußerst unvorteilhaft, eine höhnische Erniedrigung, dabei kenne er Rushdie nicht, und Rushdie könne ihn wiederum nur vom Hörensagen kennen, und er sei sehr verletzt darüber, denn das habe er nicht verdient, und er könne sich dagegen nicht wehren, und ich konnte nichts weiter tun, als ihm zuzustimmen und ihm zu versichern, wir Autoren seien nicht alle gleich, obwohl manche von uns aus ähnlichen Gründen von ihren ehemaligen Frauen oder Freundinnen verklagt würden. Just als sich meine Beschwörungsgesten abgenutzt hatten, erhob sich die Stimme von Carlo da Cunha, der seine Gäste aufs Mal begrüßte – neben Mario Miranda waren noch einige andere feierlich gekleidete Goaner eingetroffen –, und er forderte sie auf, sich mit einem vollen Glas einheimischen Ports zu bewaffnen, denn der Anlaß des Treffens sei meine Person und somit indirekt die Person von Richard Burton, die der Familie der da Cunhas seit den Tagen seines Urgroßvaters Gerson da Cunha aufs engste verbunden sei, und so wolle man an diesem Tag feiern, daß mit mir das Schicksal eine weitere Seite dieser Beziehung aufgeschlagen habe, und wie könnte man einen so famosen Konversationisten wie Burton besser ehren, als ihn an dem Gespräch zu beteiligen, weswegen er, Carlo da Cunha, nun einen Ausschnitt aus seinem allerersten Buch, das wir alle kennten (mit Ausnahme der Tanten aus London, dachte ich mir), dem gewitzten *Goa, and the Blue Moun-*

tains, vortragen werde. Und er stieg auf einen Hocker und begann zu lesen, in jenem mir geläufigen Tonfall, der auf einer Spur rezitierte, auf der anderen flachste:

Die schwarzen Christen können, wie die weißen, in zwei Gruppen eingeteilt werden: zuerst die konvertierten Hindus; und zweitens die aus europäischem und indischem Blut gemischten. Die letzteren unterscheiden zudem zwischen brahmanischen Christen, wie sie sich selbst lachhaft bezeichnen, weil sie von der Priesterkaste der Hindus abstammen, und den gemeinen Christen. Der einzig sichtbare Unterschied zwischen beiden ist, wie uns scheint, ein moralischer; die ersteren sind berüchtigt für ihre außergewöhnliche Falschheit und Niederträchtigkeit. Sie halten sich voller Würde für etwas Besseres als die letzteren und genossen in alten Zeiten gewisse merkwürdige Privilegien, wie etwa das Recht, dem Orden der *Theatins,* der niedrigen Angestellten, anzugehören und dem des St. Philip Nerius.[1] Aber in ihrem Benehmen, ihrem Aussehen, ihren Bräuchen und ihrer Ausbildung entsprechen sie auf das genaueste der Mehrheit der Gemeinschaft.

Die Mestizen, das Mischblut, bilden die große Masse der Gesellschaft in Goa; diese umfaßt alle Klassen, vom Koch bis zum Regierungsbeamten. 1835 errang einer von ihnen den höchsten, würdevollsten Posten, doch seine politische Karriere war kurz und bemerkenswert erfolglos. Manche Mischlinge reisen bis nach Europa, viele von

---

[1] Goez, der etwa 1650 durch Indien reiste, verkündet sein Erstaunen über das Bild eines schwarzen Heiligen auf den Altären und über die Tatsache, daß man den schwarzen Einheimischen nicht zutraute, »religiös« zu sein, sie sich aber nach ihrem Ableben durchaus zur Kanonisierung eigneten.

ihnen wandern nach Bombay aus, um ihr Glück als Dienstboten oder Händler zu versuchen – aber der größere Teil bleibt in Goa, geht althergebrachten Berufen nach und verteidigt die Ehre der Familie. Es dürfte unserer Meinung nach schwierig sein, in Asien eine häßlichere oder degradierter aussehende Rasse zu finden. Ich bekenne mich zum Degradierten, wenn du den häßlichen Part übernimmst, Carlo, rief einer der Gäste dazwischen, und die kleine Gesellschaft lachte vergnügt. Die Stirn ist niedrig und flach, die Augen klein, flink und rastlos; um den Mund herum zeichnet sich eine Mischung aus Sinnlichkeit und Gerissenheit ab, der ganze untere Teil des Gesichts erscheint unvorteilhaft, um nicht zu sagen widerwärtig. Die Figur ist gedrungen und klein, mit konkavem Brustkorb, den in Indien üblichen wadenlosen Beinen und einem bemerkenswerten Mangel an Muskeln. Das schöne Geschlecht ist etwas attraktiver. Während unseres gesamten Aufenthaltes in Goa haben wir aber selten ein richtig hübsches halbblütiges Mädchen gesehen.

Carlo da Cunhas Stimme, die während der letzten Sätze gegen einen anschwellenden Unmut hatte ankämpfen müssen, wurde an dieser Stelle von dem Stimmenwürfnis überwältigt.

– Von wegen widerwärtig. Wer ist der hübscheste Kerl in ganz Bollywood? John Abraham!

– Der ist nur Halbgoaner.

– Dann halt Dino Morea.

– Der ist gar kein Goaner.

– Aber er gilt als gutaussehend, weil er einem Goaner ähnelt.

Ein kleiner und unbestreitbar gedrungener Mann, der mir als Schiffskapitän vorgestellt worden war, rief derweil

mit gespielter Empörung: Dem würde ich mal meine
Muskeln zeigen; und die Tanten drängelten sich vor, um
mit ihren Fächern auf den mutigen da Cunha einzuschla-
gen, der sich vor Lachen krümmte und richtiggehend
in die Knie ging, als seine Ehefrau knapp und abschließend verkündete: Du schläfst heute bei deinem Bruder.
Die Tanten halfen ihm wieder auf. Er hat schon immer
dubiose Freunde gehabt, sagte die eine, und die Runde
schnalzte Zustimmung.

– Hört mir doch ein wenig zu, meine Freunde. Burton
hat noch einiges zu sagen über unsere Damen, doch
freut euch nicht zu früh, meine Lieben, danach sind die
Männer dran.

Das Leben des schönen Geschlechts in Goa muß wohl
ein langweiliges sein. Häuslichen Beschäftigungen nach-
gehen, rauchen, selten Besuche abstatten und die Kirche
aufsuchen, insbesondere an den *ferie,* den Festen, im Bett
liegen, *en deshabillé* sitzen, und gelegentlich ein Tanz –
das sind die stumpfen Waffen, mit denen sie die Zeit an-
greifen. Meiner gönnte mir nicht einmal ein Tänzchen,
sagte Tante Nummer eins. Sie heiraten früh, gründen
eine Familie wohl mit dreizehn, sind mit zweiundzwanzig
alte Frauen und altersschwach mit fünfunddreißig. Wie
Inder im allgemeinen, scheint es ihnen an Amorität zu
mangeln, während sie reichhaltig mit Philoprogenitivität[1]
gesegnet sind, und haben daher nicht viel Sinn für In-
trige. Was für ein hinterhältiges Kompliment! Zugleich
müssen wir aber die Tatsache festhalten, daß der Erz-
bischof sich gezwungen sah, nächtliche Prozessionen zu
verbieten, denn bei diesen drängten sich stets die weiblichen Anbeterinnen, und dies gab Anlaß zu gewissen

---

[1] Konventioneller ausgedrückt: Schwach in der Liebe, stark im Sex.

hartnäckigen Skandalen. Die Priester haben ihm das bestimmt sehr verübelt.

Die Bastardmänner kleiden sich wie Europäer, aber die Lagen an Kleidung nehmen mit dem Rang des Trägers ab. Manche aus den unteren Schichten, besonders auf dem Land – wir haben doch nur Land! –, imitieren einen Galaanzug, der *in toto* aus einem Baumwollsakko und schwarzen seidenen Kniebundhosen besteht. Selbst die Höherstehenden tragen fast immer farbige Kleidung, denn so wird der Wäscher weniger beansprucht. Sie sind unerträglich schmutzig: – wahrlich, Sauberkeit sollte im Osten zu einem Glaubenssatz gemacht werden. Ich glaube an den Vater, den Sohn und an die chemische Reinigung von ›White Rose‹, murmelte Mario neben mir. Sie lieben starke Spirituosen, und trinken selten – endlich ein wahres Wort – aus einem anderen Grund, als sich ehrlich und völlig zu betrinken. Darauf ein Prosit! Ihr Charakter kann knapp beschrieben werden als leidenschaftlich und feig, eifersüchtig und rachedurstig, wobei sie von den beiden Rassen, von denen sie abstammen, jeweils mehr Laster als Tugenden übernommen haben. In jungen Jahren, insbesondere ehe sie in die Pubertät eintreten, legen sie einen bemerkenswerten Scharfsinn und eine erstaunliche Lerngewandtheit an den Tag. Sie verfügen über eine schnelle Auffassungsgabe für Sprachen und für die unteren Zweige der Mathematik, aber sie scheinen nicht fähig zu sein, aus dem Angeeigneten Gewinn zu schlagen. Jetzt ist es aber nicht mehr lustig, brummte ein distinguierter Herr von der anderen Seite der Veranda, und Mario flüsterte mir zu, es handele sich um einen pensionierten Schuldirektor. Goa kann sich keines einzigen wichtigen Literaten rühmen oder gar eines zweitklassigen Dichters. O nein, davon haben wir

jede Menge! Um es in wenigen Worten zusammenzufas-
sen, die mentale und körperliche Entwicklung dieser
Klasse ist nur unter einem Gesichtspunkt bemerkenswert: *Goa, and*
der sonderbaren *mélange* von europäischen und asiati- *the Blue*
schen Eigentümlichkeiten, von veralteter Zivilisation und *Mountains,*
moderner Barbarei. *S. 96ff.*

Carlo da Cunha verbeugte sich mit übertriebener Kratz-
füßigkeit. Die Gäste applaudierten und entledigten sich
noch einiger angestauter Zurufe. Die Stimmung war auf-
gekratzt und gelöst. Kein Zweifel, es war eine hervor-
ragende Art, eine Party zu beginnen. Ich war mir nur
nicht sicher, ob es Richard Burton gefallen hätte, ein-
hundertfünfzig Jahre später von den Nachfahren der
Mischlinge als Hofnarr bei einem – wenn auch reichlich ungewöhnlichen – Gesellschaftsspiel mißbraucht zu
werden.

– Das hat Sie doch bestimmt ein wenig getröstet? fragte
ich Mario Miranda.

– Wieso denn?

– Dagegen ist doch das, was Rushdie geschrieben hat,
ein Pappenstiel.

– Ja, aber dieser Burton hat über alle Goaner geschrieben, und Rushdie nur über mich.

Carlo stand neben uns, das Buch, aus dem er vor-
gelesen hatte, in der Hand. Es war in Zeitungspapier
eingewickelt.

– Welche Ausgabe von *Goa, and the Blue Mountains*
besitzen Sie, junger Mann?

– Einen Nachdruck, aus den USA, mit einem Vorwort
von Dale Kennedy.

– Das ist völlig inakzeptabel. Sie benötigen eine richtige Ausgabe.

Worauf er mir das Buch überreichte. Die Zeitung hieß *O Heraldo* und schien in Englisch geschrieben zu sein, oder vielmehr in einer ›bastardisierten Version desselben‹, wie Burton wohl geknurrt hätte. Ich schlug das Buch auf. Es handelte sich, wie vermutet, um die Erstausgabe des allerersten Buches von Richard Francis Burton. Mir war ein wenig schwindelig, als ich es vorsichtig durchblätterte.

– Schauen Sie nicht so erstaunt, ich leihe es Ihnen nur aus. Ich weiß, Sie haben eher ein verschollenes Tagebuch erwartet, aber Sie sollten nicht enttäuscht sein, denn dies hier ist fast so gut. Es enthält die Kommentare meines Urgroßvaters, Gerson da Cunha, der gelehrteste Mann unserer Familie, und ein großer Liebhaber und Kenner von Camões. Er hat diesen Text reichlich kommentiert, und er ist ein guter Gewährsmann, wissen Sie, denn er kannte Burton, und er kannte natürlich Goa.

Ich blätterte weiter. Die bleistiftigen Anmerkungen des Urgroßvaters waren nicht zu übersehen, nur leider erwiesen sie sich, als ich mir eine längere Passage zu Gemüte führen wollte, als unverständlich – sie waren auf portugiesisch verfaßt.

– Sie können kein Portugiesisch? Der Vorwurf in Carlos Stimme war nicht zu überhören.

– Laß den Jungen in Ruhe, mischte sich Mario ein. Erwartest du etwa auch, daß er Konkani[1] versteht?

– Jemand, der über Burton schreibt…

– Sollte nicht dessen Fehler machen! Das reicht völlig aus!

Und Mario klopfte mir auf den Rücken und schlug ein weiteres Glas Whiskey vor. Die Verandaparty hob an.

[1] Die Sprache des Konkans, eines Küstenstreifens, der sich über Goa hinaus erstreckt.

DIE ENTFÜHRTE NONNE, ODER DIE LEICHTGLÄUBIGE ÄBTISSIN, ODER GUT ERFUNDEN IST HALB GEWONNEN

A m nächsten Morgen war Carlo da Cunha beim Frühstück, das vor allem aus feingewürfelten Mangos bestand, deren Wohlgeschmack ans Paradies gemahnte, zielstrebig inquisitiv. Er wollte wissen, ob ich schon in das Exemplar von Gerson da Cunha hineingeschaut hätte und ob es mir von Hilfe sein werde. Da ich nur mit einem knappen ›Ja‹ antwortete, bohrte er nach, so als wolle er mich testen, welche Stellen ich mir angesehen hatte, und ich antwortete wahrheitsgemäß, daß ich zuerst meine Lieblingsgeschichte aus *Goa, and the Blue Mountains* aufgeschlagen hatte, die Geschichte von der geraubten Nonne, und verwundert gewesen sei über die vielen Kommentare seines Urgroßvaters.

– Ihre Wahl erstaunt mich. Eine weitere *affaire de cœur?*

– Mit einigen Stolpersteinen.

– Was fasziniert Sie an der Geschichte?

– Die Erzählsituation. Burton behauptet, sein Diener Salvador erzähle ihm von einer dramatischen Begebenheit, die dieser mit einem anderen britischen Offizier erlebt habe, und alles deutet darauf hin, daß dieser andere eigentlich Burton selbst war...

– Da haben Sie völlig recht. Nur wenn er ein Alter ego beschrieb, konnte Burton wahrhaftig über sich selbst schreiben.

– Könnten Sie mir wenigstens die Kommentare zu dieser Geschichte übersetzen?

– Setzen Sie sich zu mir, und schreiben Sie mit.

»So etwa vor zehn Jahren«, sagte Salvador, »kehrte ich mit meinem Herrn, Leut. ————, vom Regt. ————, nach Goa zurück, ein sehr kluger Gentleman, der über alles Bescheid wußte.[a] Er konnte sich mit jedem Menschen in dessen Sprache unterhalten,[b] und ein jeder zeigte sich auf seine Weise überrascht und erfreut über die Begegnung mit ihm. Außerdem war sein Glauben eines jeden Glauben. In einem gewissen muslimischen Land heiratete er ein Mädchen und erklärte keine Woche später die Scheidung.[1] Er konnte den Koran im Singsang vortragen; die beschnittenen Hunde hielten ihn für eine Art Heiligen. Auch die Hindus respektierten ihn, denn er aß Rind nur im geheimen, sprach stets voller Respekt von der Kuh und hatte einen Teufel (d. h. ein heidnisches Idol) in seinem Privatzimmer.[c]

»In Cochin ging er in die Synagoge und las aus einem großen Buch, wie ein Priester.[d] Ah! Er war ein kluger Sahib, jener! Er konnte einen vor Wut schäumenden, ungezügelten Gläubiger so spielerisch leicht bändigen, als sei er ein Zicklein, und Geld von den Parsen zu ge-

[a] Damals noch nicht
[b] Exzellentes Portugiesisch, schwaches Konkani
[c] Was für ein erbärmlicher Versuch, sich ein Alias zu schaffen – ein weißes Tuch wird über die Figur geworfen, doch die Figur schaut an allen Ecken und Enden heraus. Ist ein Alias nur geglückt, wenn man es durchschaut?
[d] Junger Möchtegern

[1] Spielt an auf die islamische juristische Institution der vorübergehenden Ehe, mit der Liebesbeziehungen und anders motivierte Vereinigungen legitimiert werden.

ringeren Zinssätzen leihen, als sie je von einem anderen Gentleman auf diesem Erdenrund bezahlt worden sind.

»Zuletzt kam mein Herr nach Goa, wo er selbstverständlich ein so frommer Christ wurde, daß er sich einen Priester im Haus hielt – um sein Portugiesisch zu vervollkommnen – und tagtäglich die Messe aufsuchte. Und wenn wir uns in die Altstadt begaben, beklagte er die Ruinen aus Zeiten der Inquisition mit einer solchen Inbrunst, und er teilte sein Abendessen derart häufig mit den Mönchen des heiligen Franziskus,[1] daß der alte Ordensgründer ihn gewißlich im Herzen halb kanonisiert haben würde. Aber ich vermutete schon einen Trick, als ein *pattimar*,[2] welches für einen Monat angemietet worden war, an den Kaistufen anlegte; und bald zeigte sich, daß mein Offizier uns in der Tat eine schöne Bescherung eingebrockt hatte.

»Mein Herr hatte viel Mußezeit mit der Äbtissin von Santa Monica verbracht, die – eine echte Dame – auf die Mitteilung hin, daß seine Schwester,[a] ein junges, englisches Mädchen, ein gutes, bequemes, stilles Nonnenkloster suchte, ihren neuen Freund nicht nur durch alle Kreuzgänge und Schlafräume führte, sondern ihn auch

[a]Um wieviel leichter wäre sein Leben gewesen, hätte er wirklich eine Schwester gehabt?

[1] Sankt Franziskus von Xavier, bedeutender katholischer Missionar, der als eines der ersten sieben Mitglieder des Jesuitenordens durch Indien, Malaysia und Japan reiste und dort auch predigte. Er vertrat die Meinung, ein Missionar müsse sich den Bräuchen und Sprachen der Einheimischen anpassen. Nach seinem Tod wurde sein rechter Arm amputiert und nach Rom geschickt, um dem Verfahren zur Heiligsprechung beizuwohnen. Um auszusagen, ergriff der Arm den bereitliegenden Stift, tauchte ihn in ein Tintenfaß und schrieb seinen Namen nieder, was das versammelte Heilige Kolleg tief beeindruckte. Einige Jahrhunderte später biß ein etwas aufdringlicher Anbeter in Goa eine der heiliggesprochenen Zehen ab – seitdem wird der Leichnam nicht mehr offen aufbewahrt.

[2] Ein sehr langes Boot, hinten sehr hoch und vorn sehr tief, zusammengesetzt aus unzähligen Holzstücken, die mit Kokosnußfasern zusammengebunden werden.

einigen der Nonnen vorstellte. Wie erbaulich muß der Anblick seines sanftmütigen Gesichtsausdruckes gewesen sein, als er den Madres ausgiebig seine durchdachten Pläne für das zukünftige Wohl jenes apokryphen, kleinen Kindes darlegte, begleitet von Tausenden von Fragen hinsichtlich des Lebensstils, der moralischen und religiösen Ausbildung, der Ordnung und der Disziplin in diesem Konvent. Die Äbtissin wünschte sich nichts so sehr wie ein englisches Mädchen in ihrem Haus,[a] abgesehen vielleicht von der monatlichen Rente in Höhe von hundert Rupien, die der liebevolle Bruder ihr unbedingt zukommen lassen wollte.[b]

[a]Madre Snob

[b]Madre Raffzahn

»Sie müssen wissen, Sahib, daß die Madres, allgemein gesprochen, keineswegs gutaussehend sind. Sie tragen häßliche, weiße Kleider und halten ihr Haar kurz, wie wir es von Männern kennen. Aber die Lateinlehrerin, die die Novizinnen unterrichtete, war ein sehr hübsches weißes Mädchen, mit großen, schwarzen Augen, einem bescheidenen Lächeln und einer reizenden Figur. Sobald ich das Gesicht der Lateinlehrerin erblickte, verstand ich sofort das Wesen der ganzen Angelegenheit.

»Zuerst stieß mein Herr auf einige Herausforderungen, denn die Lehrerin wagte nicht, ihn anzusehen, zumal sie stets von einer weiteren Nonne begleitet wurde. […] Aber er war nicht ein Mann, der sich durch Schwierigkeiten einschüchtern ließ,[c] im Gegenteil, er entflammte um so mehr für diese Jagd. Nach allerlei Mühen und einigem Beharren gelang es ihm, der Dame in die Augen zu blicken, und da er ein ziemlich ansehnlicher Gentleman war, hatte er schon einiges gewonnen. Schließlich verschwand ihre anhaltende Schamröte, obwohl sie ihr gelegentlich wieder ins Gesicht getrieben wurde, vor allem wenn die Augen meines Herrn etwas zu nachdrücklich

[c]Wie wahr

über ihr hübsches Gesicht glitten; der nächste Schritt nach vorn war die Wahl einer älteren Nonne, die sich, halb blind über ihren Rosenkranz gebeugt, zudem noch taub wie ein toter Esel,[a] als höchst geeignete Begleitung erwies. […]

»Und ich überbrachte der Äbtissin auch etwas Cognac[b] – europäische Medizin genannt –, und diverse ähnliche Gaben für die anderen Zuständigen, die Lateinlehrerin inbegriffen. Ihr überreichte ich ein duftendes Blumensträußchen, inmitten dessen *chambeli*[1]-Blüten[c] ein kleines rosa Brieflein steckte. Mit Bangen und Zittern übergab ich dieses, und wie überglücklich war ich, als ich sie bald darauf aus dem Zimmer schlüpfen sah. Sie kehrte rechtzeitig zurück, um zu hören, wie ich der Äbtissin mitteilte, mein Herr sei zu krank, um sie an diesem Tag zu besuchen, und aus dem ernsthaften Gesichtsausdruck der jungen Nonne, als sie mich fragte, was denn die näheren Umstände seiner Erkrankung seien, schloß ich, daß das arme Ding beste Aussichten auf das ewige Fegefeuer hatte. Meine Antwort beruhigte ihre Sorge. Und sofort gesellte sich die Neugier hinzu. Tausend Fragen stürzten auf mich ein, wie das gnadenlose Prasseln des Monsunregens. Die Herkunft[d] meines Herrn, seine Abstammung,[e] Ausbildung,[f] Profession,[g] Reisen, Rang, Alter,[h] Vermögen,[i] Erkundigungen, die mehrfach beantwortet werden mußten, bis mein Kopf sich müde anfühlte. Gemäß meinen Weisungen führte ich seine Tapferkeit im Felde sehr weit aus, ebenso seine Keuschheit und Mäßigung, die Liebe zu seiner Schwester, und seine tiefempfundene Hingabe an den katholischen Glauben.[j] […]

[a] Hübsch, aber selten; der Leser als Trüffelschnüffler.

[b] Aufsatz: Beziehung zwischen Alkoholismus und Katholizismus in Goa

[c] Vermutlich die weißen Blüten, Burton liebte das Attar (Parfüm).

[d] Dubios

[e] Durchwachsen

[f] Fragmentarisch

[g] Aufschneider

[h] Junggeselle

[i] Nicht existent

[j] Wie der Lügner, so der Diener.

[1] Die großen Jasminblüten.

»Meine Anspielung auf die Schwester rief einen weiteren Ausbruch der Wißbegier hervor. Auch hinsichtlich dieses Themas befriedigte ich sie mit einer entzückenden Beschreibung des süßen, kleinen Wesens, dessen Schönheit anzog, dessen jugendliche Frömmigkeit erbaute und dessen großes Vermögen betörte. Die Augen der alten Äbtissin glitzerten über ihren gewaltigen Wangen, als ich bei diesem Thema verweilte: aber es fiel mir auf, wie wenig Interesse die Lateinlehrerin daran hatte, denn sie verließ das Zimmer. Als sie zurückkehrte, überreichte sie mir ein Buch, in schmutziges weißes Pergament gebunden, mit gewaltigen Lettern auf dem Buchrücken, mit der Bitte, es meinem Herrn zu geben, der sich, so schien es, begierig gezeigt hatte, seinen Geist durch das Studium des Lebens des heiligen Augustinus zu stärken.

»Nachdem wir drei Stunden im ernsthaften Gespräch verbracht hatten, unterbrochen nur gelegentlich von einigen Bemerkungen über Mangokäse, durfte ich wieder aufbrechen, beladen mit Nachrichten, Segenswünschen und Gebeten für die sofortige Genesung meines Herrn sowie der wiederholt ausgesprochenen Vorfreude auf eine neuerliche Begegnung mit ihm.

»Ich kann Ihnen die Abenteuer der nächsten beiden Wochen nicht im Detail erzählen. Mein Herr verbrachte zwei Nächte im Kloster – nicht im Gebet, wie ich vermute; tagsüber verstrickte er die Äbtissin und ihre Stellvertreterin, heilige Persönlichkeiten, die eher Gujarat-Affen ähnelten als sterblichen Frauen, in lange Gespräche. Am Ende der dritten Woche tauchte das *pattimar* mit schnellen Segeln auf.

»Ich war anwesend, als sich mein Herr von der Äbtissin verabschiedete, und was für ein bewegender Anblick es war; mit welcher Inbrunst küßte er die Hand ›seiner

zweiten Mutter‹, der ›Beschützerin seiner lieben Schwester Zukunft‹. Wie oft wiederholte er sein Versprechen,
sie von Bombay aus erneut zu besuchen, alsbald nachdem
die notwendigen Vorbereitungen getroffen worden seien!
Wie beflissen notierte er die verschiedenen kleinen Er-
ledigungen, um die man ihn bat! Und wie selbstverständlich seine Augen feucht wurden, als er, unter ihren
Segenswünschen, seinen Abschied von den verehrten
Damen nahm! [...]

»Mein Herr und ich packten sofort alles zusammen.
Noch ehe die Sonne unterging, waren Gepäck und Diener
an Bord gebracht, mit Ausnahme meiner Person, da ich
den Befehl erhielt, unter den Bäumen am Kai zu warten,
und eines afghanischen Schurken, der sich um elf Uhr
nachts zu Fuß mit meinem Herrn auf den Weg machte.
Die beiden waren in einheimische Kluft gekleidet,[1] mit
Turbanen, die bis auf die Augen ihr Gesicht bedeckten;
beide trugen unter dem Arm blanke Dolche, so lang und
breit, daß man bei ihrem Anblick vor Furcht erzitterte,
und in der Hand schwachen Lichtschein verbreitende
Laternen. Das Gesicht meines Herrn war – wie üblich, [a]Nur weil
wenn er zu einer derartigen Unternehmung aufbrach – die Maske gut
geschwärzt, und, mit allem Respekt, wenn ich mir in Ihrer sitzt, muß
Gegenwart erlauben darf zu sagen, ich habe noch nie sie nicht un-
einen englischen Gentleman gesehen, der so sehr einem bedingt große
moslemischen Dieb glich.[a] [...] Gemeinsam-
keiten mit
»Die Dolche waren jedoch nur für den Fall der Fälle; dem wahren
denn die Lateinlehrerin hatte, wie ich später erfuhr, einige Gesicht
haben.

[1] Es gibt nichts so essentiell Bequemes in der europäischen Klei-
dungsmode, daß wir angesichts ihrer Nachteile daran festhalten sollten. *Scinde; or,*
Indem wir die Tracht der jeweiligen Region übernehmen, werden die *The Unhappy*
Bauern nicht mehr vor uns davonlaufen, wenn wir durch ihre Felder *Valley.* Band 2,
reiten, und die Dorfmädchen werden nicht in ihre Hütten zurückweichen. S. 21

kleine *datura*[1]-Samen in den Tabak gemischt, der allabendlich an die Wachen ausgeteilt wurde.

»Kurz nach Mitternacht wurde ich durch einen Tritt geweckt.[a] Zwei Männer trieben mich hastig zum *pattimar*, welches Schlag zwölf die Anker gelichtet hatte. Die Segel wurden gesetzt, dann glitt das Boot schnell und geräuschlos den Fluß hinunter.

[a] Ausführlicher Aufsatz: Burton und seine getretenen Diener

»Als die Schläfrigkeit meine Augenlider verlassen hatte, bemerkte ich, daß es sich bei den beiden Unbekannten um meinen Herrn und jenen Schurken namens Khudadad handelte. Ich wagte es jedoch nicht, irgendwelche Fragen zu stellen, da sie beide so gereizt wie verwundete Tiger wirkten, obwohl sich der Sahib ein gelegentliches Lächeln nicht verkneifen konnte. Sie gingen zum Bug des Bootes und waren sofort in tiefe Unterhaltung versunken, leider in einer mir unbekannten Sprache;[b] und erst als wir an den Kanonen des Kastells vorbeigeglitten waren und fröhlich über das blaue Wasser tänzelten, legte sich mein Offizier schlafen.

[b] Pashtu, Panjabi oder Farsi???

»Am Morgen wurde mir die Ehre zuteil, die Einzelheiten der Aventüre vom Vorabend zu erfahren. Schlag zwölf hatten mein Sahib und sein Messerstecher ihre Position vor dem kleinen Tor, das in den hinteren Garten führte, bezogen. Entsprechend der Übereinkunft, begann einer von ihnen wie ein Schakal zu bellen, worauf der andere mit dem Kläffen eines Wachhundes antwortete. Nach einigen Minuten öffneten sie mit einem gefälschten Schlüssel vorsichtig das Tor, stahlen sich in das Kloster, nachdem sie das Schloß des Gitters zuvor mit ihren Dolchen aufgebrochen hatten, und nahmen den Weg zum Zimmer der Lateinlehrerin. Aber mein Herr, in der Eile

---

[1] Datura stramonium, ein starkes Narkotikum.

des Augenblicks, nahm eine falsche Biegung und fand sich nun unwissend in der Kammer der zweiten Äbtissin, deren schlafende Gestalt sofort hochgehoben, umarmt und von Khudadad triumphierend davongetragen wurde.

»Mein Offizier blieb für einige Minuten zurück, um sicherzustellen, daß alles in Ordnung war. Dann schlich er aus dem Zimmer, machte die Tür zu, schlüpfte durch den Garten, schloß vorsichtig das Tor, warf den Schlüssel weg und eilte zum verabredeten *entretien* mit Khudadad und dessen liebreizender Last. Aber stellen Sie sich seinen Schrecken und seinen Ekel vor, als er, anstatt wie erwartet große, schwarze Augen und einen hübschen, kleinen Rosenmund zu erblicken, von einem Paar rollender, gelber Bälle feindselig-furchtsam angestarrt wurde, und als zwei wulstige, schwarze Lippen, anfänglich angstvoll zusammengepreßt, zu schreien und zu kreischen begannen, und ihn mit aller Macht beschimpften.

»›Khudadad, wir haben Schmutz gegessen‹, sagte mein Herr; ›wie sollen wir diese Teufelin zum Schweigen bringen?‹

»›Schneiden wir ihr die Kehle durch‹, erwiderte der Rohling.

»›Nein, das geht nicht. Fessele ihre Arme, knebele sie mit deinem Taschentuch, und laß sie hier liegen – wir müssen sofort verschwinden.‹«

Natürlich bestand Carlo darauf, mir später an diesem Tag das Kloster zu zeigen – Konvent Santa Monica, biographisches Beweisstück Nummer eins –, inmitten von Velha Goa gelegen, jenem Alten Goa, aus dessen Ruinen nur die Kirchen und Konvente unbeschadet ragen. Einst, gegen Ende des 16. Jahrhunderts, war Goa nach Lissabon zweitgrößte Metropole des portugiesischen Weltreiches,

Goa, and the Blue Mountains, S. 73 ff.

mit allen städtischen Privilegien ausgestattet und zeitweilig Wohnort des Dichters Camões.[1] Nachdem wir uns umgeschaut hatten, bestiegen wir ein kleines Boot, der Verwandtschaft zu einem *pattimar* gänzlich unverdächtig, und ruderten den Mandova-Fluß entlang, nur um bald nach Aufbruch feststellen zu müssen, daß die schäbige Schaluppe leckte und der elegant gekleidete Carlo sich nicht anders zu helfen wußte, als mit seinem schönen und gewiß wertvollen Borsalino Wasser zu schöpfen, bis wir an dem nächsten Kai anlegen konnten.

Mürrisch beschloß Carlo, sich und mich zu entschädigen, indem wir sein Lieblingsrestaurant aufsuchten, und dort, über Crab Xec Xec,[2] Mutton Xacuti[3] und Sambharachi Kodil,[4] teilte er mir mit, daß wir am nächsten Morgen aufbrechen würden, nach Vijayanagar, der Stadt des Sieges, denn Burton sei von Goa aus auf einem Boot weitergereist, das habe das Schicksal uns nun eindeutig verwehrt, und in Calicut im Süden habe er kaum etwas erlebt, weswegen es sinnvoller sei, einen anderen Entdeckungsweg zu nehmen, um so auf das zu stoßen, was der Vorgänger übersehen habe. Ich solle mich bereithalten, um sieben Uhr sei Abfahrt, das Frühstück davor leicht.

[1] Luís Vaz de Camões, dessen gewaltiges Epos *Os Lusíadas* von Richard Burton übersetzt wurde, erschienen 1880 in London bei Bernard Quaritch.

[2] Mittelgroße Krabben in einer leichten Kokosnußsauce mit grünen Chilis, Kurkuma, Tamarindensaft, Nelken und Pfefferkörnern.

[3] Kleingeschnetzeltes Hammelfleisch in einer dicken Kokosnußsauce.

[4] Das typische goanische Garnelencurry, wie Xec Xec zubereitet, allerdings ohne Kurkuma, Nelken und Pfefferkörner, wird stets mit einem Stück gebratenen Fisch serviert.

WIE REIST MAN HIER,

WIE IST MAN EINST GEREIST?

HIER REIST ES SICH

NOCH EINMAL,

UNBEQUEM WEIT

KOMFORTABEL BREIT

Zur Beförderung Ihrer Person bietet Indien unterschiedliche Fortbewegungsmittel an. Sie können, wenn Sie nicht wohlauf sind oder es eilig haben, die Dienste eines *palanquin*[1] in Anspruch nehmen und mit etwa drei oder vier Meilen die Stunde die Straßen entlangreisen, entweder mit oder ohne Pausen: wir können Ihnen nicht viel Freude bei dem Genuß dieses berühmten orientalischen Luxus versprechen. Eine gerade einmal halbzolldicke Planke schützt Ihren Kopf vor der glühenden Sonne, bedeckt von einer dünnen Matte, die mit Wasser abgespritzt werden sollte, was jedoch selten geschieht. Nach ein oder zwei Tagen werden Sie sich fragen, was Sie mehr hassen: die monotonen Rufe der Träger, ihr melancholisches Grunzen und Stöhnen, so-

[1] Tragbares Bett, offen oder umschlossen, das auf zwei Stangen montiert ist und an jedem Ende auf den Schultern von Trägern (oder Tieren) liegt; mit anderen Worten: die orientalische Version der Sänfte.

lange sie noch ausgeruht sind, oder – wenn sie müde werden – ihr schlurfend-taumelnder Gang, der Sie durchrüttelt und -schüttelt. In Ihrem Zustand ständiger leichter Fiebrigkeit können Sie nicht essen, trinken oder schlafen; Ihr Mund brennt, Ihr Kopf pocht, Ihr Rücken schmerzt, und Ihre Laune ist drauf und dran, grimmig zu werden. Nachts, wenn Sie in ein vorübergehendes Vergessen Ihrer Leiden sinken, werden die Kreaturen Sie gewiß wecken, um Ihnen einige Münzen abzubetteln und zu schwören, daß sie sich nicht getrauen weiterzureisen, weil es ihnen an Öl für die Lampen mangele, oder sie lassen Sie und Ihre Sänfte schwer auf den Boden plumpsen, weil der vorderste Träger beinahe auf eine Schlange getreten wäre. Natürlich kraxeln Sie, so gut es geht, aus Ihrem Käfig heraus und verabreichen Strafen an die Schuldigen, aber mit welchem Ausgang? Alle Träger stürzen davon und lassen Sie allein an diesem Ort zurück, doch Sie werden die Nacht nicht ganz allein verbringen, denn wahrscheinlich dreht ein hungriger Tiger seine Runden um Ihren Kasten, und ihn hindert nur eine etwas abergläubische Ehrfurcht vor diesem Teil, Sie mit seinen Zähnen und Klauen herauszuzerren, und so umkreist er sie wie eine Katze, die sich daranmacht, ihr Fasten mit einer gefangenen Maus zu brechen.

Alles, was wir über das *palanquin* gesagt haben, gilt auch für seine bescheideneren Modifikationen. Das *mancheel* besteht in diesem Winkel der Welt nur aus einem Stab, an dem ein Segeltuch wie eine Hängematte befestigt ist, darüber ist ein quadratischer Vorhang angebracht, den Sie auf der sonnigen oder windigen Seite zuziehen können. In diesem Beförderungsmittel werden Sie ein wenig schneller vorankommen als in der schweren hölzernen Kiste, aber Ihre Leiden werden sich in ungleicher

Proportion vervielfachen. Da es einiger Übung bedarf, in diesem Gerät das Gleichgewicht zu behalten, werden Sie unweigerlich bei Ihrem jungfräulichen Versuch zu Boden geschleudert werden. Ein Gefühl der Sicherheit, erworben durch viele Stürze, wird dann Ihrem Geist erlauben, seine Beobachtungsgaben zu entfalten, und Sie werden bemerken, was Sie in dieser vortrefflichen Lage nun alles genießen können: den augenvergrellenden Ausblick, die gestaute Hitze, den schirokkoartigen Wind und den Tau, frostig wie die Hand des Vernichters. Sie spüren, wie Ihr Rücken sich im unbequemsten Winkel krümmt und wie die Kissen, die Ihren Kopf stützen sollten, unweigerlich zu Ihren Schultern heruntergerutscht sind, und Sie finden keinen anständigen Platz, einige kleine Komfortabilitäten zu verstauen, und können nicht einmal Ihre Sitzposition verändern – in einem Wort, Sie sind ein erbarmungswürdiges Wesen. *Goa, and the Blue Mountains,* S. 250 ff.

Zur Beförderung Ihrer Person bietet Indien unterschiedliche Verkehrsmittel an. Sie können, wenn Sie wohlhabend sind oder wenn Sie es eilig haben, die Dienste eines ›Ambassador‹[1] in Anspruch nehmen und die Straßen mit etwa dreißig oder vierzig Meilen die Stunde entlangreisen und Pausen einlegen, wann immer es Sie danach gelüstet: wir können Ihnen einige Freude bei dem Genuß dieses berühmten orientalischen Luxus versprechen. Eine getönte, schrägstehende Scheibe schützt Ihren Kopf vor der glühenden Sonne, die Sitzpolster sind mit weichem Wollstoff bedeckt, der regelmäßig aus-

---

[1] Der ›Hindustan Ambassador‹, seit 1958 nach dem Modell des ›Morris Oxford‹ in Lizenz gebaut, eine viertürige Limousine mit geräumigem Innenraum und einem Motor, der mit fast allem betrieben werden kann, von Diesel über Benzin und Erdgas bis zu Flüssiggas.

geschüttelt und gelüftet wird. Nach ein oder zwei Tagen werden Sie sich fragen, was Sie mehr lieben: die interessanten Erklärungen des Fahrers, die mal gebildet, mal humorvoll ausfallen, solange er noch ausgeruht ist, oder – wenn dieser müde wird – der bedächtig raternde Klang des alten Motors, der sich mit den Klängen des ländlichen Indiens vermischt. In Ihrem Zustand leichter Animiertheit genießen Sie es, gelegentlich am Straßenrand einen *chai*[1] zu trinken; Ihr Gaumen ist versöhnt, Ihr Kopf leicht, Ihr Rücken schmerzt nicht, und Ihre Laune grenzt ans Euphorische. Nachts, wenn Sie in das vorübergehende Vergessen Ihrer Erfahrungen sinken, wird der Fahrer, ohne Sie zu wecken, den nötigen Ölwechsel vornehmen und den Druck der Reifen überprüfen, und das einzige, was Ihnen auf der Reise droht, ist eine gelegentliche Vollbremsung, wenn der Fahrer eine unvorsichtige Ziege oder ein spielendes Kind erspäht. Gewiß werden Sie die eine oder andere Vollbremsung nutzen, um sich die Beine zu vertreten oder eine kleine Ansiedlung am Wegesrande zu erkunden. Der Fahrer bleibt währenddessen beim ›Ambassador‹, wacht über das Fahrzeug und Ihr Gepäck, während Sie sich umsehen, vielleicht umringt von Scharen neugieriger Kinder oder bedrängt von dem einen oder anderen Einheimischen, der sein Englisch an Ihnen ausprobieren oder Sie in die kunsthistorischen Geheimnisse dieses Weltwinkels einführen möchte.

Nicht alles, was wir über den ›Ambassador‹ gesagt haben, trifft auch auf seine bescheideneren Modifikationen zu. Die Rikscha, mal motorisiert, mal durch Pedalkraft bewegt, besteht aus einem einfachen Käfig, darunter

---

[1] Auch *tschai* geschrieben, indischer Tee, bei dem die Teeblätter zusammen mit Zucker, Milch und Gewürzen (Kardamom, Nelke, Zimt und anderen) aufgekocht werden. Wird aus kleinen Bechern geschlürft.

drei Räder und zu beiden Seiten offen, so daß Sie sich weder vor der Sonne noch vor dem Wind schützen können. In diesem Beförderungsmittel werden Sie weniger schnell vorankommen als in dem schweren Luxusgefährt, und Ihre Leiden werden sich in gleicher Proportion vervielfachen. Da es einiger Übung bedarf, in einer Rikscha all den wagemutigen Manövern des Fahrers zum Trotz aufrecht zu sitzen, werden Sie anfänglich unweigerlich von einer Seite zur anderen geschleudert werden. Danach wird ein Gefühl der Sicherheit, erworben durch viele Beinaheunfälle, Ihrem Geist erlauben, seine Beobachtungsgaben zu entfalten, und Sie werden bemerken, was Sie in dieser vortrefflichen Lage nun alles genießen können: das unablässige Knattern, Scheppern, Schreien und Hupen, die von dem Blechbasar reflektierte Hitze, den Smog in Nasennähe und den Tau, so frostig wie der Odem des Todes. Sie spüren, wie Ihr Rücken sich in unbequemstem Winkel krümmt und wie die Polster, die Ihre Stirn schützen sollten, unweigerlich abgenutzt sind, so daß Sie bei jedem Aufprall blaue Flecken sammeln, und daß Sie nicht genügend Platz haben, Ihr Gepäck zu verstauen, so daß es neben dem Fahrer halb aus der Rikscha heraushängt und Sie sich daher auch noch sorgen müssen, ob der Rucksack nicht weggerissen wird – in einem Wort, Sie sind ein erbarmungswürdiges Wesen.

Um Gott kreiste unser Reisetag von Panjim im Bundesstaat Goa nach Vijayanagar im Bundesstaat Karnataka. Gott in der englischen Schreibweise: GOD. Das stehe für, so lehrte mich der Fahrer unseres ›Ambassadors‹,

G enerator
O perator
D estructor,

auf diese Weise wären die Hauptfunktionen der hindui-
stischen Trinität quasi zu modernisieren,[1] was der Fahrer
zwar nicht explizit ausdrückte, aber im Tenor beabsich-
tigte, denn in Karnataka ist Software kein Fremdwort und
IT kein mystifizierendes Kürzel mehr, und die Techno-
parks stehen neben Ashrams, in denen Hinduismus-Pillen
verabreicht werden, die das große *thali*[2] der Tradition
ersetzen sollen. Ich begriff, bequem zurückgelehnt, daß
Brahma generiert, Vishnu operiert und Shiva dekonstru-
iert, daß die drei Götter einen Vorstand mit klarer Auf-
gabenteilung bilden, der erste zuständig für Entwicklung,
der zweite für Produktion und der dritte, nun, vielleicht
für den Verkauf? Durch solche Gespräche animiert, trieben Carlo und ich durch den klimatisierten Tag, bis wir
Hampi erreichten, eine Kreisstadt, die berühmt ist, weil
sie neben den Ruinen einer einstigen Hauptstadt liegt:
Vijayanagar, Zentrum des gleichnamigen Reiches, das im
15. Jahrhundert seine Blütezeit erreichte und im 16. Jahrhundert unterging. Die enigmatische Vorgeschichte dieses
Ortes, hatte mir Carlo da Cunha schon auf der Fahrt
erklärt, ließe sich in Legenden nachspüren. Auf einem
der Hügel dieser Stadt wurde einst Kama – Gott der Lust
und Sohn von Brahma – von dem dritten Auge Shivas
zu Asche verbrannt, weil er ihn zu stören gewagt hatte.
Ein notwendiges Opfer, denn die Welt drohte aus dem

---

[1] Ganz im Sinne unserer westlichen Pauschaluniversalisten, die jede
Religion auf der Welt modernisiert sehen wollen, auf daß sie zeitgemäß
werde, was nichts anderes bedeutet, als daß diese ihren Vorstellungen
entsprechen möge, was wiederum beweist, daß auch diese Damen und
Herren einen relativistischen Zug in sich tragen, der sich da Egozentris-
mus nennt.
[2] Weitverbreitetes Mahl, eine in unendlich vielen Variationen offerierte
Tafel mit vier bis sechs Speisen in kleinen Schalen sowie verschiedenen
Broten und einer Süßspeise.

Gleichgewicht zu geraten, als Shiva sich von ihr abwandte (leicht verständlich, fügte der Fahrer hinzu, wenn Sie an den Vorstand denken: Verkaufseinbrüche führen zu Überproduktion, zu höheren Lagerhaltungskosten, die bald die Rentabilitätsmarge aufzehren, was wiederum Entlassungen und Einsparungen nach sich zieht). Einige hunderttausend Jahre später herrschten die Affenkönige Vali und Sugriva über ein Königreich der Primaten namens Kishkinda. Ihre Soldaten langweilten sich sehr, sie häuften zum Spaß Steinbrocken zu jenen bizarren Felsformationen auf, die dem Gebiet seinen landschaftlichen Reiz verleihen, Wettbewerbe à la *The World's Strongest Ape*. Doch Müßiggang und Machismo sollten sich in eine historische Sternstunde verwandeln, als der Botschafter des Affenimperiums, Hanuman, dem Prinzen Rama, der seine entführte Braut Sita suchte, seine Hilfe anbot. Der verzweifelte Prinz nahm diese dankbar an, die Primatenarmee erhielt den Auftrag, Sita aus den Klauen des zehnköpfigen und zwanzigarmigen Dämons Ravana zu befreien. Das Gewichtstemmen im heimischen Steinbruch erwies sich als nützlich: die Affen setzten nach Sri Lanka über, indem sie die Meerenge mit Felsen überbrückten.

– Sie werden sehen, sagte Carlo da Cunha, Vijayanagar ist etwas Besonderes.

– Ein Ort der Wahrheit, unterbrach der Fahrer.

– Wie meinen Sie?

– Er gilt als Ort, an dem alle Lügner und Betrüger entlarvt werden. Deswegen wird er von Politikern gemieden. Wenn Sie wissen wollen, wie ehrlich ein Politiker aus diesem Bundesstaat ist, müssen Sie nur in den Archiven nachschauen, wie oft er sich hierhergewagt hat.[1]

[1] Wunderbar: Ruinen als Lackmustest für *Transparency International*. Der Nutzwert des Verfallenen.

Respektvoll suchten wir zuerst den Virupaksha-Tempel auf, der einzige große Tempel, der noch rituell genutzt wird, denn laut traditioneller Überzeugung verlieren zerstörte Statuen ihre Heiligkeit, sie leben nicht mehr, auch wenn die Menschen aus der Umgebung vielerorts auf Bananenschalen kleine Opfer darreichen. Der Fahrer absolvierte seine kurzen Gebete und übergab seine kleinen Gaben, während Carlo und ich uns den dreifachen Bullen Nandi anschauten, der hier aus einer vergangenen, gegenwärtigen und zukünftigen Form bestand, ein Unikum, das dem Tempel zu landesweiter Berühmtheit verholfen hat. Eine Liste mit den Preisen für rituelle Dienstleistungen hing direkt neben den Nandi-Figuren. Für tausend Rupien, bot uns ein emsiger Priester an, könnten wir ein Jahresabo bestellen, bestehend aus einem täglichen Gebet.

– Aber ich bin kein Hindu, bemerkte ich.

– Macht nichts, es wirkt trotzdem, beharrte der Priester.

Carlo lachte.

– Ich traue diesen Pandits zu, Ihnen ein Abo zu verkaufen und Sie dann als Nichthindu vom Gebet auszuschließen.

Eine Bauernhochzeit war zugange – Shiva und Parvati, die göttlichen Gastgeber, gelten als vorbildliches Paar. Ein übelgelaunter Priester saß unter dem Vordach des Tempels und kommandierte ein scheues Paar herum, während eine Gruppe von Touristen durch die Zeremonie stapfte, um das von ihrem Reiseführer lautstark gelobte Deckengemälde aus dem 16. Jahrhundert zu bewundern. Ein Affe wagte sich heran und wurde verscheucht. Das Paar schaute sich nicht an, der Priester sprach etwas vor, das die beiden, unsicher wie schlechte Schüler, nachmurmelten. Dann wurden sie von den wenigen anwesenden Familienmitgliedern mit Reis beworfen und kreisten mehrfach um eine klitzekleine Ölflamme. Draußen vor dem Tempel gab eine Band den blechernen Rhythmus des gesegneten Tages vor.

Die anderen Tempel waren mit Gras und Unkraut überwachsen. Nur noch Fledermäuse hielten sich in den kühlen Gewölben auf. Fledermäuse, teilte mir der allwissende da Cunha mit, helfen bei Rückenschmerzen. Ich zog es vor, nicht weiter nachzufragen, aus Sorge, er könnte mir erzählen, wie sie zubereitet werden müssen. In den abgelegeneren Ruinen konnten wir in völliger Ruhe die Reliefs auf den Säulen lesen, frühe Comics, die das Ramayana oder das Mahabharata nacherzählen. Erst in dem Malyavanta-Ragunata-Tempel begegneten wir wieder Priestern. Im Gegensatz zu den Brahmanen von Virupaksha, die ihre lukrative Position einer weit zurückreichenden Familientradition verdanken, stammten die Priester dieses kleinen Schreins, der eine in Karnataka einzigartigen Statue des sitzenden Rama beherbergt, aus dem fernen Bihar. Die Gastarbeiterbewegung macht auch vor dem Beruf des Pujaris nicht halt. Im Norden Indiens herrscht ein für sie unvorteilhaftes Verhältnis von armen Priestern zu armen Bauern. Als die ausgehungerten Gottesdiener vor Jahren von einem durchreisenden Sadhu erfuhren, im Süden gebe es einen verwaisten Rama-Tempel, packten sie ihre Schalen, ihre Gebetsketten und ihre Gehstöcke und machten sich auf die lange Reise. Die Priester wurden seitdem jährlich ausgetauscht.

– Mal sehen, sagte der jüngste unter ihnen, wie viele Menschen hierherpilgern werden, ob Geld hereinkommt, damit wir den Tempel ausbauen können. Rama wird von vielen Goldjuwelieren verehrt, die spenden sicher großzügig für den Erhalt.

Und so wie er das sagte – nicht nur die Wortwahl, sondern auch sein Gesichtsausdruck und die knappe, beherrschte Geste –, erinnerte er mich an einen Geschäftsmann, der an die Unwägbarkeit einer Investition erinnert. Ganz Vijayanagar – sechsundzwanzig archäologisch noch nicht vollständig untersuchte Quadratkilometer – war eine Geldquelle. Im Jahre 1986 wurde die Anlage zum Weltkulturerbe auserkoren. Seitdem prallt das museale Konzept der UNESCO auf die Realität Indiens. Nach Vorstellung der Kulturbürokraten sollte Vijayanagar respektvoll-distanziert betrachtet, keineswegs aber bebaut, bewohnt, belärmt werden. Das dürfte allerdings unvermeidbar sein, solange der Virupaksha-Tempel unter den Anhängern Shivas so großes Ansehen genießt. Pilger wie Touristen wollen gefüttert, gelabt und versorgt werden. Nahe dem Fluß Tunghabhadra, auf dem Gelände des einstigen Marktes, ist der *Hampi Bazaar* entstanden. Die Geschäftszeile, die von dem Haupteingang des Tempels zu einem der Hügel hinaufflüchtet, bedient sich der mittelalterlichen Alkoven. Wenn man sich die Strukturen genauer ansieht, fällt auf, daß massive, uralte Fundamente die wackligen Neubauten tragen. Mal wurde mit Zement nachgeholfen, mal mit Farbe verschönert.

In ›Shivas Hotel‹, wo wir uns ein Getränk gönnten, saß ein hellhäutiger Jesus in Batikhemd und Pumphosen und las die Klatschseiten der *Bombay Times*, flankiert von zwei Frauen, die sich irgendwann von ihrer Weiblichkeit wie von einer Sünde losgesagt hatten und nun darauf warteten, auf einen Hochstapler hereinzufallen, vielleicht einen von jenen Betrugsartisten, die zur Hochsaison das Gewand der Sadhus anlegen und auf Touristenfang gehen. Kleine Hotels wie dieses beherbergen die wachsende Zahl von Aussteigern, die Vijayanagar als meditatives Refugium entdeckt haben. Anfangs zelteten sie wild auf einem der vielen Hügel, erlangten tanzend vom Vollmond profunde Einsichten in Ewigkeit und Vergänglichkeit und beschwerten sich rüpelnd bei der Polizei, wenn sie ausgeraubt wurden. Als sie eine weihnachtliche Technoparty[1] zwischen den Ruinen steigen ließen, wurde es selbst den nachsichtigen Lokalbehörden zuviel.

– Wissen Sie, sagte da Cunha, ich staune immer wieder über unsere Toleranz, oder sollte ich es lieber Indifferenz nennen? Stellen Sie sich vor, Horden junger Inder campierten an einem der wichtigsten kulturellen und religiösen Orte …

– … Sie meinen etwa vor dem Kölner Dom, oder um die Frauenkirche …

– … bei Mondschein tanzten sie zu den wilden und durchdringenden Rhythmen des Bhagra,[2] die ganze Nacht hindurch, und der Platz ist am Morgen voller weggeworfener Röhrchen und Flaschen.

– Es wäre ein Skandal, sagte ich. Die multikulturelle Gesellschaft würde sofort abgeschafft werden, und alle Inder des Landes verwiesen.

– Na, so schlimm auch wieder nicht.

– Wer weiß.

Die UNESCO hatte sich wohl oder übel damit abgefunden, daß Kühe im königlichen Palast grasen und jedes freie Stückchen Land mit Bananenstauden bepflanzt ist, doch als 1999 mit dem Bau einer Brücke begonnen wurde, schritt sie ein. Die zwei verlassenen Brückenträger,

[1] Ja, ja, der moderne Shiva feiert Weihnachten mit Global Dee-Jays, schließlich hat er Ecstasy erfunden (vor der industriellen Produktionsphase noch Soma genannt).
[2] Ursprünglich ein Volkstanz aus dem Punjab, der – synthesizerunterstützt – zu einem globalen Schunkelphänomen geworden ist.

die an die mittelalterliche Waage des königlichen Schatzmeisters erinnern, bezeugen den durch massive Drohungen erzwungenen Baustopp.

Von dem Rama-Tempel aus überblickten wir fast die ganze Ruinenstadt: die Ställe für fünfhundert Dickhäuter, die opulenten Bäder für König und Königin sowie das gewaltige Schwimmbecken für ihre Untertanen. Die Sonne sank, und die Bauern verließen, zu Fuß oder auf Karren, die umliegenden Felder der Großgrundbesitzer, auf denen sie für zwei Euro Tageslohn schufteten.

– Ich bezweifle, ob sie Genaueres über Brahma Vishnu Shiva wissen, sagte da Cunha. Vermutlich vermählen sie den Dorfvorsteher immer noch mit der Flußgöttin, beten Steine und Bäume an, beschwören unzählige Geister und Dämonen. Das hat sich nicht geändert, trotz der Blütezeit dieses Reiches, trotz Islam, trotz Kolonialismus. Trotz der IT-Industrie.

– Kein Unterschied zu Burtons Zeiten?

– Überhaupt kein Unterschied. Sie müssen sich nur die Strommasten wegdenken.

WIEDER IM GEBIRGE,

BENÖTIGE ICH NEUN LÖCHER

UM MEINEN SCHWUNG ZU VERBESSERN

UND EINE WEITERE ENTTÄUSCHUNG

ZU ERFAHREN

arlo da Cunha hatte mir eine Telefonnummer in Ooty gegeben, früher vollständig Ootacamund genannt, doch irgendwann aus irgendwelchen Gründen in Uthagamandalam umbenannt, vielleicht weil die frühere Fassung nicht schwer genug auszusprechen war, das südindische Pendant zu Shimla, denn Ooty war bis 1947 der sommerliche Regierungssitz der Madras Presidency. Ich reiste über die Ghats und den Dekkan[1] bis nach Mysore, wo ich die Bahn in die Berge nahm, und ich erreichte Ooty, ein verschlafenes Nest inmitten bläulicher Hügel, und ich übernachtete in einem Cottage, in dem das Feuerholz ordentlich zu beiden Seiten des Kamins aufgestapelt lag und ein Sekretär mit Rollver-

[1] Ich kam durch das Städtchen Hoskote, Lehnort eines Brahmanen-Geschlechts gleichen Namens, das Ranjit Hoskote hervorgebracht hat, wahrlich ein Dichter von Saraswatis Gnaden. Einige seiner Gedichte sind im Deutschen nachgeglückt in *Ankunft der Vögel* (München 2006).

schluß weiteren Beschreibens harrte. Flanierend erlebte
ich wenig – St. Stephens, die protestantische Kirche, war

Goa, and
the Blue
Mountains,
S. 283 immer noch ein unlobpreisbares Bauwerk im sächsogoti-
schen Stil, inmitten eines Friedhofs, der so reichlich gefüllt war, der Anblick ließ einen erschaudern. Mein Kon-
taktmann erwies sich als pensionierter Lehrer, der seine
Rente als Caddy aufbesserte. Wir verabredeten uns für
den Nachmittag vor der Baracke des Caddymasters, und
er nötigte mich zu einem Spiel, nachdem er meinen Vor-
schlag rigoros abgelehnt hatte, für neun Löcher zu zahlen,
ohne daß wir uns in die matschige Kälte wagten (es hatte
kurz zuvor sturmartig geregnet), und des weiteren belehrte er mich mit strenger Miene, als Caddy sei ihm
der Zugang zu dem Klubhaus verwehrt, also könnten wir
uns nicht im Warmen bei einem Glas Tee unterhalten,
obwohl drinnen nur ein einzelner Sikh saß, der den
Deccan Herald studierte, während er etwas trank, das
Apfelsaft oder Whiskey sein konnte. Also überquerten wir
die Landstraße, die den Golfplatz vom Klubhaus trennte,
und begannen die Runde, einsam auf enger Flur, auf
Spielbahnen und Grüns, die der Wald von allen Seiten
zurückforderte. Nachdem einige meiner Abschläge hoch
hinausschossen, aber in die Irre geleitet im Dickicht lan-
deten und sowohl unsere Schuhe als auch unsere Hosen-
beine durchnäßt wurden, weil der Caddy aus beruflichem
Stolz nach jedem Ball suchen mußte, egal in welchen
Unwegsamkeiten er verschwunden war, und ich mich
seiner vergeblichen Suche anschloß, weil ich es nicht
übers Herz brachte, ihn in seinen fortgeschrittenen Jahren allein durch das Unterholz kriechen zu lassen; nachdem ich mich also reichlich blamiert hatte, stellte er sich
neben mir auf und verlangte meine Griffhaltung zu sehen,
die er mit einem Zischen verdammte, um sie im Hand-

umdrehen zu verändern, was mir erstaunlicherweise schon am nächsten Loch zugute kam, einem Par 5, das über eine kleine Schlucht, die nur mit einem guten Abschlag zu überbrücken war, bergauf führte. Ich schlug drei gute, lange, gerade Eisenschläge, und der Ball lag auf dem Grün, und zu allem Zufallsglück rollte der von mir eher nachlässig gestoßene Putt zu einem völlig unerwarteten und unvorhersehbaren Birdie ins Loch, und der pensionierte Lehrer sah mich – leuchtendes Erfolgsbeispiel seines kundigen Unterrichts – mit trockener Genugtuung an, und er unterwies mich bis zum Ende der Runde in jedem Aspekt des Golfspielens, wobei sich mein anfänglicher Erfolg zu seinem Leidwesen nicht mehr wiederholte, im Gegenteil, der Wald wurde wieder zu unserem Revier, und das Fairway schimmerte zwischen dem Blattwerk wie ein unerreichbares dichtgrünes Versprechen. Da blieb wenig Zeit, sich über Burton zu unterhalten, und wenn es mir gelang, zwischen schmalen Bäumen, aufgerollten Hosenbeinen und schlammbedeckten Schlägerköpfen eine Frage unterzubringen, erhielt ich zur Antwort die mürrische Zurechtweisung, ich solle mich auf das Golfspielen konzentrieren, alles zu seiner Zeit, und überhaupt, mein Griff sei wieder in schlechte Gewohnheiten zurückgefallen, und ich möge mehr auf meine Hände achten, denn das sei eines der Geheimnisse des guten Golfers, das von all jenen übersehen wird, die er abfällig ›Schwungisten‹ nannte.

Auch diese neun Löcher fanden irgendwann ein Ende. Ich drückte dem hochaufgeschossenen, dürren Mann mehrere Scheine in die Hand, in der Hoffnung, ein großzügiges Schulgeld würde ihn etwas geneigter machen, er aber trottete in sich gekehrt einige Schritte vor mir her zum Klubhaus zurück, entschwand ohne ein Wort, wohl um die Schläger zu säubern, und als er zurückkehrte, hatte er es eilig, sich zu verabschieden. Angesichts meiner Enttäuschung hätte ich versucht, ihn mit gebotener Dringlichkeit aufzuhalten, wenn er mir nicht ein Kuvert übergeben hätte, in dem, so sagte er, die Kopie eines Briefes an Richard Burton enthalten sei, geschrieben von dem Vater seines Gurus. Und während ich den Brief las, am Nebentisch des Sikhs, der sich immer noch Apfelsaft oder Whiskey trinkend der Zeitung widmete, wuchs mein Interesse für den schroffen Caddy, der einst Lehrer gewesen war, und ich stellte mich dem Sikh vor, in der spontanen Hoffnung, etwas mehr über den Caddy zu erfahren.

Hochverehrter Herr, wenn Sie diesen Brief erhalten, wird er Sie zweifellos sehr erstaunen, aber wenn ich Ihnen erkläre, wer ich bin, wird Ihre Überraschung schwinden, und dann wird Ihnen vielleicht eine Person in den Sinn kommen, die Sie schon längst vergessen hatten, die sich aber stets an Sie in dankbarem Gedenken erinnert. Um mich Ihnen vorzustellen, werde ich es unternehmen, jene Ereignisse in Ihr Gedächtnis zu rufen, die mich Ihnen wieder in Erinnerung bringen werden.

Es war im Jahre 1854, Sie hatten Quartier im Haus des ehrenwerten J. G. Lumsden bezogen, damals Mitglied des Regierungsrats von Bombay. Ich hatte das Glück, dort Ihre Bekanntschaft zu schließen. Mr. Lumsden lebte damals im ›belair‹ auf der Mazagon-Seite der Insel,[1] und Sie hatten einen afrikanischen Diener namens Salmin sowie einen arabischen Butler, dessen Name mir entfallen ist, und Sie waren gerade von einer Entdeckungstour nach Mekka zurückgekehrt und schrieben an dem Werk

---

[1] Heute Teil des gewaltigen Hafengeländes von Bombay.

mit dem Titel *Pilgrimage to Mecca and Medina*[1] – ich kopierte jene Teile des Manuskriptes, die Sie mir übergaben, denn Ihrer Meinung nach war meine Reinschrift hierfür gut geeignet. Dieses Werk wurde in der Folgezeit gedruckt, aber ich habe es nie gesehen, außer in Anzeigen. Sie hatten die Güte, mir einige Mahratta- und einige englische Bücher zu geben – sie befinden sich alle noch in meinem Besitz. Ihre eigenen Bemerkungen am Rand der Mahratta-Bücher sind mir besonders teuer, und ich lese sie oft, weil sie mich an Sie erinnern.

Jutzi (Hg.): *In Search of Sir Richard Burton,* S. 1.2

Der nächste Tag war sonnig, und der Caddy schon auf einer frühen Runde unterwegs, als ich mich wieder im Klubhaus einfand. Anstatt auf ihn zu warten, ging ich ein weiteres Mal durch diese *hill station*[2] spazieren, 1821 als Kurort konzipiert und über ihre anfängliche Bestimmung nie hinausgekommen, seit den Tagen, als ein junger Offizier, der einem entflohenen Sträfling nachjagte, von kühlen Temperaturen berichtet hatte, die für diesen tropischen Breitengrad unglaublich klangen. Bald strömten solche Massen in diese gesunde Gegend, daß sich die Schwierigkeit stellte, ausreichende Unterkunft zu finden. Schon 1826 beschwerte sich Bischof Huber, er habe aus Mangel an Herbergen seine Familie nicht in diesen Gesundbrunnen schicken können.

Goa, and the Blue Mountains, S. 272

[1] Vollständiger Titel: *Personal Narrative of a Pilgrimage to Al-Madinah and Meccah.*

[2] Wortwörtlich »Ort auf dem Hügel«, das koloniale Äquivalent von »Bad« und »Bains«, in Britisch-Indien erfunden und aufgrund seines Erfolges bald darauf in andere Teile des Imperiums exportiert; ein Rückzugsort aus dem Inferno der Küsten und der Ebenen, an dem sich Frauen und Kinder oft dauerhaft niederließen, weswegen auch die führenden Internate in Indien sich in *hill stations* befinden, sei es in Mussoorie, Nainital oder in Kodaikanal. Zudem tragen *hill stations* meist klingende Namen wie Kalimpong, Dalhousie, Nuwara Eliya oder Dehra Dun.

Als ich zurückkehrte, verzehrte der ehemalige Lehrer gerade ein *cucumber sandwich* und zeigte weder Freude noch Überraschung, mich wiederzusehen.

– Was wünschen Sie?

– Ich würde gerne Einblick in die Bücher nehmen, die der Vater Ihres Gurus von Burton erhalten hat und die in dem Brief erwähnt werden ...

– Neun oder achtzehn?

– Wie bitte?

– Wollen Sie neun oder achtzehn Löcher spielen?

– Einen anderen Weg gibt es nicht?

– Nein.

– Dann neun, es sei denn, es erwächst mir ein Nachteil daraus.

– Wir müssen uns beeilen. Am Nachmittag ist ein Turnier angesetzt.

Zu diesem Zeitpunkt wußte ich nicht, daß ich in den nächsten Tagen den Golfplatz von Ootacamund hervorragend kennenlernen würde, jeden seiner Bunker, ja, jedes Sandkorn in diesen Bunkern, und auch die Kinder, die auf der Suche nach verlorengegangenen Bällen in die Schlucht hinabstiegen und den Wald durchforsteten, um diese an Bedürftige, wie ich es einer war, zurückzuverkaufen. Nach jeder Runde nahm mich der Caddy in einen Schreibwarenladen nahe der Bibliothek des Städtchens mit und ließ auf meine Kosten die alten Bücher kopieren, aber er trug jedesmal nur ein Buch bei sich, und er stellte mir für jeden nächsten Tag ein weiteres Buch in Aussicht, und so geduldete ich mich und übte Griff und Schwung, bis sein Vorrat an Schätzen versiegte und ich Ooty endlich wieder verlassen konnte.

– Was fasziniert Sie so an Golf, fragte ich ihn zum Abschied.

– Ich hasse es, sagte er. Golf ist eine minderwertige Form von Yoga. Ein überflüssiges Spiel, das die Briten unserer Landschaft aufgezwungen haben.

WENN BOMBAY UNTER WASSER STEHT,

FEIERT KRISHNA GEBURTSTAG

UND INSPEKTOR MALI EMPFÄNGT BESUCH

Zuerst sagt man: Gott sei Dank, es regnet wieder,
und vertraut sich dem einsetzenden Monsun an.
Es regnet einen Tag und eine Nacht, es regnet wie
Wortgefechte, es regnet wie Aderlaß, bis das Wasser
nicht mehr abfließen kann, da auch die Meeresflut steigt
und die Kanalisation verstopft ist, mit Abfall und Zweigen, mit Leichen und Schlamm. Die Stadt wird überschwemmt, von oben und von unten, Wasser sammelt sich
in jeder Senke, späte Rache für den Landraub, der dem
Meer angetan wurde – im Stauwasser spiegeln sich ein-
stige Lagunen. Das Leben, das geschäftige, beschäftigte
Leben setzt einige Schläge aus, es stolpert, es wirbelt
im Kreis, wie die kleinen Strudel über den offenen Ab-
flußrinnen, auf den Kanalstraßen, durch die Hundert-
tausende knietief waten, heimwärts, von der Eisenbahn
verraten, weil die Gleise mehr als zwölf Zentimeter unter
Wasser liegen.

Jede überschwemmte Stadt bietet einen unvergeßlichen
Anblick, Bombay im Monsun wirkt wie von Hieronymus
Bosch auf einem Acid-Trip gemalt. Die Tempel schließen

ihre Tore, um den gurgelnden Gebeten zu entkommen, Unglückselige werden von Gullys verschlungen; auf den Dächern der Taxis hocken gestrandete Fahrer und starren in die dunklen Fluten wie kurzsichtige Reiher.

Es herrscht ein blindes Gefühl der Geborgenheit. Im Regenschlaf rauscht der Hintergrund, und es prasselt auf Blech und auf Holz. Die Stadt ist ausgewaschen zu einer milchigen Fragwürdigkeit. Um weit zu blicken, muß man nach innen schauen. Dann liest man in der Zeitung von Erdrutschen, die Hütten und Werkstätten unter sich begraben haben und Menschen nachts im Schlaf. Und irgendwann denkt man sich: Es ist zuviel des Regens, der alles Leben schädigt.

Als ich wieder in Bombay landete – ich hatte von Bangalore aus einen Flug genommen, weil ich dringend meine Aufenthaltsgenehmigung verlängern mußte –, war die Stadt ungewöhnlich friedlich, die Straßen fast leer, bis auf Lastwagen mit dröhnenden Motoren, auf deren offenen Ladeflächen junge Männer dichtgedrängt skandierten. Es war nicht auszumachen, ob sie nach einem vorgefaßten Plan oder spontan anhielten, damit die in uniforme Hemden gekleideten Jungen eine Pyramide mit ihren Körpern bilden konnten, die Arme um den Nacken des Nebenmannes geschlungen, vereint zu einem Rund, vier, fünf oder gar sechs Ebenen hoch, und ganz oben streckte ein schmächtiger, flinker Bursche seine Hand nach einem Tontopf aus, der an einer Wäscheleine über der Straße hing, und er versuchte, ihn mit einem Kantenschlag zu zerschmettern – gelang es ihm, ergoß sich eine rötliche Flüssigkeit über die Pyramide – sowie einige wie Socken hinabbaumelnde Geldscheine zu ergattern. Während die Pyramide errichtet wurde, mit Stöhnen und Hecheln und vielen anweisenden und ermutigenden

Schreien, versuchten die aus ihren Fenstern gebeugten und auf den schmalen, über die ganze Länge der Fassaden gezogenen Balkons stehenden Anwohner den Erfolg der gemeinschaftlichen Bemühung zu verhindern, indem sie Plastiktüten voller Wasser auf die jungen Männer warfen oder Kübel über sie ausschütteten, so daß die durchnäßten Jungen oft ausrutschten, ihr Gleichgewicht verloren und die Pyramide zusammenstürzte, auseinanderbrach und ein jeder lautstark hinabtaumelte, ohne sich jedoch zu verletzen, denn unabhängig von dem Erfolg der Aktion gingen die jungen Männer beschwingt und fröhlich singend zu den Lastwagen zurück und machten sich auf die Suche nach dem nächsten über der Straße hängenden Topf, der an diesem Tag, *Janmashtami* genannt, dem Geburtstag von Krishna, Inkarnation von Vishnu, symbolisch daran erinnern sollte, daß Krishna als Kind auf die Schultern seiner Freunde kletterte, um die von seiner Mutter vermeintlich außer seiner Reichweite plazierte Butter,[1] von der er so gern schleckte, zu stibitzen.

Am nächsten Morgen waren die Straßen mit roten Spritzern und Tonscherben bedeckt, im Verkehr kämpfte wieder jeder gegen jeden, und ich begab mich, eingedeckt mit Geduld und einem dicken Buch, zum FRO (Foreigners Registration Office), um mir ein weiteres Jahr Aufenthalt in Indien zu erwirken.

Jedes Jahr um diese Zeit hatte ich eine Verabredung mit Inspektor Mali in seinem Zimmer in der Ausländerbehörde. Jedes Mal saßen die gleichen Nigerianer mit tristen Gesichtern in den Gängen. Einmal begegnete mir eine Russin mit großen Brüsten und hohen Absätzen. Bevor ich das Büro des Inspektors erreichte, kam ich an

---

[1] *ghee* (Hindi): geklärte Butter.

einer Archivkammer vorbei, in der ein gebeugter alter Mann, umgeben von dachkratzenden Aktenhaufen, ein Nickerchen hielt, den Kopf auf seine spindeldürren Arme gelegt. Die Vorstellung, die Angelegenheit, von der das eigene Wohlergehen abhing, wäre in der untersten Akte vergraben, ließ mich den Hauch ewiger Verdammnis spüren.

Inspektor Mali hatte einen schläfrigen Blick. Während ich die Formulare ausfüllte, mampften er und seine Kollegen Reis mit Kichererbsen. Der Reihe nach boten sie mir etwas davon an, und ich lehnte jeweils wortreich dankend ab. Alle paar Minuten holte der Inspektor seinen Pager aus der Hosentasche und vergewisserte sich enttäuscht, daß ihn weiterhin niemand angepiepst hatte. Inspektor Mali sprach fast kein Englisch. Von Jahr zu Jahr verbesserte sich unsere Unterhaltung auf Hindi. Im ersten Jahr hatte er mir erklärt, er sei für ausländische Staatsbürger aus Bulgarien, China, Kuba, Laos, Mongolei, Nordvietnam, Nordkorea, Slowakei, Tibet, Türkei, Tschechei, Ungarn und der UdSSR zuständig. Natürlich auch für Deutsche. Ost und West. Um mich zu vergewissern, hatte ich einen kurzen Blick auf das Datum der Zeitung geworfen. Es war tatsächlich der 2. September 1998. Angesichts dieser Länderliste wunderte es mich nicht, daß sich die fünf Kollegen von Inspektor Mali wie sonnenbadende Walrosse in den Nachmittag gelegt hatten. Inspektor Mali unterbrach die Bearbeitung meines Falles, um langsam *chai* aus der Tasse in die Untertasse zu gießen und noch langsamer daraus zu schlürfen. Dann bat er mich, ihm das Stempelkissen von dem Schreibtisch hinter meinem Stuhl zu reichen. Der Stempel, der mir ein Jahr in Indien schenken würde, schwebte schon über dem Dokument, als sich Inspektor Mali durch eine böige

Frage in eine Diskussion mit seinen Kollegen hinein-
ziehen ließ. Gebannt beobachtete ich, wie der schau-
kelnde Stempel dem Wellengang der Ablenkung ausgeliefert war. Die Walrosse hatten ihre Sonnenbank verlassen,
um sich im Gespräch abzukühlen. Und ich begann von
dem Strand zu träumen, mit dem Air India hinter dem
Kopf von Inspektor Mali lockte.

Als ich das letzte Mal zum FRO canossierte, in dem
Bewußtsein, in einigen Monaten das Land verlassen zu
müssen, hatte ein junger Vorgesetzter die Behörde völlig
umstrukturiert. Man zog eine Nummer und wurde an
einen Schalter gerufen, der genausogut in Luxemburg
hätte sein können, und an den Wänden hingen nur infor-
mative Verlautbarungen, und der Vorgang dauerte nicht
mehr als eine Stunde, und die Beamten sprachen Englisch, und keiner wußte, wo Inspektor Mali abgeblieben
war, und angesichts dieser beängstigenden Effizienz verspürte ich auf einmal eine absurde Nostalgie nach der
vergangenen Unordnung.

Bombay war der perfekte Ausgangspunkt für meine
Suche nach Richard Burton. Geographisch am Rande
Indiens, geistig inmitten unzähliger, fortwährender Ver-
schmelzungen gelegen, entzieht sich Bombay jeglicher
Etikettierung, ein Eintopf stark gewürzter Widersprüche,
der fast jeden seiner Einwohner nährt, aber kaum einem
wirklich gut bekommt. Richard Burton war am 27. Okto-
ber 1842 am Kai von Apollo Bunder angekommen, als
Bombay sich anschickte, nach London die zweitgrößte
Stadt des Britischen Imperiums zu werden; ich landete
am Gründonnerstag des Jahres 1998 am Flughafen in
Santa Cruz, Stadtteil von Mumbai, einer 15-Millionen-
Metropole, vor der seit längerem behauptet wurde, sie

platze aus allen Nähten. Burton war ein junger Offizier der Ostindischen Gesellschaft, den es nach Ruhm drängte, ich ein nicht mehr ganz so junger Autor auf der Suche nach seinem Sujet.

Bombay/Mumbai hieß mich willkommen, so wie es seit Beginn seiner Geschichte unzähligen Hergelockten und Hingetriebenen – Gujaratis, Parsen, Goanern, Keralesen, Tamilen, Bengalen, Briten, Arabern, Armeniern, Juden und Chinesen – eine Heimstatt geboten, ein Asyl gewährt hat. Die Bibliotheken in Bombay, meist untergebracht in den wunderbar verspielten viktorianischen Bauten der Stadt, boten mir ausreichend Material, die Bücher von Burton waren vorhanden, teilweise in Erstausgaben, ebenso eine Vielzahl von Memoiren aus der Zeit und historische Monographien, so daß ich geplant hatte, mich lesend an die Materie heranzutasten, doch dann war ich – ich weiß nicht mehr, aus welchem Grund – in den Himalaja gereist und kehrte nun unruhig und ein wenig gehetzt nach Bombay zurück, in dem Bewußtsein, etwas Außergewöhnliches entdecken zu können, wenn ich mich anstrengte und den richtigen Weg nahm, auch wenn ich in Ooty in eine Sackgasse geraten war, aus der ich mich mit einem Brief zu befreien gedachte, einem Brief an den Antiquar in Shimla. Während ich auf seine Antwort wartete, versuchte ich, mein Hindi zu verbessern …

WIE MAN AM BESTEN

EINE NEUE SPRACHE LERNT,

LERNT MAN AM BESTEN VON EINEM,

DER VIELE SPRACHEN GELERNT HAT

Isabel Burton:
The Life of
Sir Richard
Burton.
Bd. 1, S. 110

Es ist eine Tatsache, daß in jenen Tagen vernünftige Männer, die nach Indien aufgebrochen waren, sich für eine von zwei Optionen entschieden – sie widmeten sich der Jagd, oder sie studierten Sprachen.

Schon zu seinen Lebzeiten, und bis zum heutigen Tag, wird immer, wenn von ihm die Rede ist, voller Bewunderung vermerkt, daß er mehr Sprachen beherrschte, als ein Sultan Ehefrauen hat, daß er sich mit mehr Dialekten schmückte konnte, als manch ein Vorgesetzter mit Orden. Andere Engländer waren stolz darauf, daß ihre Zunge selbst nach Jahrzehnten in Indien oder Afrika so steif blieb wie ihre Haut blaß, beides Teil einer rigoros durchgesetzten Strategie: alle Poren dicht – wenn man schon den Augen so manches zumuten mußte. Und dieser Neuankömmling? Kaum ans Land gekommen, plapperte er schon in der Sprache der Wilden. Wofür? Zeitverschwendung! Sollten die Einheimischen doch Englisch lernen. Der schnellste Zugang zur Zivilisation. Aber trotzdem, wie hat er das nur geschafft? Manchmal, bei entsprechendem Zuspruch des Portweins, offenbarte er sein Geheimnis:

Ich besorge mir eine einfache Grammatik und ein kleines Wörterbuch, unterstreiche jene Wendungen und Wörter, von denen ich weiß, daß sie unverzichtbar sind, und lerne sie auswendig, indem ich es in meiner Tasche herumtrage und in jeder freien Minute des Tages hineinblicke. Ich arbeite nie länger als eine Viertelstunde aufs Mal, weil danach das Gehirn an Frische verliert. Nachdem ich auf diese Art an die dreihundert Wörter gelernt habe, was sich leicht in einer Woche bewerkstelligen läßt, stolpere ich durch ein leichtes Buch (eines der Evangelien läßt sich fast überall leicht besorgen), und ich unterstreiche jedes Wort, das ich mir zu merken wünsche, um danach einmal am Tag meine Bleistiftereien durchzugehen. Wenn ich dieses Büchlein zu Ende studiert habe, wiederhole ich aufmerksam alle grammatikalischen Details des Textes und wähle dann ein weiteres Buch aus, über ein Thema, das mich besonders interessiert. Der Hals der Sprache ist gebrochen, und Fortschritt stellt sich von nun an rasch ein. Wenn ich einem neuen Laut begegne, wie etwa dem arabischen *ghayn*,[1] trainiere ich meine Zunge, indem ich ihn mehrere tausend Mal am Tag ausspreche. Wenn ich lese, dann lese ich stets mit lauter Stimme, damit das Ohr dem Gedächtnis helfen möge. Ich erfreue mich sehr an den schwierigsten Zeichen, ob chinesisch oder Keilschrift, weil ich das Gefühl habe, daß sie sich dem Auge eher einprägen als die ewig gleichen lateinischen Lettern. Deshalb halte ich meinen Abstand von all jenen Konzepten, östliche Sprachen in

[1] Etwa so ausgesprochen, als würde ein Asthmatiker versuchen, Louis Armstrong nachzuahmen.

Isabel Burton:
The Life of
Sir Richard
Burton.
Band 1,
S. 114
unsere Schrift zu transkribieren, sei es Arabisch, Sanskrit, Hebräisch oder Assyrisch. Immer, wenn ich mich mit einem Einheimischen unterhalte, folge ich seiner Rede aufmerksam und wiederhole stumm jedes seiner Worte so genau, wie es mir nur möglich ist, und lerne dadurch die Besonderheiten der Aussprache.

So lernte er eine Sprache nach der anderen, meisterte eine nach der anderen, doch er verschweigt in dieser Anleitung die enorme Hingabe, die dazu auch erforderlich war. *Er war fleißig, er hat geschuftet wie ein Ochse in einer Ölmühle. Er setzte sich gleich nach seinem Frühstück an den Schreibtisch. Er stand bis zum Abend nicht mehr auf.*[1] Wenn er sich in der neuen Sprache sicher fühlte, meldete er sich zu einer amtlichen Prüfung in Bombay an, die er als Primus bestand, jede dieser schwierigen Prüfungen, die es fast mit einem Magisterexamen aufnehmen konnten,[2] denn man mußte einen umfangreichen, anspruchsvollen Text in die angefreundete Sprache hinübersetzen. Danach war er zertifizierter Regimentsdolmetscher für die jeweilige Sprache, eine Auszeichnung, die nicht nur der Karriere förderlich war, sondern ihm auch dreißig Rupien im Monat zusätzlichen Sold einbrachte.[3] Zweimal erhielt er sogar, wie ein erfolgreicher Invest-

[1] So berichtet Naukaram, sein Diener.
[2] *Burton kombinierte linguistische Gewandtheit mit philologischer Kenntnis – eine Verbindung, die keineswegs häufig anzutreffen ist.*
(Prof. A. H. Sayce in: Royal Geographical Society Journal. April 1921)
[3] Heutzutage kann man sich im Auswärtigen Amt, wenn das Personalreferat das dienstliche Interesse an der jeweiligen Sprache bestätigt hat, zu Prüfungen in drei Stufen anmelden. Die Prüfung führt dann der sogenannte Sprachendienst durch. Bei bestandener Prüfung wird je nach Schwierigkeitsgrad und Lernstufe eine Aufwandsentschädigung gezahlt, deren Zweck es theoretisch ist, dem Mitarbeiter zu ermöglichen, die Sprache weiterzupflegen.

mentbanker, am Jahresende einmalige Bonuszahlungen in Höhe von tausend Rupien. Doch seine Sprachgefräßigkeit wurde ebenso von einem gewisse Züge der Verzweiflung tragenden Kampf gegen die Langeweile angetrieben. Hinzu kam bei einem Mann von Burtons Intelligenz die Erkenntnis, daß jede Sprache ein Machtinstrument und die Beherrschung der Sprache ein integraler Bestandteil von Herrschaft ist. Aber auch, daß mit der Sprachkenntnis die eigene, persönliche Unabhängigkeit wächst.

DER SEXTHERAPEUT

UND DIE NAUTSCH-MÄDCHEN

IN DER LADIES BAR

Es vergingen keine zehn Tage, bis ich die Antwort des Antiquars aus Shimla auf mein ›Reklamationsschreiben‹ in den Händen hielt. Der Postbote ließ es sich, wie bei jeder an mich adressierten Sendung, nicht nehmen, mit dem Lift in den sechzehnten Stock hinaufzufahren; seitdem ich ihn auf sein allererstes Klingeln hin zu einem Tee eingeladen hatte, nahm er stets an dem großen Eßtisch Platz, forderte meine Unterschrift an drei verschiedenen Stellen ein und blickte kurz, aber konzentriert durch die breiten Fenster der Wohnung auf die ausgestreckte Stadt unter uns, ehe er sich in die Niederungen begab, die er wenigstens einmal an diesem Tag überwunden hatte. Ich riß den grauen Umschlag auf. Der Brief äußerte das handschriftliche Bedauern des Antiquars über die geringen Fortschritte, die ich bei meiner Begegnung mit Carlo da Cunha gemacht hatte, wies darauf hin, daß die Entdeckung der Tagebücher von Richard Burton für alle Beteiligten eine unbekannte Herausforderung sei, so daß sich unvorhergesehene Irrungen und Wirrungen nicht vermeiden ließen, und wünschte mir Mut und Beharrlichkeit, nicht ohne eine weitere

Adresse beigelegt zu haben, die eines gewissen Dr. Tawalkar. Abschließend beteuerte er, er werde an mein Anliegen denken und mir gegebenenfalls weitere Informationen respektive Adressen schicken.

Die Praxis von Dr. Tawalkar befand sich am Nana Chowk, einer der gewaltigsten Kreuzungen Bombays, an der fünf Straßen zusammenfließen. Zwei davon führen zu Brücken über die nahe der Kreuzung verlaufende Bahnlinie, die Bombay von Nord nach Süd durchzieht, und beide Straßen sind als Rotlichtzentren berüchtigt, was nicht weiter von Bedeutung wäre, wenn sich der mir unbekannte Doktor nicht als Sexualtherapeut erwiesen hätte. Die Stiegen waren so dicht bevölkert mit schlafenden Dienern, abgestellten Säcken, essenden Boten und spielenden Kindern, daß es einem schwerfiel, sich vorzustellen, ein Treppenhaus könnte nur dazu benutzt werden, von einem Stockwerk ins andere zu gelangen. Ich trat in einen winzigen Warteraum, in dem man mit Mühe und Not zwei Doppelbetten hätte unterbringen können und in dem einige überwiegend jüngere Männer nebeneinander auf Plastikstühlen saßen und allesamt auf ihre Sandalen starrten. Das Zimmer war von einer massiven Unwilligkeit durchdrungen. Da keine Stühle mehr frei waren, blieb ich mitten im Zimmer stehen und blockierte so den Durchgang zwischen der Sitzreihe und einem kleinen und abgestoßenen Holztisch, hinter dem die über den Warteraum herrschende Matrone saß, die mich, einen Gruß nickend, hereingewinkt und sich wieder dem Ausfüllen eines Formulars zugewandt hatte, bis ein Klingeln ertönte, das sie ins Nebenzimmer rief. Kurz darauf begleitete sie eine dürre Frau hinaus und bedeutete mir, in das zweite Zimmer zu treten. Mit schlechtem Gewissen blickte ich mich um, doch keiner der Wartenden äußerte ein Zeichen der Mißbilligung über diese eklatante Bevorzugung.[1]

Dr. Tawalkar sah aus wie ein Lebemann, sein langes lockiges Haar etwas ergraut, die Lippen wulstig, das Innere der Unterlippe ein wenig nach vorn gewölbt, als könne sie nicht abwarten, etwas Unerlaubtes zu kosten, und alle Körperteile etwas rundlicher als von der Natur vorgesehen. Obwohl sein Büro klimatisiert war – die altmodische *air condition* bedeckte zwei Drittel des einzigen Fensters –, überzog ein leichter Schweißfilm sein Gesicht. Sollte die altindische Vorstellung stimmen, daß jeder Mensch aus männlichen und weiblichen Teilen zusammengesetzt ist, dann war bei ihm das Weibliche überdurchschnittlich stark ausgeprägt. Man konnte sich vorstellen, daß er in jungen Jahren ein Verführer gewesen war, aber sein Charme war zu einem großen Fleck eingetrocknet. Auffällig war in seinem beengten Arbeitszimmer das Bücherregal, das eine ganze Wand abdeckte und dessen Inhalt, wie ich während unseres langen Gespräches mit flüchtigen Blicken erhaschen konnte, alle Aspekte der indischen Sexualgeschichte umfaßte. Ich war mir sicher, daß sich irgendwo auch Burtons Übersetzungen von *Kamasutra, Ananga Ranga, Tausendundeiner Nacht, Perfumed Garden, Priapeia* sowie den Hetärenliedern Catulls befanden.

[1] Vor Jahren hatte ich zusammen mit zwei Freunden sowie einem englischen Rucksackreisenden mitten in der Nacht irgendwo im sambischen Busch mit sechzig anderen Passagieren auf Weitertransport gewartet, nachdem unser Bus zusammengebrochen war. Ein Oldtimer schälte sich aus der Nacht, verlangsamte seine Fahrt, als er sich uns näherte, und hielt direkt vor den einzigen Weißen der wartenden Gruppe. Die Tür ging auf, und ein mit Anzug und Strohhut surreal elegant bekleideter Fahrer bot uns an einzusteigen. Sechzig Augenpaare waren auf uns gerichtet, worauf der Engländer sich erhob und mit Gusto verkündete, ehe er in die Limousine stieg: *»This is not the time to ponder on privilege.«*

– Ich muß Sie gleich warnen, sagte der Doktor, ich bin auf indische Männer spezialisiert, und da ich völlig überzeugt bin, daß sexuelles Verhalten, also auch sexuelle Störungen, vor allem kulturell indiziert ist, werde ich wenig für Sie tun können.

– Ich komme nicht als Patient.

– Ach so, Sie vertreten jemanden, der sich nicht traut? Jemanden, der für Sie arbeitet vielleicht?

– Nein, ich vertrete niemanden, ich verfolge jemanden, Richard Burton mit Namen, und ein gewisser Antiquar in Shimla hat mir mitgeteilt …

– Ich verstehe. Er hat sich schon lange nicht mehr bei mir gemeldet.

– Verzeihen Sie, ich nahm an, er habe Sie informiert, so wie die anderen.

– Welche anderen?

– Er hatte mir zuerst eine Adresse in Goa gegeben …

– Es ist nicht wichtig. Wahrscheinlich wollen Sie wissen, was es mit seiner Erotomanie auf sich hatte?

– Auch das.

– Sie ist keineswegs schwer zu verstehen. Indien war der Ort, an dem er sexuell initiiert wurde, auf hohem Niveau, nehme ich an. Auch wenn er die eine oder andere Erfahrung mit europäischen Prostituierten gehabt haben sollte, hier entdeckte er den Reiz des Sexes, hier erfuhr er seine prägenden Erlebnisse. Aber vieles weist darauf hin, daß er Potenzprobleme hatte, daß er ziemlich früh nicht mehr sexuell leistungsfähig war, also ist er zur Theorie übergegangen, das ist normal und nur zu verständlich. Alles Weitere wäre reine Spekulation, schließlich war er kein Patient von mir. Schade, ich hätte ihn gerne untersucht, einer, der so viel weiß, erlebt die Impotenz besonders schmerzhaft.

– Meinen Sie, er verstand sich auf die indische Sexualität?

– Indische Sexualität? Die klassischen indischen erotischen Texte unterscheiden sich sehr voneinander. Ihnen im Westen ist nur das *Kamasutra* bekannt, aber es stammt aus dem 3. Jahrhundert, unsere früheste und vielleicht auch profundeste Untersuchung sexueller Praktiken. Ein Werk analytischer Beschreibung ebenso wie praktischer Anleitung. Die Werke, die danach kamen, sei es im 12. Jahrhundert das *Kokashastra* oder im 16. Jahrhundert das *Ananga Ranga,* sind in schamhafter Kenntnis des *Kamasutra* geschrieben.[1] Burton war von dem alten Indien angezogen, das in sexueller Hinsicht ein aufgeklärteres Land war. Frauen genossen alle Freiheiten, Sex vor der Ehe war ebenso akzeptiert wie außerhalb der Ehe. Ehebruch war im alten Indien eine Selbstverständlichkeit, und Autoren wie Vatsyayana diskutierten das Thema ohne moralische Erregung. Denn das *Kamasutra* ist, ich vermute, Sie kennen es, geprägt von einem kühlen Pragmatismus, der Verführung und Beglückung stets den Vorzug vor Leidenschaft und Liebestollheit gibt. Die Kurtisanen waren hochgebildete und künstlerisch bewanderte Frauen, keine Huren. Die Tabus bezogen sich eher auf Sex zwischen verschiedenen Kasten und auf Fragen der Hygiene und Ästhetik. Sex an sich war nie schmutzig, sondern nur wenn ein Element der Verunreinigung hinzukam. Zudem verband das Sexuelle das Diesseitige mit dem Jenseitigen; der altindische Himmel ist bewohnt von Glamourgirls, die sogar zur Erde gerufen werden

---

[1] Wobei andererseits das erste lange Gedicht in Malayalam, das *Vasika Tantram* aus dem 13. Jahrhundert, dem *Kuttani Mata* aus Kaschmir nachgebildet (9. Jahrhundert, geschrieben von Damodara Gupta), aus Ratschlägen an eine Hetäre zur Kunst der Verführung besteht.

können. In der *Ramajana* wird beschrieben, wie ein *rishi*[1] die Armee auf ihrem Weg zum verbannten Rama willkommen heißt. Aus dem Paradies von Indra rief er Heerscharen von *apsaras*[2] herab. Brahma schickte zwanzigtausend Schönheiten, Kubera und Indra zogen mit ihm gleich, und sogar die Lianen im Wald verwandelte der Yogi in verführerische Gestalten. Diese Liebesdienerinnen bereiteten jedem Krieger ein Bad – wohlgemerkt: die meisten von ihnen waren verheiratet –, offerierten ihm ein belebendes Getränk und ›die Blüte ihres göttlichen Körpers‹, so steht es wortwörtlich in dem Text.

Dr. Tawalkar lehnte sich zufrieden zurück, nahm einen Schluck Wasser aus einem Messingbecher, drehte sich um und holte nach kurzem Zögern ein Buch aus dem Regal, ehe er fortfuhr.

– Nicht nur bildeten Sex und Religion bei uns eine Einheit, wie sie in keiner anderen Religion erreicht worden ist, Sex konnte sogar Belohnung für ein religiös korrekt geführtes Leben sein. Aber dann kam unser Mittelalter. Moral wurde zu einem Korsett, die religiösen Texte beschnitten die Rolle der Frau, definierten ihre Position ausschließlich über den Gehorsam gegenüber ihrem Ehemann. Ich werde Ihnen eine Stelle aus dem *Brahmavaivarta Purana*[3] vorlesen. »Eine Frau und ein Kochtopf sollten stets sorgsam behandelt werden, denn sie werden durch die Berührung des Eigentümers geheiligt

[1] Sanskrit: Ein weiser Mann, der oft mit übernatürlichen Kräften ausgestattet ist.
[2] Sanskrit: Najade, Wassernymphe.
[3] Sanskrit: Alte Überlieferung. Eine von achtzehn altindischen Mythen- und Legendensammlungen, die sich überwiegend mit der Schöpfung des Universums, der Abstammung der Götter und *rishis* sowie der Blütezeit der alten Reiche beschäftigen, geschrieben in freien Verspaaren, ohne die poetische Verdichtung der großen Epen zu erreichen.

und entehrt durch die Berührung eines anderen. Eine Frau, die ihren Ehemann betrügt und sich einen Liebhaber hält, ist der Hölle anheimgegeben, solange die Sonne und der Mond scheinen. [...] Daher geben die Tugendhaften ihr Bestes, die Frauen vor den Blicken der anderen zu schützen, in einem Wort, jene Frau ist wahrhaft gesegnet, die nicht einmal von den Sonnenstrahlen berührt wird. Eine verworfene Frau, die der Kontrolle ihres Mannes entgleitet, entspricht in all ihren Merkmalen einer Sau.«

Ich lachte peinlich berührt auf, und Dr. Tawalkar richtete seinen Blick von dem kleinen Pappband in seinen Händen auf.

– Sie haben recht. Hysterie ist in einem religiösen Text höchst unangebracht.

– Aber was ist mit dem Volksglauben, mit den Anhängern von Krishna, mit all den tantrischen Kulten?

– Das waren Reaktionen auf diese neuen, prüderen Konventionen. Eine Art Kompensation, wenn Sie so wollen. Stets am Rande des Erlaubten und Geduldeten, immer etwas verrucht, durch und durch plebejisch. Krishna ist das beste Beispiel. Natürlich verkörpert er die göttliche Liebe, aber auch die geschlechtliche Liebe, und dieser Aspekt nahm an Bedeutung zu. Zuerst sein Techtelmechtel mit den *gopis*[1] und dann die große Romanze mit Radha. Kennen Sie das *Gita Govinda*? Gibt es in irgendeiner anderen Religion eine so explizite sexuelle Metapher für das Mystische? Die sexuelle Hingabe entspricht der Verschmelzung der Seele mit Gott. Und vergessen Sie nicht, Radha und Krishna sind Liebhaber, nicht Mann und Frau. Nun betrachten Sie einmal den Er-

[1] Die Ehefrauen und Töchter der Kuhhirten.

findungsreichtum der indischen Religion: In der früheren Inkarnation als Rama war Vishnu ein strenger, konservativer, moralisch engstirniger Ehemann, und in der nächsten Inkarnation, als Krishna, ist er der ideale Liebhaber. Der Weg von strenger Prüderie zu ekstatischer Liebe dauert nur eine Inkarnation. Aber dann kam der Einfluß des Islam und des Puritanismus hinzu, und so gewann die asexuelle Seite die Oberhand,[1] und ich habe täglich mit den Folgen zu kämpfen – Sie haben es ja draußen gesehen. Täglich muß ich Patienten abweisen. Verzeihen Sie, ich muß mich den Wartenden widmen. Wenn Sie sehen wollen, wie tief wir gesunken sind, wenn Sie die Verklemmtheit des modernen indischen Mannes aus der Nähe erleben wollen, müssen Sie eine der *ladies bars* aufsuchen. Früher gab es Kurtisanen, die zu den besten Sängerinnen des Landes gehörten, und *nautsch*[2]-Mädchen, die Meisterinnen des traditionellen Tanzes waren. Davon ist nichts übriggeblieben ... Aber überzeugen Sie sich selbst. Gehen Sie einfach die August Kranti Marg hinauf, Richtung Kemps Corner, oder die Tardeo Road hinab, Richtung Haji Ali. Hinter jeder Tür, die streng verschlossen wirkt und von einem uniformierten Türsteher bewacht wird und einen suggestiven Namen führt wie etwa *White Stallion*, verbirgt sich eine *ladies bar*. Sie werden sich dort schnell nach unserer glorreichen Vergangenheit zurücksehnen.

---

[1] Nicht ganz: Burton erwähnt aus dem Sindh Ratgeber wie Sayyid Hasan Alis *Lawful Enjoyment of Women*, eines von vielen ›Brautbüchern‹ in Asien, die Neuvermählten zur kundigen Schulung in Fragen der Lust überreicht wurden. Die Viktorianer empfanden solche Texte als pornographisch.

[2] Eigentlich heißt »tanzen« auf Hindi *natschna*, aber die kartofflige Aussprache der Engländer dehnte den ersten Vokal.

Wir – einige indische Freunde, die ich zur Unterstützung mitgenommen hatte, und ich – wurden im *White Stallion* wie Ehrengäste empfangen. Kaum hatte uns ein Kellner einige Plätze auf der gepolsterten Sitzreihe entlang der Wand zugewiesen, begrüßten uns sowohl der Maître de plaisir wie auch der Manager mit Handschlag und einigen Formeln, die bei einem Staatsbesuch durchaus angemessen geklungen hätten. Es war laut und dunkel in der Bar, die spärliche Beleuchtung verdankte sich einer jener verspielten Lichtanlagen, wie sie Diskotheken und Musikbühnen behellen, die es dem Auge aufgrund ihres Flimmerns schwer machen, Genaueres zu erkennen. Die Mitte des Raums, von einigen Stangen durchteilt, war der Tanzfläche vorbehalten, doch anfänglich bewegten sich die etwa zwei Dutzend anwesenden Frauen nicht. Anstatt zu tanzen, waren sie vollauf damit beschäftigt, sich mit den Fingern durch ihr langes, schwarzes Haar zu streichen und ihre Reflexion im Spiegel an der Wand über unseren Köpfen zu bewundern oder zu kichern, mit einer künstlich wirkenden und vielleicht von Drogen induzierten Ausgelassenheit. Die Atmosphäre war etwa so erotisch wie bei einem Osterspaziergang. Auf einmal wechselte der Rhythmus, ein Synthesizertrommeln drängte, und als sei das neue Lied ihr Signal, explodierten die in *tschania tscholis*[1] gewandeten Frauen zu Verrenkungen und Drehungen. Dies war das Signal für allgemeine Betriebsamkeit. All die schönen Damen, die bis dahin lustlos vor sich hin gestarrt oder über das Benehmen der seltsamen Gäste gekichert hatten, erhoben sich, wie von neuem Leben erfaßt, und eilten davon, um ihre farbenfrohsten Gewänder anzulegen: Selbst die grau-

---

[1] Festliches Gewand (traditionell bei Hochzeiten getragen), aus einem breiten Rock und einer taillenfreien Bluse bestehend (Hindi).

haarige Matrone konnte der Gelegenheit nicht widerstehen, ihr Galakleid sowie einen gewaltigen Perlennasenring vorzuführen. Die Tische wurden weggetragen, der Rebec und die Kesselpauke fanden Platz hinter den *figurantes*, und der ernsthafte Teil des Tages begann. Der Gesang war für indische Verhältnisse annehmbar[1] und die Stimmen gut. Wie üblich wurden die höchsten Noten aus der Brust herausgequetscht, und die Verwendung der *voix de gorge* wurde vernachlässigt. Die Verse waren auf Hindustani und portugiesisch, so daß die Vortragenden etwa soviel verstanden wie unsere jungen Damen, wenn sie italienische Bravourarien von sich geben. Das Lied war reinster Bollywood-Remix, die weibliche Stimme sehr hoch und dünn, mit einem klaren melodischen Aufbau und einem sehr einprägsamen Refrain ausgestattet, den die Tanzenden mitsangen. Einige von ihnen waren schön, die meisten jedoch unauffällig, manche schwebten mit der Musik, andere versuchten sie auszustechen, doch ihren Bewegungen fehlte – zu meiner großen Verwunderung – jeglicher lasziver Gestus. Abgesehen von dem bebenden Bauchnabel wurde keine Haut gezeigt, und ihr Tanz unterschied sich kaum von jenem, der in einer gewöhnlichen Disco zu beobachten gewesen wäre. Es gab wenig zu bewundern, weder an Gestalt, Kleidern oder Zierat der Tänzerinnen: gewöhnlich aussehende Maratha-Frauen, bekleidet mit den üblichen Laken und

---

[1] Der Ton überheblicher Verallgemeinerung läßt vermuten, daß Burton bis dahin wenig Gelegenheit hatte, klassischen indischen Gesang zu hören, etwa in der alten Tradition des *dhrupad*. Eher trifft diese Beschreibung auf den leichteren, aus dem Zusammenfluß von persischen und altindischen Formen gebildeten Stil des *khyal* zu. Wohingegen Captain Willard, ein Halbinder und ebenfalls britischer Hauptmann, Anfang des 19. Jahrhunderts als erster Europäer kompetent über indische Musik schrieb. Vielleicht war Burton ganz einfach unmusikalisch.

langärmligen Oberteilen,[1] bedeckt mit Kränzen gelber Blumen, der rote Punkt auf der Stirn, mit großer Nase und Ohrringen, Halsketten, Armreifen und Fußkettchen, übersät mit grobgearbeiteten kleinen Messingglöckchen. [...] Die Gesichtszüge waren selten angenehm, runde Köpfe, flache Stirnen, riesige Augen, vergrößert durch schwarze Farbbalken entlang des oberen Augenlids, hervortretende Nasen, große Lippen, ein fliehendes Kinn und ein überentwickeltes Doppelkinn bilden zusammen keine sehr verführerische Physiognomie. Einige, einige wenige, der jüngsten *figurantes* waren annehmbar hübsch. Sie traten in Schichten von etwa je vier Stunden auf, die mit dem *pugri* endeten, dem Turbantanz, einer seltsamen Vorstellung, bei der eine der Damen die Rolle des Mannes übernimmt.

Die Kunden starrten streng und scheinbar ungerührt auf die Darbietung, auf ihren Beistelltischen Bier und Whiskey und Snacks, und gelegentlich falteten sie Zehnrupienscheine, legten mehrere von ihnen zu einem monetären Fächer zusammen und winkten eine der Frauen herbei, die sich unverzüglich mit wiegendem Schritt näherte, um das Geschenk anzunehmen, das von dem Mann manchmal vor ihrem Gesicht geschwenkt wurde wie das Feuer beim *aarti*-Ritual, ehe die Frau die Scheine entgegennehmen und in ihren Saribund stecken konnte. Einige Male stand einer der Männer auf und umkränzte seine Favoritin mit einer Geldscheingirlande, deren Wert grob geschätzt einem Wochengehalt schwerer Arbeit entsprach. Die Männer erhielten als Gegenleistung nur ein weiteres Lächeln, eine flüchtige Berührung und eine kurze

---

[1] Auch der Sari findet nicht Richard Burtons Gefallen. Hier kokettiert er mit dem Rabaukenimage des nörgelnden Reisenden, eines Meisters der Vorurteile, ein früher Paul Theroux sozusagen.

Unterhaltung. Vielleicht sandten die Frauen irgendwelche suggestiven Signale aus, die ich nicht wahrnahm.

Die Mädchen werden im Kindesalter gekauft – ihr Preis variiert zwischen 3 und 20 Pfund. Die Nachkommen einer Bajadere gehören rechtmäßig ihrem Eigentümer. Schon als Kinder werden sie in die Geheimnisse des Nautschens eingeführt – eine junge Dame, die für uns tanzte, war gerade einmal fünf Jahre alt. Früh übt sich, wer Enthusiasmus für die Künste entwickeln soll. [...]

Einige dieser *Nautsch*-Frauen können lesen und schreiben. Unsere Matrone rezitierte prächtig einige *Shlokas* (Strophen, auf Sanskrit), und sie hatte die bekannteren Klassiker im populäreren *prakrit*[1]-Dialekt gelesen, das *Panchatantra* ebenso wie die Legenden von Vikram,[2] Rajah Bhoj und anderen bewunderten Figuren. Alle Damen rauchten, kauten Betelnuß, tranken Wein und Schnaps, aßen Geflügel und Zwiebeln, ein untrügliches Zeichen niederer Kastenzugehörigkeit. [...] Der Großteil des durch Nautschen verdienten Geldes wird in Perlen- und Goldschmuck umgewandelt; und dieser wird von Generation zu Generation weitergereicht. Manche der Münzen werden zu sehr merkwürdigen Halsketten zusammengeschnürt. Eine alte Fünf-Guinea-Münze[3] findet

---

[1] Sanskrit: unkultiviert; gesprochene Form des klassischen Sanskrits.

[2] *Baital-pachis,* Sanskrit-Klassiker, von Burton übersetzt als *Vikram and The Vampire or Tales of Hindu Devilry.*

[3] Die moderne Münzprägung datiert aus der Zeit von Charles II. Nachdem in den ersten zwei Jahren seiner Herrschaft die alte Denomination aus gehämmertem Geld ausgegeben wurde, ersetzte er den »unite« oder »broad« 1662 durch die »guinea«, benannt nach der Herkunft des Goldes, den bewaldeten Küstengegenden des westlichen Afrikas zwischen dem Wendekreis des Krebses und dem Äquator. Hergeleitet von dem Berberwort *aguinaw,* oder *gnawa,* das »schwarzer Mensch« bedeutet (daher *akal n-iguinamen* »Land der schwarzen Menschen«), wurde dieser Begriff zuerst von den Portugiesen übernommen – Ausprägungen wie

sich neben einem portugiesischen St. Thomas, einem französischen Louisdor und einer römischen Medaille aus der Spätantike. Wir müßten uns den Kopf zerbrechen, wie sie wohl hierhergelangt sind, wüßten wir nicht, daß Indien seit frühester Zeit das Gold des Westens verschlingt.[1] [...] Jedes Etablissement ist voll Mißgunst gegenüber seinen Nachbarn, und alle miteinander zeichnen sich eher durch Habgier denn Ehrlichkeit aus. Entgegen der herrschenden Meinung wagen wir zu behaupten, daß eine Kette, ein Ring oder eine Taschenuhr dort gefährlichen Boden betreten wird. Wie jeder Fremde bald herausfindet, wird alles mögliche getan, um ihn zu schröpfen; egal ob er fünf oder fünfhundert Rupien in seiner Tasche hat, er kann sich sicher sein, den Ort ohne einen Heller zu verlassen. Dies scheint der altehrwürdige Brauch unter den Bajaderen zu sein, von ihnen seit ewigen Zeiten hochgehalten.

Goa, and the Blue Mountains, S. 123 ff.

Alles hing von der Höhe der Geschenke ab: der Diensteifer der Kellner, die Gefälligkeit seitens des Maître de plaisir und der Augenkontakt mit den Frauen. Wer nicht großzügig Trink- und Tanzgeld austeilte, wurde verächtlich ignoriert. Es war erstaunlich, wieviel Geld die Männer um uns herum im Laufe des Abends ausgaben. Sie sahen nicht wohlhabend aus, ihre Gesten waren grob-

---

Guinuia, Ginya, Gheneoa, und Ghinea tauchen auf den europäischen Karten seit dem 14. Jahrhundert auf.

Gnawa heißt auch die ekstatische Musik der aus dem Süden nach Marokko verschleppten ehemaligen Sklaven; ihre Musik ist das Evangelium ihrer Selbstbefreiung, und ihr Prophet ist Bilal, der erste Muezzin im Islam, der Überlieferung nach ein Äthiopier. Ihr Glaube ähnelt dem einer anderen Gruppe ehemaliger Sklaven, der Sidis, der indischen Afrikaner. Womit durch diese doppelte etymologische Exkursion wieder einmal bewiesen wäre, daß Geld und Freiheit nahe beisammenliegen.

[1] Bis zum heutigen Tag hängt die Stabilität des Goldpreises auf dem Weltmarkt entscheidend von den indischen Privathaushalten ab.

schlächtig, ihr Lachen aufdringlich, ihre Kleidung einfach, doch sie standen auf und ließen Scheine über den Kopf ihrer Favoritin hinabrieseln, sie ließen sich von dem Maître de plaisir Girlanden mit immer größeren Scheinen schnüren, sie bestellten Whiskey nicht mehr per Glas, sondern gleich eine ganze Flasche. Und trotzdem erhielten sie keine weiteren Zugeständnisse, kein sichtbares erotisches Entgegenkommen. Weder einen Striptease noch einen *lap dance*. Sie bekamen nur ein vorübergehendes Gefühl der Macht, so flüchtig, daß sie es schon Minuten später erneuern mußten.

Es war mir inzwischen aufgefallen, daß manche Kunden beharrlich jeweils eine bestimmte Frau zu sich riefen und beschenkten, und meine Begleiter erklärten mir, wer oft genug in die Bar käme und ausreichend Geld zahle, der erhalte von der Angebeteten ihre Telefonnummer, und dann sei es an ihm und an ihr, in längeren Verhandlungen, bei denen auch seine Großzügigkeit bei Geschenken und Einladungen geprüft würde, Einigkeit über ihren Wert als Mätresse zu erzielen. Jede erfahrene und kluge Tänzerin würde den Kunden lange hinhalten, denn wenn er sie einmal erobert habe, verlöre er schnell das Interesse an ihr, und suche sich eine andere. Manchmal aber verliebten sich die Männer in die Tänzerin, mit katastrophalen Folgen für die Familie, erzählte einer der Freunde, der einen Mitarbeiter vor kurzem hatte entlassen müssen, weil dieser Geld aus der Firmenkasse unterschlagen habe, um den teuren Geschmack seiner Mätresse zu finanzieren, die sich von ihm gänzlich aushalten ließ, während seine Frau mit den zwei kleinen Kindern zunehmend vernachlässigt wurde. Einem solchen armen Schlucker, *diwana*[1]

[1] Ein Liebestoller; Titel mehrerer Bollywoodstreifen.

auf Hindi genannt, könne keiner helfen, es sei denn, und das werde momentan von der Regierung geprüft, man verbiete alle *ladies bars.*

In den folgenden Wochen besuchte ich verschiedene andere Etablissements, viele davon – vor allem jene in den Rotlichtvierteln – kleiner, schmuddliger und in allen Ritzen elender als das *White Stallion.* Minderjährige tanzten grell geschminkt groteske Imitationen von Verführung, und ältere Frauen setzten ihren abgenutzten Charme übertrieben stark ein; hier war das prostitutive Element stärker zu spüren. Ich entdeckte aber auch einige elegante Bars, unter denen das exorbitant teure und luxuriös eingerichtete *Topaz*[1] an der Grant Road, in dem die Tänzerinnen wie Starlets auftraten, das schickste war. An solchen Orten hatte ich das Gefühl, die Frauen seien Göttinnen und die Männer ihre Anbeter, die ihr Geld als rituelle Opfergabe überreichten. Die Tänzerinnen steckten die Geldscheine erst eine Weile später weg, als seien sie Trophäen, die es erst auszustellen galt. Ich dachte an sakrale Prostitution, an die Tempel in Babylon. An anderen Abenden war von Ritual und Anbetung, von Hingabe und Stolz nichts zu spüren, die Tänzerinnen erschienen mir wie Sklavinnen und die Bar wie eine Bühne, auf der Männer und Frauen aufeinander einstam-

---

[1] *Topaz* ist die *ladies bar,* die Suketu Mehta in seinem *Maximum City* ausgiebig beschreibt, weswegen auch seine Schilderung dieses Phänomens erstaunlich positiv ausfällt. Dazu trug auch eine Tänzerin bei, in die er sich nach eigenem Bekunden verliebte. Als ich im Frühjahr 2006 in Bombay war, rätselten alle, ob er nun wirklich seine Ehefrau und Kinder für diese enigmatische Schönheit verlassen habe, ein Gerücht, das auch die indische Diaspora beschäftigte, wie ich zu meiner Verwunderung im Oktober 2006 in Nairobi feststellte. Daß der Autor, der andere *diwanas* beschrieben hat, selber ein Liebestoller geworden sein könnte, faszinierte das Publikum offensichtlich mehr als seine schriftstellerischen Leistungen.

melten, von Not und Trieb gedemütigt. Manchmal wurde Sexualität gefeiert, meistens aber unterdrückt. Die Vielfalt der indischen Erotik, die reichhaltige Vergangenheit, die Burton fasziniert hatte, war dann nur mehr eine schemenhafter Umriß hinter verwaschenen Scheiben.

Anfang 2006 verordnete die Regierung von Maharashtra die Schließung der etwa zweitausend *ladies bars* und beendete somit ein Phänomen, das nur in Bombay existiert hatte. Das Resultat war, daß mehr als hunderttausend Frauen in die direkte Prostitution getrieben wurden, und der letzte Hinweis auf die Tradition der *nautsch*-Mädchen und Kurtisanen erlosch.

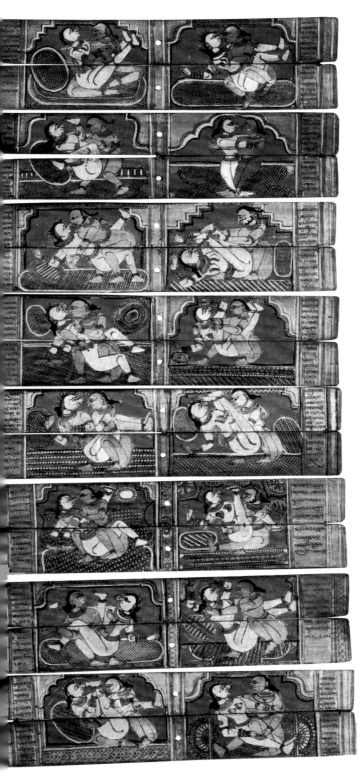

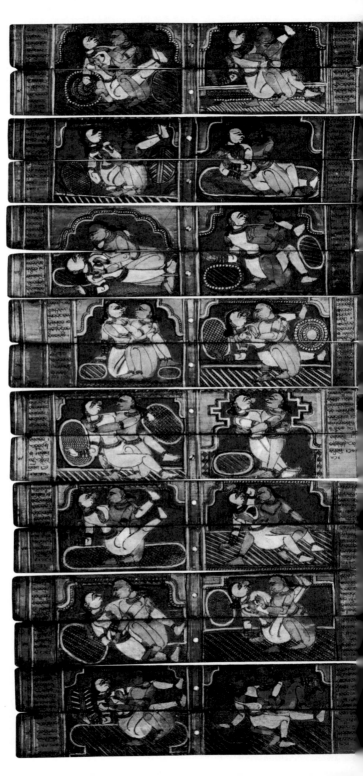

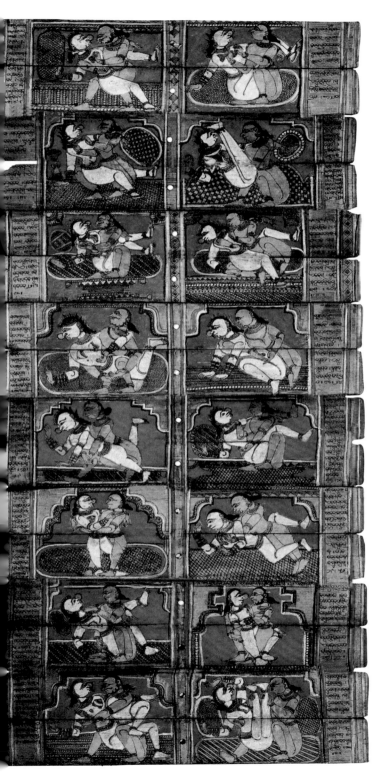

DER ›SULTAN‹ VON BARODA

C arlo da Cunha hatte mir den Kontakt zu dem Maharajah von Baroda, der Stadt, in der Burton ein gutes Jahr verbrachte, vermittelt. Die Familien kannten sich aufgrund einer erstaunlichen Mesalliance. Großvater da Cunha hatte auf seine alten Tage eine Leidenschaft für ein neues motorisiertes Verkehrsmittel auf vier Rädern entwickelt und – Vollblutintellektueller, der er war – den wahrscheinlich ersten indischen Essay über das Automobil geschrieben, genauer gesagt über die Frage, inwieweit dieses ein bedeutendes Statussymbol der einheimischen Oberschicht werden könnte. So gründlich hatte er sich mit der Materie beschäftigt, er hatte sogar mit einigen Konstrukteuren in Europa korrespondiert. Als derart ausgewiesener Fachmann wurde er einige Jahre nach der Veröffentlichung des Essays in der Sonntagsausgabe von *The Hindu* von dem Großvater des heutigen Maharajah von Baroda eingeladen, seine knospende Sammlung zu bewundern, und aus den Beobachtungen und Gesprächen dieses mehrtägigen Besuchs entstand ein zweiter, heute in der internationalen Oldtimerszene geradezu legendärer Artikel über ein Auto, das so einmalig war, daß sich die Stimme von Carlo belegte, als er seinen Namen aussprach: *SULTAN*. Der ›Sultan‹ war ein großvolumiger Wagen mit vier freistehenden Zylindern, der extra für das berühmte Gordon-Bennett-Autorennen 1905 gebaut wurde und dann aus der Öffentlichkeit verschwand. Man muß annehmen, daß der seriöse Gerson da Cunha den ›Sultan‹ in einer der Garagen des Palastes in Baroda gesehen hatte, wie anders wäre seine detaillierte Beschreibung zu erklären, ganz zu schweigen von den ästhetisch-philosophischen Betrachtungen, die er an die einfache, solide Technik knüpfte.

Leider konnte ich den ›Sultan‹ nicht selbst sehen, obwohl mir der Maharajah bereitwillig alle Garagentore öffnete, denn bei einem Familienzwist war dieses Auto vor langer Zeit über Nacht verschwunden, und mit ihm der Chefmechaniker des Maharajahs, so daß böse Zungen vermuteten, der jüngere Bruder habe sein ausschweifendes Leben in London damit für beachtliche Zeit verlängert. Zuletzt ward der ›Sultan‹, nur noch ein Wrack seiner Selbst, in Südfrankreich gesichtet, doch jene, die erklären könnten, wie er von Baroda in die Provence kam, haben herzlich wenig Interesse, dies publik zu machen.

Der Maharajah empfing mich in Polohemd und Schlappen in seinem Privathaus gegenüber dem Palastgelände. Zunächst wirkte er schläfrig und desinteressiert, was vielleicht daran lag, daß er über diesen Richard Burton nichts wußte und sich insgeheim dachte, er werde von einem unbekannten Schreiberling mit den Affären eines niederrangigen Offiziers belästigt. Das Gespräch verlief schleppend, bis wir zufällig auf das Thema Internat *(boarding school)* verfielen und er mit Nachdruck verkündete, seiner Ansicht nach sei die Malaise der indischen Elite zuvorderst darin begründet, daß die Jungen nicht mehr in strengen, körperertüchtigenden Internaten geformt würden, worauf ich mir getraute, meine seit einiger Zeit gehegte Vermutung zu äußern, die Stärke des Britischen Imperiums sei einer einzigen Tatsache verdankt, nämlich dem Internatssystem, genauer gesagt, der strengen Schulung der Jungen in den so genannten *public schools*,[1] die im Gegensatz zu ihren Namen sehr exklusiv waren. Dort wurde ein muskulöses, imperiales Christentum vermittelt, das die jungen Männer mit der nötigen Härte gegen sich selbst und auch gegen andere ausstattete, die sie die fernste und grausigste Fremde bestehen ließ. Vorbild war die legendäre Schule zu Rugby, die in *Tom Brown's School Days* von Thomas Hughes 1857 literarisch verewigt wurde.

Der Maharajah erkundigte sich, in welchem Internat Richard Burton gedient habe…

Was mußten wir[2] uns über das Essen in der englischen Schule wundern. Das Frühstück um acht bestand aus sehr blauer Milch und Wasser, serviert in Henkelbechern, deren Griff abgebrochen und deren Lack abgeplatzt war. Es war den Jungen erlaubt, von zu Hause Tee geschickt zu bekommen, doch es war ein ständiger Kampf, auch nur eine Tasse von diesem zu erhalten. Gehaltvolleres beschränkte sich auf einen Kanten Brot, mit ein wenig Butter beschmiert. Die Feinschmecker kratzten diesen Aufstrich zusammen, um ihn am Ende des Kantens in einen finalen *bonne bouche* zu verwandeln. Das Mittagessen um ein Uhr begann mit einem Kieferkleber[3] und endete mit Fleisch […] letzteres so dilettantisch wie nur möglich gekocht, außen schwarz und innen blau, knorpelig und sehnig. Als Gemüse gab es Kartoffeln, die man genausogut als Kartätschen hätte verwenden können, und die allseits verhaßten Karotten.

Isabel Burton: The Life of Captain Sir Richard F. Burton, S. 108

[1] Heute nennen sie sich *independent schools*.
[2] Richard, elf Jahre alt, und sein Bruder Edward, sieben Jahre alt.
[3] Im Original: *stickjaw pudding*.

… und als er vernahm, Burtons Internatsphase sei kurz und gewöhnlich gewesen, nickte er traurig und urteilte, das erkläre sein Scheitern, obwohl ich bis dahin kein Wort über Burtons Leben verloren hatte. Aber ein guter Rapport war hergestellt, und nach einem prolongierten Austausch weiterer Internatalia ließ er sich leicht bewegen, die Leistungen seiner Vorfahren auszumalen, wobei er zu meinem Erstaunen auch düstere Farben verwendete.

– Wir sind kein so altes Geschlecht. Wir haben von einem Machtvakuum im 18. Jahrhundert profitiert, als die Zentralgewalt der Moguln zusammenbrach. Ein einflußreicher Teil der mächtigen Landbesitzer, angeführt von einem gewissen Dala Desai aus Padra, beschloß, die schwindende Herrschaft der Moslems zu unterwandern, indem sie einen Freibeuter namens Gaigwad zu Hilfe riefen. 1724 überquerte Pelaji Gaigwad den Narmada, unseren heiligen Fluß, der noch heute Maharashtra von Gujarat trennt. Er überlebte viele Schlachten und Kämpfe, nur um am Ende auf einer Pilgerreise ermordet zu werden. Aber er vererbte seinem Sohn Damaji einen erfüllten Traum – der mußte sich das Königreich nur noch herausschneiden. Etwa fünfzig Jahre später brach ein Familienkrieg aus, alle Parteien erflehten die Hilfe der Briten, die damals schon einen Stützpunkt in Surat hatten. Die Briten entschieden sich für den herrschenden Zweig der Familie. Diese leidige Geschichte wiederholte sich erneut, als der nächste Maharajah, Gowindrau, 1800 starb, denn der vorgesehene Nachfolger Anandrau war ein *imbecile*. Wieder führte die Frage, wer Regent werden sollte, zu schweren Kämpfen. Damals waren arabische Söldner, die von führenden Bankiers finanziert wurden, an unserem Hof mächtig. Die zwei Regentenaspiranten, zwei Brüder namens Raoji und Babaji, wandten sich an die Briten.[1] Die Folge war eine Flut von Verträgen, Abkommen, Allianzen und Gegenallianzen, von *shares, tributes and mortgages*. Der britische Resident am Hofe wurde praktisch zum Herrscher des Staates. Das ist die Tragik unserer Familie. Als meine Vorfahren um die Macht kämpften, waren sie Männer der Tat, mutig und wagemutig, Helden. Kaum hatten sie ihre Macht konsolidiert, verfielen sie in Schwäche, in Kleingeistigkeit, in Unterwürfigkeit und manchmal sogar in geistige Umnachtung. Sayajirao II.[2] war raffsüchtig, der Staat verarmte, der Maharajah wurde immer reicher. Er bevorzugte es, sich völlig verschuldet zu geben, um dann bei den Briten um Nachsicht zu bitten. Die Briten nahmen ihm das ab, denn die Regierung im Bombay wußte damals nichts über die finanziellen Zustände im Staate Baroda. Diese Zeit war voller Intrigen und Korruption. Doch die chaotischen Verhältnisse führten auch zu gesellschaftlichen Verbesserungen. So wurde 1840 *sati* unter Strafe gestellt, ebenso der Verkauf von Kindern, und die Hinrichtung durch *elephant trampling* wurde abgeschafft.

Um den heutigen Maharajah scharwenzelten einige alte Bedienstete herum, die es sichtbar müde waren, sich Beschäftigungen auszudenken und daher mit dem Mobiliar verschmolzen. Allein der Sekretär des Maharajah war ein junger dynamischer Mann, der nach eigenen Aussagen bis vor kurzem im kenianischen Nakuru für einen indisch-

---

[1] Genauer gesagt überboten sie sich gegenseitig mit großzügigen finanziellen Offerten an die Briten zu Lasten der Steuerzahler Barodas. Die Briten erhielten nebst Einfluß auch noch Geld.

[2] Im Maharajah-Fateh-Singh-Museum steht eine Büste von Sayajirao II., der zu Burtons Zeit regierte. Traurige Augen, die im Widerspruch zu seinen Karpfenwangen stehen, der breite Schnurrbart liegt auf den Wangen wie ein Trockenblumengesteck, drei schwere Halsketten, ein imposanter Turban.

stämmigen Industriellen gearbeitet und dort eine sehr vergnügliche Zeit erlebt hatte, doch leider wegen Problemen mit der Aufenthaltsgenehmigung das Land verlassen mußte.

Als ich um etwas Wasser bat, servierte es mir einer der alten Männer in einem Becher, zusammen mit eifrigen Entschuldigungen, daß sie kein Tabletts mehr hätten.

– Heute sind wir *nobodies*, fuhr der Maharajah fort. Alle unsere Privilegien sind verschwunden, es gibt keine Titel mehr. Es ist wie in Europa, wir zahlen sogar Steuern. Früher wurde die *gaddi*[1] verehrt, auf der wir saßen. Das war Ausdruck unserer sakralen und weltlichen Macht. Zuletzt regierte meine Familie *in a nice way*, voller Respekt für die Untertanen. Sie setzte Reformen durch, z. B. die Schulpflicht für Mädchen. Eltern, die sich weigerten, wurden mit Geldbußen belegt. Die Sprache des Hofes wurde von Englisch wieder zu Gujarati geändert. Wir haben Kunst- und Musikbewegungen initiiert, die erste indische Musikkonferenz fand hier statt. Deswegen haben wir auch bedeutende Sammlungen, doch der Großteil davon gehört heute der Regierung. Die meisten Rajahs gefallen sich in der glamourösen Rolle des Prinzen. Viele sind in die Politik gegangen, wo sie von dem Rückenwind der althergebrachten Autorität profitieren. Wir halten uns zurück, aber auch wir müssen Kompromisse eingehen, um zu überleben. Unsere *durbar hall*[2] kann gegen Bezahlung gemietet werden.

Der Maharajah erklärte einem der alten Kammerdiener, er gewähre mir Zugang zu allen Teilen des Palastes (… der Palast sei nicht sehr groß, meinte er …), die für Männer zugänglich seien. Das Palastgelände nahm die Hälfte der

[1] Hindi: Dicke Matratze.
[2] Halb Hindi, halb englisch: Versammlungshalle.

Altstadt von Baroda ein. Es enthielt eine Tennishalle mit Parkettboden, einen Kricketplatz, ein hervorragend eingerichtetes Museum und sogar einen Golfplatz mit zwölf Löchern – von den Abschlägen hat man immer wieder einen Blick auf die Frontseite des Palastes. Einen imposanteren, gewaltigeren Prachtbau hätte ich mir kaum vorstellen können, die Säulen und die Treppen reich ornamentiert, überall feinstes Kunsthandwerk aus Europa, ein ausgestopfter Tiger, Figurinen, ein wunderschöner Innenhof mit kleinen Palmen, ein Turm, eine klassische italienische Fontäne – die Statuen aus Italien importiert, der Marmor aus Rajahstan –, das Becken zwanzig Meter lang und nur zu wichtigen Anlässen mit Wasser gefüllt, die Gitter der Veranden und Erker filigran geschmiedet, die Balkone aus Sandelholz geschnitzt.

Um die gesamte Front mit einem normalen Objektiv einzufangen, benötigte ich vier Fotos. Rechts die ›Queens Porch‹, wie ein Hindutempel gestaltet, in der Mitte ›Kings Porch‹ mit Stilelementen einer Gurdwara[1] oder einer Moschee, und links die ›Public Porch‹ im traditionellen Rajahstani-Stil, dahinter ein Turm, der das Christentum symbolisieren soll. Die Baukosten des Lakshmi-Vilas-Palasts mit seinen sechsundachtzig Zimmern beliefen sich im Jahre 1893 auf 53 *lakh* Rupien. Von der Decke der *durbar hall* hingen acht gewaltige Kronleuchter, die sechshundert Glühbirnen benötigten – das Motto der Maharajahs lautete: Das Himmelslicht möge uns führen. Ich wurde geführt von dem *palace duty officer* P. B. Jadava, der mich ohne Murren durch Gänge und über Treppen in manch ein Zimmer begleitete, und seine Autorität nur einsetzte, als ich mich unwissentlich der Maharani-Seite

---

[1] Panjabi: Zugang zum Guru; Tempel der Sikhs.

des Palastes näherte. Er übergab mich an den Archivar des Maharajahs, der mit Burton nicht nur bestens vertraut war, sondern ohne Zögern oder Federlesen einige Blätter aus einer bereitliegenden Mappe herausholte und mir mit dem Satz überreichte, ich dürfe mich hinsetzen und in aller Ruhe dieses mich gewiß interessierende Schreiben kopieren.

Die Seiten, vermutlich aus einem Tagebuch herausgerissen, waren mit der krakeligen und minutiösen Schrift von Burton bedeckt. Ganz oben auf der ersten Seite stand: Eine Geschichte meines Guruji, übersetzt aus dem Gujarati. Doch das Kopieren erwies sich als mühsam. Burtons Schrift, selbst an guten Tagen schwer zu entziffern, war in diesem Fall besonders widerspenstig – vielleicht war er krank gewesen, oder es hatten ihm Hitze und Staub zugesetzt. Es dauerte zwei Tage, bis ich alles entziffern konnte, doch der Archivar zeigte nicht die geringste Regung von Ungeduld, sondern ließ mir in regelmäßigen Abständen *chai* bringen und entschuldigte sich eifrig, ehe er sich erkundigte, ob ich irgendwelche Unterstützung benötigte. Als ich die Arbeit abgeschlossen hatte und mich von dem Archivar zu verabschieden begann, fiel mir unvermittelt eine Unstimmigkeit auf.

– Kennen Sie einen Antiquar in Shimla, fragte ich ihn.

– Shimla? Das ist sehr weit weg. Wie kommen Sie auf eine solche Frage?

– Als ich vorgestern zu Ihnen kam, haben Sie sofort den Text von Burton herausgeholt. Das ging erstaunlich schnell, selbst wenn der Sekretär des Maharajahs Sie sofort von meinem Kommen informiert haben sollte. Können Sie so schnell etwas in Ihrer gewiß gewaltigen Bibliothek ausfindig machen?

– Ich kenne mein Archiv sehr gut.

– Davon bin ich überzeugt. Aber vielleicht kennen Sie auch einen Antiquar in Shimla?

– Es sind nicht viele, die sich für vernichtete Manuskripte interessieren ...

– Sie haben recht, und ich möchte mich bedanken.

Ich drucke diese bislang unbekannte Übersetzung von Richard Burton mit einigem Stolz hier ab, gebe dem Leser jedoch zu bedenken, daß dieser Text aus dem ursprünglichen Gujarati über das burtoneske Englisch in mein gelegentlich eigenwilliges Deutsch eingewandert ist und daher gewiß einige, von mir nicht kontrollierbare Transportschäden abbekommen hat.

Der Alte saß mit abweisendem Gesicht auf seiner Matte. Es war Diwali. Ein Feiertag eigentlich. Weswegen die Verwandten sein Haus wie Heuschrecken überfielen. Diwali war eine Zumutung. Er konnte es nicht mehr ertragen, voraussehbare Gespräche zu führen, Belanglosigkeiten auszutauschen, von der Begrüßung an bis zum letzten Abschied. Diwali, das bedeutete Pflichtgeschenke, Geschenkansprüche. Lächerlich und lachhaft. Und überhaupt, wieso feierten die Menschen Neujahr, wieso feierten sie, daß die Zeit verging? Sie lagen unter Mühlsteinen und bejubelten, wie sie zermalmt wurden. Ganesh Tschathurthi, das war sein Fest. Ein Anlaß, das Göttliche im eigenen Haus willkommen zu heißen. Er konnte ein großzügiger Gastgeber sein, wenn der Gast es verdiente. Er wollte sich dankbar zeigen für die Segnungen, die ihm widerfahren waren. Er glaubte weder daran, daß dieser Elefantenkopf Gott war, noch daran, daß er Gott repräsentierte. Er war wie die vorläufige Fassung eines Gedichtes, das nie gelingen würde. Er war Teil der Ordnung, die sein Leben umfaßte. Auch wenn er sie ablehnte, es gab keine andere. Was spielte es für eine Rolle, wer oder was ihn auszeichnete, ihn begabte? Ob Ganesh oder Gott oder eine Kraft, die größer war als jegliches Sprechen und jegliches Denken, seine Verbeugung vor ihm war würdevoll, sie enthob ihn der Erbärmlichkeit des Alltags. Er genoß es, Ganesh frühmorgens zu waschen. Sie gefiel ihm, die demutsvolle Geste. Es beruhigte ihn, die hundertundacht Namen Gottes zu sprechen. Wenn er die Namen sprach, Ekaakshara Siddhivinayak Vighnaharta, hatte er das Gefühl, in seinem Mund die ganze Welt zu beherbergen. Wenn er die Silben intonierte, mit gemeißelten Pausen, Vidyavaridhi Pashim Bhalchandra, fühlte er sich ermächtigt. Er änderte die Reihenfolge der Namen, jedes Mal. Gleich, und doch anders. Ha, wie wenig die anderen begriffen. Es waren immer nur einzelne, die das Universum beseelten. Er teilte sein Frühstück mit Ganesh, das war das Schönste an diesem Brauch, sie waren gleichwertig, sie beide, sie aßen und tranken das gleiche, sie hatten gemeinsame Erinnerungen, die weit zurückreichten. Seine Mutter hatte ihn liebkosend Balaganapati genannt, einer der hundertundacht Namen von Ganesh, wie er später erfuhr. Wenn er ein ehrerbietiges Ohm vorsetzte, bestand der Name aus sieben gleich langen Silben, die sieben Töne einer Klangtreppe, die Perfektion der Schöpfung. Es gab keine Unstimmigkeit zwischen ihm und Gott, das war die Ordnung, in der er sich bewegte. Die Ordnung in seinem Haus war besser als die Ordnung der Welt. Ganesh wurde elf Tage lang bewirtet umhegt gepflegt, die Nachbarn suchten ihn auf, die Verwandten, ohne zu stören, nicht wie zu Diwali, sie verhielten sich still, sie stellten sich vor ihm auf, ihre Bescheidenheit war so kleidsam, warum legten sie diese ansonsten ab. Sie brachten ihm Süßigkeiten mit, das allein störte ihn, wie konnten sie nur annehmen, daß Ganesh dieses ekelhaft süße Modak liebte, wieso bürdeten die Menschen Gott ihren eigenen schlechten Geschmack auf? Die schöne Zeit nahm ein Ende. Er bedauerte es nicht. Wie wohldurchdacht die alten Traditionen waren. Der Besuch war auf elf Tage beschränkt. Kein Gast sollte so lange bleiben, bis er nicht mehr erwünscht war. Selbst Gott nicht. Er, Alampata, löste sich auf in die Unendlichkeit. Der Alte seufzte. Er folgte ihm ins Zwielicht, bis er ihn aus der Vorstellung verlor. Aber jetzt war nicht Ganesh Tschathurthi, jetzt war Diwali, das laute und überhebliche Diwali. Gleich würde seine Frau hereinstürmen und ihn auffordern, den Verwandten etwas Gesellschaft zu leisten. Was für eine Segnung dieses zweite Zimmer war. Ich weiß, du bist nicht krank, würde sie ihn anfauchen, glaubst du, die Leute wundern sich nicht, daß du erneut unpäßlich bist, just zu Diwali? Was tust du mir nur an! Ach, Ganga fließt verkehrt herum. Sie würde wütend hinauslaufen, ihre Gekränktheit würde etwa so lange anhalten, wie es dauerte, etwas Kardamom zu mahlen, und dann würde sie wieder in das Gekichere

Manuskript aus dem Privatarchiv des Autors. und Gegackere einstimmen, dem er sich nicht völlig entziehen konnte, sosehr er sich auf das konzentrierte, was ihm allein Trost bot.

EIN SUFISCHER BLICK

AUF GESETZ, WAHRHEIT

UND AFGHANISTAN

ﻭ ﺯ ﺯ ﻦ ﻥ ﺱ ﻭ ﻉ ﻝ ﻩ

Der Archivar der Bibliothek des Palastes zu Baroda hatte mir noch den Ratschlag mit auf den Weg gegeben, ich sollte einen Sufi *murshid*[1] aufsuchen, denn wenn Burton eine religiöse Zuneigung verspürte, dann war es zum Sufismus. Er hatte recht, und so kontaktierte ich gleich nach meiner Rückkehr in Bombay den angesehenen Islam-Wissenschaftler und Aktivisten Ali Asghar Engineer, der mich umgehend einem Mann vorstellte, mit dem ich viele lange Gespräche führen sollte, meist in einer Wohnung, deren offene Fenster das Meer einrahmten und den Klang der Wellen einfingen. Der *murshid* hielt sich selten in Bombay auf, er besuchte die Stadt nur, um seine Schüler auszurichten, und übernachtete in der Wohnung des Begütertsten unter ihnen, um die anderen nicht zu belasten. Wir saßen auf einer weißen Couch vor den Fenstern und waren stets unter uns, denn nachdem wir mit einer Kleinigkeit erquickt worden waren, ließ man uns allein, und der Lehrer sprach mit einer leisen Stimme, die sich kaum gegen das Tosen

[1] Urdu: Spiritueller Lehrer.

des Windes wehrte, und so war ich gezwungen, mich mit nach vorn gebeugtem Oberkörper völlig auf den Ohrensinn zu konzentrieren.

– Diese Kriege, werden sie bald zu Ende gehen?

– Eher nicht. Zu sehr profitieren die Wahnsinnigen auf beiden Seiten von ihnen.

– Ich fürchte, Sie könnten recht haben.

– Im Irak wird es von Tag zu Tag schlimmer.

– Der Schlüssel ist Afghanistan!

– Afghanistan?

– Aber natürlich, Sie verstehen nichts, mein Lieber, wenn Sie Afghanistan nicht verstehen, und wenn Sie mich jetzt bitte nicht gleich unterbrechen, um mir unüberlegt zu entgegnen, Burton sei nie nach Afghanistan gereist, so als müsse man sich an dem Ort aufgehalten haben, der einen beeinflußt hat; befreien Sie sich von den eisernen Ketten der Kausalität, sie reizen die Haut und verderben das Denken. Afghanistan, sage ich, und ich meine das Land, das bis zum heutigen Tag Afghanistan heißt, bekannt und gefürchtet wie eine unheilbare Krankheit; was glauben Sie, wieso die Briten weiterhin so eifrig das Land zu kontrollieren versuchen, es ist die große Familieschande, es ist das einzige Tier, das sie nicht zähmen konnten. Als ich in Aligarh studierte, da fürchteten wir uns vor den Mitschülern, die aus Afghanistan kamen, sie trugen Waffen und einen Ausdruck auf dem Gesicht, der den Teufel eingeschüchtert hätte, und es beruhigte uns, daß sie wenigstens beteten, fünfmal am Tag, denn dann mußten sie ihre Waffen ablegen und ihren stolzen Kopf zu Boden neigen. Und trotzdem, und daran erkennen Sie die Hybris des Westens, mein Lieber, werden sie weiterhin unterschätzt, wie anno dazumal, als die Briten zum ersten Mal einmarschierten und dann ihre Festungen im Flachland bauten, weil es bequemer war, aber wer die Berge nicht kontrolliert, hält keine Macht in Afghanistan, und dann überschütteten sie irgendeinen Ziegenhirten mit Geld, weil dieser sich in ihren Augen überzeugend als Emir gebärdete, ohne zu bedenken, wie sehr diese Begünstigung die alten und mächtigen Klans verletzte. Erklären Sie mir bitte nur dies, mein Lieber, wenn die Briten die höchstentwickelte Zivilisation auf Erden darstellen, wie sie früher behaupteten und heute stillschweigend immer noch glauben, wieso gelingt es ihnen nicht – so wie es auch den Amerikanern nicht gelingt –, sich Verbündete auszusuchen, die im Lande, die beim Volk respektiert werden, wieso sind sie, die so klug und gebildet sind, nicht in der Lage, wahre Freunde zu finden? Wieso vereinen sie sich mit den Gaunern und den Gierigen? Das ist heute so, das war auch damals so, es dauerte nur wenige Monate, bis sich die vielen kleinen Überfälle auf die Nachschubwege, die regelmäßigen Hinterhalte auf die Kuriere zu einem Sturm zusammenbrauten, der alles wegfegte, alles Britische, genau in jenem Jahr, in dem Ihr Burton seinen Vater bat, ihm ein Patent in der Armee der Ostindischen Gesellschaft zu verschaffen. Und so starben sechzehntausend Männer und Frauen und Kinder, die sich aufgrund der Arroganz und der Zögerlichkeit des Generals W. G. K. Elphinstone verspätet und verzweifelt nach Jalalabad und weiter nach Britisch-Indien zu retten suchten, doch es war Winter, die Schneestürme dicht, die Temperaturen niedrig und der Gegner so erbarmungslos, wie Gott barmherzig ist. Wer nicht erfror, der wurde massakriert, bis auf den letzten Mann, einen Arzt namens Dr. Bryden, dem eine unglaubliche Flucht gelang und der allein von der erlittenen Schmach berichten konnte,[1] die sich schneller als ein Orkan bis nach London verbreitete und dazu führte, daß die Regierung stürzte, so wie die Regierung Blair über die Lügen und den Fehlentscheidungen in Afghanistan und Irak hätte stürzen müssen. Natürlich rächten sich die Briten, sie rächten sich so rasch, daß Ihr Burton, als er in Bombay ankam, im Oktober des Jahres 1843, die Nachricht vernahm, Afghanistan sei besiegt, die Niederlage gerächt und die Heldenbühne wieder abgebaut. Doch es war nur vorübergehend. Afghanistan kann nicht mit Waffengewalt besiegt werden, und wer das nicht versteht, der hat nichts begriffen. Schreiben Sie das auf, mein Lieber, vielleicht liest es ja jemand, der dadurch zum Nachdenken gezwungen wird, bevor er Bomben abwerfen läßt.

– Sie sehen, wie eifrig ich schreibe.

– Kommen wir zu Wichtigerem. Sie wollen etwas über die Sufis lernen?

– Ja.

– Weil Sie glauben, Burton könnte ein Sufi gewesen sein.

– Nicht nur deswegen.

– Wissen Sie, wer Sufis sind?

– Die Mystiker des Islam?

– Sie haben Fast food gelesen, mein Guter. Sie sollten darauf achten, was Sie zu sich nehmen.

---

[1] So die populäre Version der Ereignisse – in Wirklichkeit gelang es wohl etwa drei Dutzend versprengten und halbtoten Gestalten, sich in Sicherheit zu bringen. Berühmtester Überlebender ist Harry Flashman, der großmäulige, viktorianische Frauenheld, der bei einem gemeinsamen Einsatz James Bond in den Schatten gestellt hätte, ein Mann, dem wir zuerst als Rabauken in dem schon erwähntem Jugendbuch *Tom Brown's Schooldays* begegneten und der später eine grandiose Karriere als Hauptfigur in der Flashman-Serie von George Fraser Macdonald machte, dessen erster Band ihn zu einem Zeugen des afghanischen Debakels auserkor: *Flashman*. 1969.

– Es sind die Liebenden?

– Also die Pärchen, die eng umschlungen am Marine Drive sitzen.

– Jene, die Gott lieben.

– Und nicht den Menschen?

– Ich weiß es nicht.

– Jetzt kommen Sie der Wahrheit näher. Ein Sufi sagt: Mein Herz ist offen für jede Form; es ist eine Weide für Gazellen, ein Kloster für Mönche, ein Götzentempel und die Kaaba für die Pilger; es ist die Thora und der Koran. Ich bleibe bei der Religion der Liebe, in welche Richtung die Karawane auch zieht. Das hat Ibn Al-Arabi gesagt. Halten Sie es für möglich, daß dies falsch sein könnte?

– Nein.

– Nein? Und wieso nicht? Weil wir niemals etwas ablehnen sollten, nur weil es fremd oder anders ist. Wir Sufi mißtrauen der Predigt. Sie ist ein Instrument, andere verächtlich zu machen. Wir ziehen das Beispiel des Gelebten vor. Das Heilige ist vorbildlich. Wenn ein Sufi-Meister viele Menschen anzieht, dann aufgrund seines Charakters, nicht seiner Überzeugungen. Das intellektuelle Argument wird überschätzt, wenn es um Liebe geht. Wir respektieren jeden, egal welchen Rang er in der Gesellschaft einnimmt, wir respektieren die Würde des Menschen. Deswegen haben wir niemals versucht, die vorislamischen Bräuche und Traditionen zu bekämpfen. Wenn Sie durch Indien reisen, werden Sie feststellen, wie viele unterschiedliche Bräuche auf dem Land lebendig sind, unabhängig davon, ob jemand sich Hindu oder Moslem nennt. Wir sind, vielleicht begreifen Sie es besser mit einem Bild aus heutiger Zeit, das Interface des Islam.

– Schnittstelle …

– Zusammenfluß! Ibn Al-Arabi hat seinen Gedankengang auf arabisch *wahdat al-wujud* genannt. Die tatsächliche Existenz – *wujud* – ist nur jene Gottes, wir hingegen sind nichts weiter als seine Manifestationen. Das ganze Universum ist seine Manifestation. Dieser Gedanke zerstört Barrieren zwischen den Menschen, zwischen den Glaubensrichtungen. Er hat Hindus und Moslems in Indien einander nahe gebracht, es spielte keine Rolle, wie man sich nannte, solange man in Frieden mit allen anderen lebte. Sie müssen wissen, es ist kein eitler Traum, es hat funktioniert, jahrhundertelang. Lassen Sie sich niemals einreden, das Gute sei nicht zu verwirklichen. Das Gute ist Wirklichkeit.

– Und heute?

– Es gibt immer eine gegenteilige Meinung, und wir sind Zeugen, wie einflußreich die Lehre von *wahdat al-shuhud,* der Einheit des Bezeugten, geworden ist. Dieser Irrglaube, es gäbe einen ursprünglichen Islam, der nur von äußeren Einflüssen gereinigt werden muß, damit wir gerettet sind. Gewiß gibt es einen Ursprung, und er ist rein, aber Menschen kommen darin nicht vor.

– Die Wahhabi, die Salafiyah?

– Nichts als Namen. Wer sind die Hunde, die sich um einen Knochen streiten? Wer sind die Verrückten, die ihren Wahn hinter Gesetzen verstecken? Was für eine Zeitverschwendung, ihre Blindheit zu erklären. Lassen Sie uns lieber ein Lied lernen. *Bewafa se bhi pyar hota hai!* Ich fürchte, Ihr Urdu wird nicht gut genug sein, mein Lieber, ich werde es Ihnen übersetzen müssen. Es ist ein Qawwali,[1] und schon der Titel sagt alles: Es gibt Liebe außerhalb des Gesetzes. Und bevor wir uns das nächste

---

[1] Die Musik des ekstatischen Mitgefühls.

Mal wiedersehen, sollten Sie ein Lied von Richard Burton studieren, ein sehr langes Lied. Ich hege den Verdacht, es ist sein spirituelles Vermächtnis. Sie haben bestimmt davon gehört, es trägt den Titel *The Kasidah*, und es gibt vor, die Verse eines gewissen Hadschi Abdu El-Yezdi ins Englische übersetzt zu haben, eines Laien des höheren Gesetzes. Und was das ist, wissen Sie ja nun.

SINDH

VON DER SCHÖNHEIT

DER SINDHI-NAMEN,

AUS DEM WÖRTERBUCH

EINES GENESENDEN,

MIT EINER ZEITTAFEL

AUF DEN SPUREN EINES SPIONS

Advani *Adwani Agnani Ahuja Aidasani*
Ailani Ajbani Ajwani Alimchandani Alwani
Amarnani Asarpota Asnani Asrani Assomull

JANUAR 1844. Zuerst nach Karachi, ein elendes Dorf, 10.000 Einwohner, der einzige Markt mit einem Dach aus Dattelwedeln bedeckt. Wir waren untergebracht in Zelten, täglich heulten Sandstürme über uns hinweg, Drill und Parade wollten nicht enden. Bald darauf weiter nach Bandar Ghorra, 40 Meilen südlich gelegen, was für ein unglückliches Loch, ein trostloses Stück Fels und Lehm, ein dreckiger Haufen von Schlamm- und Riedhütten. Kaum genug Dornen, Salsola[1] und Feuerpflanzen, um die wenigen Kamele zu füttern. Eine sanfte Hölle.

DEZEMBER 1844. Erste Vermessungsexpedition zum Guni-Fluß.

Babani   Bablani   Badlani   Bajaj   Balani
Balwani   Bambhra   Bangani   Basantani   Batheja
Belani   Belaramani   Bellani   Bhagchandani
Bhagnani   Bhagwanani   Bhagwani   Bhambani
Bhardhwaj   Bharwaney   Bharwani   Bhatia
Bhavinani   Bhavnani   Bhawnani   Bherwani
Bhojwani   Bijlani   Binwani   Bodha   Budhrani

Burton haßte Kamele. Man könnte aus seinen Werken eine Kamelbeschimpfungsrhapsodie gewinnen. Wie soll man auch ein Tier mögen, das nachts gerade einmal zwanzig Minuten schläft, um danach weiterzukauen, weiterzumampfen, weiterzuschmatzen, die restliche Nacht hindurch, ein Wiederkäuer des eigenen Schlafes. Manchmal steht es nur da, die hinteren Beine etwas gespreizt, und starrt in eine Richtung, für sehr lange Zeit, und man weiß nicht, ob es einem meditierenden Weisen ähnelt oder einem gaffenden Idioten. Und dann ist da noch die dreimonatige Brunftzeit, während deren das Männchen nicht zu beherrschen ist, kaum wittert es ein paarungswilliges Weibchen, und sei es auf eine Entfernung von zehn Kilometern. Dann wird es bockig, aggressiv und gefährlich, seine Zunge bubbert,[2] es greift konkurrierende

---

[1] Salzkraut.
[2] Die Lektorin hat den Autor vergeblich darauf hingewiesen, daß dieses Wort weder existiert noch besonders onomatopoetisch ist, muß sich aber leider der dickköpfigen Uneinsichtigkeit des Autors beugen.

Männchen an und versetzt diesen häßliche Bißwunden. Ich habe erlebt, wie ein Kameltreiber ein Männchen, das die Herrschaft über einen Harem von hundert Weibchen innehatte, vergeblich von einem Rivalen wegzuziehen versuchte, bis ihn dieses in den Oberschenkel biß und sich auf ihn warf. Der Mann überlebte nur knapp. Wie gesagt: es gibt sympathischere Tiergenossen.

Chabbria   Chablani   Chainani   Chainrai
Chanchlani   Chandiramani   Chandnani   Chandwani
Changrani   Chanrai   Chatani   Chatlani   Chatppar
Chatrani   Chawla   Chellani   Chellaramani
Chhabria   Chhajwani   Chhatwani   Chotrani

JANUAR BIS MÄRZ 1845. Weitere Tätigkeit als Vermesser. Meine neuen Aufgaben zwangen mich, in der kalten Jahreszeit die Verwaltungsbezirke zu durchwandern, die Betten der Kanäle zu nivellieren und erste Skizzen für eine umfassende Vermessung zu zeichnen. [...] Die erste Herausforderung bestand darin, für einen Orientalen gehalten zu werden,[1] ein ebenso schwieriges wie absolut notwendiges Unterfangen. Denn der europäische Beamte sieht in Indien[2] selten etwas in seinem wahren Licht, so dicht ist der Schleier, den Ängstlichkeit, Falschheit, Vorurteil und Aberglaube zwischen uns und

---

[1] Burton war keineswegs der erste, der sich als ›Orientale‹ verkleidete. Gerade jene Offiziere, die an dem *great game*, dem Schattenboxen mit Rußland in Zentralasien, beteiligt waren – Männer wie William Moorcroft oder Alexander Burnes (der in Kabul ein unschönes Ende nahm) –, hatten schon Anfang des 19. Jahrhunderts weite Teile der Region als einheimische Pilger oder Händler durchreist. Es gab auch Nachfolger, wie etwa des Ungarn Arminius Vambéry (1832–1913), der als Derwisch verkleidet nach Khiva, Bukhara und Samarkand reiste.

[2] Gemeint ist Britisch-Indien.

den Einheimischen spannen. Und der weiße Mann lebt in solch einem Abstand zu den Schwarzen, daß Hunderte der ersteren ihre sogenannte »Exildauer« abdienen, ohne jemals an einem Beschneidungsfest, einer Hochzeit oder einer Beerdigung teilgenommen zu haben.

*Dadlani   Dansinghani   Daryanani   Daryani
Dasani   Daswani   Datwani   Daulatani   Dayalani
Dayani   Detwani   Devani   Devjani   Devnani
Dhameja   Dhanani   Dhanrajani   Dhanwani
Dhirmalani   Dinani   Dodani   Doenani   Doolani*

Lassen Sie mich dieses Kapitel mit der arabischen Erklärung beenden, wieso das Pferd das Kamel haßt, eine Antipathie, die den Griechen schon in den Tagen Herodots augenfällig war. Es ist wohlbekannt, daß Allah, entschlossen, dieses noble Tier zu erschaffen, den Südwind rief und ihm sagte: Ich wünsche aus dir ein neues Wesen zu bilden. Verdichte dich, indem du deine Flüssigkeit ablegst. Dann nahm der Schöpfer eine Handvoll dieses Elements, das nun dicht und faßbar war und blies neues Leben hinein: Das Pferd erschien und wurde angesprochen: Du sollst sein dem Menschen eine Quelle des Glücks und des Wohlstandes. Er soll auf deinem Rücken zu Ruhm und Sieg gelangen.[1] Aber der steifhalsige Fremde beschwerte sich umgehend, daß viel mehr für ihn hätte getan werden können. Daß sein Hals zu kurz sei, um während der Fortbewegung grasen zu können, daß sein Rücken keinen Buckel habe, an dem der Sattel geschickt befestigt werden könne, und daß seine

---

[1] Die Beduinen glauben, das Pferd, von Ismail gezähmt und zugeritten, sei durch ein Niesen Adams erschaffen worden, als dieser selbst zum Leben erweckt wurde.

kleinen Hufe tief in den Sand sänken, und noch einige
andere Beschwerden dieser Art, die uns ein wenig an
einen gewissen König von Kastilien erinnern. Worauf
Allah wie Jupiter, der einst die schreckliche Drohung
aussprach, all den dümmlichen Gebeten der Menschen
zu entsprechen, das Kamel erschuf. Das Pferd erschau-
derte beim Anblick dessen, was es hatte werden wollen,
und seit jener Stunde zuckt es stets zusammen, wenn es
seiner eigenen Karikatur begegnet.

*The Gold
Mires
of Midian,
S. 120 ff.*

*Gajwani   Gandhi   Gangaramani   Ganglani
Gangwani   Gehani   Ghanwani   Gianani   Giani
Gidhwani   Gidwani   Girdhani   Girglani
Godhawani   Godia   Goklani   Golani   Gopalani
Gulabani   Gulani   Gulrajani   Gungwani
Gunwani   Gurbani   Gurbuxani   Gurdasani*

APRIL 1845. Zurück in Karachi. Eröffnet einen kleinen Laden *(dukan),* wo er als Einheimischer Stoff, Tabak
und andere Waren zum Verkauf anbietet, vor allem aber
mit seinen Kunden einen Schwatz hält. Nachdem ich
mehrere Rollen ausprobiert hatte, stellte ich fest, daß es
mir am leichtesten fiel, mich als einer jener Halbaraber,
Halbiraner auszugeben, von denen es entlang der Küste
des Persischen Golfes Abertausende gibt. […] Mit Haar,
das ihm bis über die Schultern fiel, mit langem Bart, das
Gesicht, die Hände, Arme und Füße dünn mit Henna
beschmiert, brach Mirza Abdullah aus Bushire – Ihr
treuer Diener, lieber Leser – zu manch einer Reise auf.
Er war ein Bazzaz, ein Verkäufer von feinem Leinen,
Kaliko[1] und Musselin; – solche Burschen werden von den

[1] Nach der südindischen Stadt Kalikut benannt.

modebewußten Damen gelegentlich sogar eingeladen, ihre Ware in dem geheiligten Harem zu präsentieren; – und er trug stets ein Päckchen *bijouterie* und *virtù* für solche Notfälle bei sich. [...] So sicherte er sich zahllose Einladungen, erhielt von mehreren Vätern einen Heiratsantrag und eroberte, oder bildete sich dies zumindest ein, so manches Herz: denn er kam als reicher Mann und blieb stets würdevoll, und er brach mit allen Ehrbezeugungen auf. Wenn er sich auf den Heimweg machte, bestand er meist auf einem Gegenbesuch am nächsten Morgen, doch selten traf man ihn in jener Karawanserei an, die er angegeben hatte – so war dieser Mirza Abdullah der Bushiri.

Falconry in the Valley of the Indus, S. 65

Hardasani   Hariramani   Harisinghani   Harjani
Harpalani   Hashmatani   Hassanandani   Hassani
Hassija   Hathiramani   Hemlani   Hemnani
Hemrajani   Hindhuja   Hinduja   Hingorani
Hiranandani   Hirdaramani   Hirwani

NOVEMBER 1845. Wieder auf Reisen, dieses Mal nach Larkana und kurz darauf mit dem Regiment nach Rohri, mit der Order, sich bereitzuhalten, sollte ein Einsatz im Sikh-Krieg nötig werden. Doch wieder geht ein Krieg vorüber, ohne daß Burton ruhmreich eingreifen kann. Aber er erlebt Gewalt, im Sindh, er wird Zeuge von Folterungen durch Mitglieder seines Regiments, und von öffentlichen Exekutionen, bei denen die Verurteilten vor der Mündung einer Kanone festgebunden wurden, ehe man diese zündete. Er begrüßt diese Bestrafung, weil er sie für abschreckend hält, denn Moslems glauben, daß der Mensch mit seinem sterblichen Körper in den Himmel aufsteigt.

*Kaknani Kalani Kalra Kalvani Kamlani
Kamnani Kanuga Karamchandani Karani
Karnani Katara Kateja Kaurani Keswani
Kewalramani Khanchandani Khatri Khattar
Khatwani Khemaney Khemani Khemchandani
Khemlani Kheskani Khetpal Khiani Khiatani
Khilani Khilnani Khubchandani Khudabadi
Kishanchandani Kishnani Kodwani Kokal
Kotai Kotwani Kriplani Krishnani Kukreja*

Dreimal versuchte ich, nach Pakistan zu reisen. Dreimal beantragte ich ein Visum, befragte Freunde und
Kollegen, las vorbereitend die drei Sindh-Bücher von
Richard Burton und markierte meinen voraussichtlichen
Reiseweg entlang seinen Stationen. Dreimal gelangte ich
nicht nach Pakistan. Danach wußte ich, daß es – zumindest für dieses Buchprojekt – einfach nicht sein sollte.
Bei den ersten zwei Malen brach jeweils kurz vor meiner
Abreise ein Krieg zwischen Indien und Pakistan aus,
und es war entweder nicht möglich oder nicht ratsam, von
Indien aus, wo ich damals lebte, nach Pakistan zu reisen.
Und beim dritten Anlauf zog ich es vor, zusammen mit
einem engen Freund eine Einladung in das vorübergehend friedliche Kaschmir, das ich schon seit Jahrzehnten zu besuchen träumte, anzunehmen, zumal es Frühsommer war und die Kühle im Himalaja so sehr lockte,
wie die aufkommende Hitze in den Wüsten des Sindh
abschreckte. So gehört die pakistanische Provinz Sindh,
in der Richard Burton etwa fünf Jahre lebte, zu jenen
wenigen seiner Lebensstationen, die ich nur lesend und
nachdenkend erkundet habe.

Mahboobani   Mahbubani   Mahtani   Makhijani
Makija   Malkani   Mangani   Manghirmalani
Manghnani   Manglani   Manikmalani   Mankani
Mansharamani   Mansukhani   Manwani   Matai
Mayani   Melwani   Menghani   Menghrajani   Mirani
Mirchandani   Mirpuri   Mirvani   Mohinani
Moolchandani   Moorjani   Motiani   Motiramani
Motwani   Mukhi   Mulani   Mulchandani

Aus *RICHARD BURTONS WÖRTERBUCH*

ADJUTANT.[1] Ein Offizier, fast verschwägert mit einem Generalmajor, dessen Pflicht es ist, der Frau des G. aufzuwarten, die Schnupftücher der Tochter des G. aufzuheben und sich insgesamt in einer großen Residenz nützlich zu machen.

ARREST. Die dankbarsten Stunden der Zurückgezogenheit und literarischen Muße, die der Verfasser dieser Zeilen je genossen hat.

OBERST. Ein einzelner, dessen typische Merkmale Messingsporen und eine vergoldete Schwertscheide sind. Er würde ein Vermögen einbringen, wenn man ihn zum Preis der eigenen Schätzung kaufen und zum Wert seiner Selbsteinschätzung verkaufen könnte.

DOLMETSCHER. Ein Offizier, der mindestens einmal im Monat gerufen wird, um sich vor etwa tausend versammelten Sepoys, in einem verhunzten Dialekt schreiend, den er in prahlerischen Momenten Urdu oder Hindustani

---

[1] Im Englischen der schöne sprechende Terminus: *aide-de-camp*.

nennt, lächerlich zu machen. Er hat auch bei den Gerichtsverhandlungen anwesend zu sein, wo die Subalternen, die noch keine Sprachprüfung bestanden haben, sich hämisch freuen, daß er zusammenbricht oder irgendeine Redewendung nicht versteht.

Beurlaubung. Das größte Ziel im Leben eines Soldaten.

Nachnani   Nagpal   Nagrani   Nain   Nandwani
Nanwani   Narwani   Nathani   Navani   Navlani
Nebhnani   Nebhrajani   Nichani   Noorani

Juli 1846 erkrankt er an Cholera, an jener Krankheit, vor der schon sein hypochondrisch veranlagter Vater eine Heidenangst hatte.

Es ist ein trauriger Anblick, die letzte Ruhestätte eines Landsmannes in einem entfernten Winkel eines fremden Landes, fernab der Asche seiner Vorfahren, in einem von Unbekannten bereiteten Grab, um das niemals Trauernde standen und über das sich noch nie eine befreundete Hand in stiller Ehrerbietung des Verstorbenen erhob. *Goa, and the Blue Mountains, S 130* Des Wanderers Herz empfindet ein schmerzliches Bangen bei diesem Anblick. Wie bald schon könnte so ein Schicksal das eigene sein?

September 1846. In ein Krankenhaus nach Bombay verlegt.

Pagrani   Pamnani   Panjabi   Panjwani   Pardasani
Parwani   Paryani   Patoli   Pehlajani   Peswani
Phatnani   Phulwani   Pohwani   Pritmani   Punjabi
Punjwani   Pursnani   Purswani

1847. Genesungsurlaub. Siehe Indienkapitel, Reise nach Goa und Ooty, Seite 43.

Raghani   Raheja   Raichandani   Raisinghani
Rajani   Rajmalani   Rajpal   Rajwani
Ramchandani   Ramnani   Ramrakhiani   Ramtri
Ratnani   Relwani   Rijhsinghani   Rijhwani

1848. Zurück im Vermessungsteam, allerdings befinden sich seine Augen in einem so schlimmen Zustand, daß er nicht richtig arbeiten kann. Aber: Je schwerfälliger mein Sehvermögen wurde, desto aktiver mein Gehirn. Er vertieft sich in Studien über den Sufismus und lernt örtliche Variationen von *Tausendundeiner Nacht* kennen. Manch einen Abend verbrachte der Mirza in einer Moschee, hörte den zerlumpten Studenten zu, die bäuchlings ausgestreckt auf dem staubigen Boden lagen, den Kopf mit den Armen abstützend, und arabisch nuschelnd aus den zerlesenen und zerfledderten Theologiebüchern deklamierten, auf die eine schwache Öllampe einen spärlichen Schein warf, oder er disputierte mit einem langbärtigen, glattgeschorenen, triefäugigen und sturgesichtigen *genius loci,* dem Mullah, über die Feinheiten des Glaubens. Zu anderer Zeit, in fröhlicherer Laune, trat er ohne Einladung durch die erstbeste Tür, hinter der Musik und Tanz erklangen; – ein sauberer Turban und eine höfliche Verbeugung sind im Osten die besten ›Tickets[1] für die Suppe‹. Oder er spielte Schach mit einem einheimischen Freund, oder er verkehrte mit den Hanftrinkern und Opiumessern in den Estaminets, oder er besuchte jene Mesdames Postillon d'amour, die die

---

[1] Denn *ticket* stammt von *étiquette* ab ...

Gläubigen verkuppeln, und sammelte bei ihnen einen wertvollen Rupfensack an persönlichen Geschichten und häuslichen Skandalen.[1] Welchen Szenen er beiwohnte! Welche Abenteuer er erlebte! Aber wer würde ihm glauben, selbst wenn er den Mut hätte, von diesen zu erzählen?

Falconry in the Valley of the Indus, S. 68

Sablani   Sabnani   Sachanandani   Sachwani
Sadani   Sadarangani   Sadhnani   Sadhwani
Sagrani   Sainani   Sajnani   Sajwani   Sakhrani
Samtani   Sapra   Satwani   Savalani   Savlani
Sawlani   Sawnani   Shahani   Shamdasani
Sharma   Shewakramani   Shewaraman   Shivdasani
Shivlani   Shivnani   Shroff   Sidhwani   Sidhwani
Singhani   Sipahimalani   Sippy   Sujanani   Sukhani

ANFANG 1849. Schwer krank, als ›weißer Neger‹ isoliert in seinem Quartier, bei der Beförderung zugunsten minder kundiger Männer übersehen, beschließt Burton, sich von Britisch-Indien zu verabschieden. Und so packte er seine Sachen. Proben von Zucker und Zuckerrohr, Opium und Hanf, Tabak und Schwefel, Indigoblätter, unbekannte Färbemittel, *échantillons* von Baumwolle jeglicher Art ... *tattah*-Schals, Fischleim aus den Lungen und der Schwimmblase von Indusfischen ... Mosaik aus dem Sindh, Zigarrenkisten, mit Kammgarn überzogene Truhen ... Er setzt von Karachi nach Bombay über, in einem so schlechten Zustand, daß er Abschiedsbriefe an seine Nächsten schreibt. Und dann wird er an Bord der ›Eliza‹ getragen, allein, bis auf seinen afghanischen Diener Allahdad, der ihn während der monate-

---

[1] Zweifellos ein Vorläufer der ›anteilnehmenden Beobachtung‹, ein früher kultureller Anthropologe, dieser Mirza Abdullah.

langen Schiffsfahrt hingebungsvoll pflegt. In England angekommen, rekonvaleszent, blickt er auf die sieben Jahre in Indien zurück, und ihm scheint, es sei eine verschwendete Zeit gewesen.

Tahiliani   Talreja   Tanwani   Tarachandani   Taurani   Teckchandani   Tejnani   Tejwani   Tekchandani   Teksinghani   Tewani   Thadani   Thakur   Thakvani   Tharani   Tharumalani   Tharwani   Thawani   Tilani   Tillani   Tilokani   Tilwani   Tirathrai   Tolani   Tolaramani   Topandasani   Totlani   Tulsiani

Sindh, and the Races that Inhabit the Valley of the Indus, Burtons umfangreiches Buch über fast alle Aspekte dieser Region, war ein halboffizielles Werk, das Burton der Ostindischen Gesellschaft widmete (!), die ihrerseits dem Verlag 150 Exemplare abkaufte, was ihr das Recht gab, gewisse anstößige Passagen entfernen zu lassen – der Bewidmete als Zensor.

Ubrani   Udasi   Udeshy   Udnani   Uttamchandani   Uttamsingh   Vachani   Vachhani   Valasai   Vanjani   Varandani   Varindani   Vasandani   Vasandmalani   Vasnani   Vaswani   Vatwani   Vazarani   Vazdani   Wadhwa   Wadhwani   Warde

ARABIEN

WIE ICH ALS LEHRENDER SCHÜLER

INS FASTEN GERIET

UND ZUR HADSCH

EINGELADEN WURDE

ـڝ۠ڔ۠ٮۨۘ ڔۨٻٱٜٮۣ ـڝۨۜۏڗ۠ ڒٮ۠ۯ۠ ‏:‏ ٮۭۯٮ۠ۯ۠ ‏:‏

Nie wäre ich auf Hadsch gegangen, hätte ich nicht
neun junge Männer kennengelernt, die bereit
waren, mich zu einem guten Moslem zu machen,
während ich ihnen das Handwerk des journalistischen
Schreibens beibringen sollte. Wir wurden uns handels-
einig, und ich verbrachte meine Tage, ein ganzes Jahr
lang, in einem kleinen Raum in Mohammed Ali, einem
dichtbesiedelten, quirligen, überwiegend moslemischen
Viertel Bombays. Die jungen Männer waren Ulema,
Schriftgelehrte, die allesamt den Namen *Qasmi* führten,
und sie hießen mich einige Monate lang *Sir* oder *respected
teacher,* bis wir uns so nahestanden, daß ich sie überzeugen konnte, mich gelegentlich auch Ilias zu nennen.
Einer von ihnen, als Mufti auch in Rechtsangelegenheiten
eine Autorität, wurde mein persönlicher Lehrer (obwohl
alle anderen jederzeit als seine Assistenten bereitstanden).
Nach ein oder zwei Stunden Privatunterricht tauschten
wir die Rollen, und ich lehrte sie, in einem engen Klassenzimmer mit tiefer Decke, das ihnen auch als Biblio-

thek und Aufenthaltsraum diente, einen Artikel zu konzipieren, zu schreiben und zu redigieren.

Etwa ein halbes Jahr nach dem Beginn meiner Unterweisung klingelte spät am Abend das Telefon, und mein
Lehrer erklärte mit gravitätischer Stimme, der Neumond
sei gesichtet worden, ich könne mit dem Fasten beginnen.
Ich ging in die Küche und bereitete mein Frühstück vor,
stellte den Wecker auf 4.30 Uhr und schlief schlecht.
Vor der Zeit schaltete ich den Wecker aus und kroch aus
dem Bett. Es war die ruhigste Stunde in Bombay – der
Moloch holte Luft, sammelte sich. Der Indische Ozean
war eine schwarze Leere hinter dem ausgedünnten Lich-
termeer. Ich versuchte, soviel zu essen, wie ich nur konnte
– um diese Uhrzeit ein schwieriges Unterfangen. Obwohl
ich mir den langen Tag ohne jegliche Mahlzeit vor den
Augen führte, schwächelte mein Appetit.

Nach dem *Fadschr*-Gebet stellte ich mich ans Fenster
und betrachtete zum ersten Mal seit Jahren, wie sich
der Sonnenaufgang ankündigte, wie sich die Leere des
Ozeans in ausgelaufene Tinte verwandelte, wie das Firmament von den Rändern her sein einheitliches Schwarz
aufgab. Irgendwann war jener flüchtige erste Augenblick
der Dämmerung erreicht, an dem man einen schwarzen
von einem weißen Faden unterscheiden konnte. Von nun
an durfte man nichts hinunterschlucken.

Während des Fastens war unser Unterricht ausgesetzt,
die Ulema widmeten sich dem Gebet und der Koranrezitation. Sie hatten das Privileg, nicht arbeiten zu müssen.
Berufstätige Moslems nehmen Urlaub, oder sie arbeiten
mit halber Kraft. Für jene, die körperlich hart schuften
müssen, ist Ramadan eine Qual.[1]

[1] Meine Texte in diesem Kapitel sind überarbeitete Ausschnitte aus
dem Buch *Zu den heiligen Quellen des Islam.*

Dieses Jahr fiel der Ramadan auf den Juni, und als welch schreckliche Prüfung erwies sich dieser ›gesegnete Monat‹, der die Moslems schwach und unfreundlich werden läßt. Während mehr als sechzehn Stunden ist es uns untersagt, zu essen, zu trinken, zu rauchen oder Tabak zu schnupfen, und selbst unsere Spucke mit Absicht zu verschlucken. Ich sage ›verboten‹, denn obwohl die hochrangigen Türken, die im Volksmund wie folgt beschrieben werden

>*Turco fino*
Mangia porco e beve vino«,

diesem Gebot im Privaten[1] zuwiderhandeln, würde die öffentliche Meinung jegliches offenkundige Vergehen mit ungewöhnlicher Strenge verdammen. Es sind einzelne, die es in dieser Angelegenheit, wie in den meisten menschlichen Dingen, mit der Weisheit halten

>*Pecher en secret n'est pas pecher,*
Ce n'est que l'éclat qui fait le crime«.

Die mittleren und niederen Schichten beachten die Verpflichtungen dieser Jahreszeit, so schwer es ihnen auch fallen mag, mit übertriebener Hingabe; unter all denen, die an der völligen Abstinenz sehr zu leiden hatten, begegnete ich nur einem, der bereit gewesen wäre, etwas zu essen, um sein Leben zu retten. Selbst Sünder, die regelmäßig Alkohol trinken, ziehen es vor, während Ramadan zu fasten und zu beten. Ähnlich der Fastenzeit in Italien oder Griechenland, besteht der Haupteffekt des ›gesegneten Monats‹ darin, die Laune der Gläubigen zu trüben, bis sie gänzlich der Verzweiflung anheimfallen. Ihre Stimmen, ansonsten auch nicht gerade sanft, bekommen im Laufe des Nachmittags einen schrecklich harschen und

---

[1] Etwa auf der Toilette, wie ich vor Jahren in Marokko herausfand, als ich neben mir ein überraschendes, gieriges Mampfen vernahm.

schnarrenden Ton. Die Männer verfluchen einander[1] und schlagen die Frauen, die Frauen schlagen und beschimpfen die Kinder, und diese behandeln ihrerseits Hunde und Katzen mit besonderer Grausamkeit und überschütten sie mit Flüchen. Es dauert keine zehn Minuten, bis man in einem der dichtbevölkerten Stadtviertel Zeuge eines häßlichen Streits wird.

Am ersten Tag war das Fasten leicht, die Spannung ob der neuen Erfahrung überwand den Hunger. Aber an den folgenden Tagen wurde ich im Laufe des Nachmittags zunehmend müder, konnte mich nicht konzentrieren, war gereizt, lustlos. Es gab Schübe, da war ich außerordentlich klar im Kopf, und Zeiten, da war der Erschlaffung nur mit Schlaf beizukommen.

Am späten Nachmittag trafen wir uns in der Moschee. Im Innenhof waren Matten ausgelegt. Jeder legte das Essen, das er mitgebracht hatte, in die Mitte und setzte sich irgendwohin. Wir saßen nebeneinander in langen Reihen und warteten still auf *iftaar,* das Brechen des Fastens unmittelbar nach Sonnenuntergang. Vor uns eine Komposition unterschiedlicher Früchte und Nüsse sowie ein Linsenbrei namens *kitschri.* Die Papaya war prallorange, die Wassermelone saftigrot – die Farben schienen wie soeben erfunden, und der Geruch, der von der Matte

---

[1] Selbstverständlich ist es den Moslems zu Ramadan streng untersagt, sich zu streiten und zu beleidigen oder irgendwelche schlimmen Wörter in den Mund zu nehmen. Sollte ein Gläubiger einen anderen beleidigen, hat der letztere dreimal zu beteuern: »Ich faste«, bevor er eine Antwort gibt. So lautet das weise Gesetz. Aber die menschliche Natur in Ägypten, wie auch anderswo, ist stets bereit, den Geist des Gesetzes dem Buchstaben zu opfern, und so erfüllt sie peinlichst genau die physischen Anforderungen und verwirft die Moral, so als sei sie die Hülle und nicht der Kern.

aufstieg, versprach einen betörend frischen Neuanfang am Ende eines langen und heißen Tages. Wir saßen still, die Augen gesenkt, in Gedanken oder in keinen Gedanken versunken.

Der Muezzin rief, und wir griffen nach einer Dattel, einem Glas Wasser. Es ist Pflicht, das Fasten sofort zu brechen, ein überflüssiges Gebot, könnte man meinen, aber in diesem Moment drängte ein Teil von mir, das Essen noch ein wenig hinauszuzögern, die beglückende Erwartung auf den ersten saftigen Bissen zu verlängern, und gewiß gibt es Menschen, die sich in eine schädliche Ekstase des Fastens hineinsteigern. Wir nahmen Papaya- oder Melonenstücke von der Matte, und wenn sie zu groß waren, brachen wir sie entzwei und teilten sie mit unserem Nachbarn. Die Stille setzte sich beim Essen fort. Die versammelten Männer waren überwiegend arm. Wer selbst kein Essen hatte, setzte sich an eine der Matten und aß wie selbstverständlich mit. Nach etwa zehn Minuten brachen alle in Hast auf, da die Zeit des *Maghrib*-Gebets angebrochen war, drängten sich um die Waschstellen und eilten in die Moschee, von den Gesichtern und Händen tropfte es auf die Teppiche hinab. Ich hatte Schwierigkeiten, den erlösenden Geruch der Papaya aus meinem Kopf zu verbannen; das Gebet war dem Wunder der kleinen Schöpfungen gewidmet.

Die ›Karakún‹ oder Rasthäuser füllen sich mit Ehemännern, die ihren Gattinnen ein Übermaß an Züchtigung zuteil werden ließen, und mit Ehefrauen, die kratzten, bissen oder auf sonstige Weise die Körper ihrer Gatten verletzten. Die Moscheen sind bevölkert mit schmollenden, grollenden Menschen, die sich auf ihrem Weg in den Himmel hier auf Erden von ihrer unangenehmsten

Seite zeigen, und im Schatten der Außenmauern versuchen Knaben, die des Gotteshauses verwiesen wurden, im lustlosen Spiel ihr Elend zu vergessen. In den Basars und Straßen erblickt man blasse, mißgelaunte Gesichter; zu dieser Jahreszeit kann es sogar geschehen, daß einem Fremden eindeutige Unhöflichkeit zuteil wird.

Für gewöhnlich wird ein Ladenbesitzer, wenn er ein zu geringes Angebot ablehnen möchte, ›Yaftah Allah‹ sagen, ›Gott öffnet‹. Während Ramadan wird er über den Langweiler Ghasim oder den unerfahrenen Johnny murren und einem grob bescheiden, nicht herumzustehen und ihm die Zeit zu stehlen. Aber in der Regel sind die Geschäfte entweder geschlossen oder verwaist, Händler kaufen nichts ein, und Schüler studieren nicht. Kurzum, der Ramadan bedeutet für Menschen fast aller Schichten die mutwillige Verschwendung eines Monats.

Den Ramadan zu erleben – ein Kampf, der täglich mit einer Belohnung endet – hat etwas Heroisches an sich, er bestätigt die eigene islamische Identität (das erklärt, wieso viel mehr Moslems sich an das Fasten als an die fünf Gebete halten), er durchbricht den Alltag, den Kreislauf des ewig Gleichen, und er endet in *Id ul-Fitr,* dem größten aller Feste, mit Geschenken und einem Mahl, das für alle Entbehrungen entschädigen soll.

In unserem Klassenzimmer waren alle meine Schüler versammelt, am Lehrertisch saß Badrudin Qasmi, der Direktor der Organisation, die den Rahmen für meine Lehr- und Lernzeit mit den Ulema bot. Badrubhai, wie er von allen genannt wurde, war eine barocke Gestalt, ein Gargantua des Glaubens. Er lebte eine selbstverständliche Hingabe, die jeden Zweifel in einer gewaltigen Umarmung erdrückte. Zusammen mit seinem Bruder,

der neben ihm saß, leitete er ein Wirtschaftsimperium namens ›Ajmal‹, das sich einen internationalen Namen mit hochwertigen, alkoholfreien und sehr kostspieligen Parfüms erworben hat. Die Ulema defilierten an ihm vorbei, und er fütterte sie mit einem Stück Fladenbrot, getunkt in Hackfleischsauce. Nachdem jeder einen symbolischen Bissen erhalten hatte, nahmen wir gemeinsam ein Mahl ein, und Badrubhai redete unentwegt, unter anderem über die Hadsch, die zu begehen er in diesem Jahr ein weiteres Mal die Gelegenheit haben würde, dank Gott und seinem Bruder, der auf die Geschäfte aufpassen würde. Und dann drehte Badrubhai sich zu mir und fragte: Warst du schon auf Hadsch? Ich verneinte, worauf er ohne Zögern und Zweifeln erklärte: Dann kommst du dieses Jahr mit uns!

The Kasidah of Haji Abdu El-Yezdi

Von SIR RICHARD FRANCIS BURTON

Übertragen von MENNO ADEN

AUFBRUCH ZU EINER PILGERREISE

وَالسَّيفُ وَالضَّيفُ وَالقِرطَاسُ وَالقَلمِ النَّليُ وَالخَيلُ وَالبَيدَآءُ تَعرِ فُنِي

Vor der ersten Kontrolle wartete eine lange Schlange von Menschen, die alle gleich gekleidet waren. Die Schlange wand sich durch das Terminal,[1] bis zum Ausgang und darüber hinaus. Wenige Schritte entfernt trennte eine gläserne Wand die Wartenden von ihren Verwandten – in Farben des Alltags gewandet –, die aufgeregt, ausgelassen, dichtgedrängt Ausschau nach einem letzten Winken hielten, einer letzten Geste der Zuversicht. Draußen war es – obwohl mitten in der Nacht – warm und feucht, drinnen blies der kühle Atem der Klimaanlage, und den Wartenden war kalt, denn die Männer trugen nur zwei einfache, nahtlose weiße Tücher, das eine um die Hüfte geschlungen, das andere um die Schultern gelegt. Die Frauen waren in einem langen, weißen Kleid, das

[1] Terminal 2 des Chhatrapati-Shivaji-Flughafens von Bombay, zu dieser Jahreszeit ›Hadsch-Terminal‹ genannt.

The hour is nigh; the waning Queen
walks forth to rule the later night;
Crown'd with the sparkle of a Star,
and throned on orb of ashen light.

The Wolf-tail sweeps the paling East
to leave a deeper gloom behind,
and Dawn uprears her shining head,
sighing with semblance of a wind:

The highlands catch yon Orient gleam,
while purpling still the lowlands lie;
and pearly mists, the morning pride,
par incense-like to greet the sky.

[1] Nah ist die Stunde. Nächtlich ihre Grenzen
beschreitet mit verblassender Bestimmung
die Königin, mit eines Sternes Glänzen
bekrönt und thronend in der fahlen Kimmung.

Im bleichen Osten schweift ein falscher Flor,
so daß die Dunkel nochmals dunkel sind,
da hebt die Dämmrung hell ihr Haupt empor
und atmet wie ein aufgekommener Wind:

Die Berge glühen, Osten widerspiegelnd,
noch liegt die Ebene im Purpurhauch,
und perlig steigen, jungen Tag beflügelnd,
die Morgennebel wie ein Opferrauch.

ihren ganzen Körper bedeckte, etwas besser geschützt. Draußen, inmitten eines Basars von Erwartung und Erregung – das Gepäck umringt von Großfamilien, der Weg versperrt von Reissäcken und Körpern –, herrschte laute Festlichkeit, durchsetzt von einem schleichenden Gefühl der Ungewißheit. Drinnen war die feierliche Atmosphäre ausgedünnt: in einer einzigen, ordentlichen Reihe standen wir und schoben unsere Wagen ruckweise voran, ruhig, als wüßten wir, was uns erwartet.

Zuerst fiel mir die grüne Farbe auf, dann die Aufschrift: ›Cosmic Travel‹. Vor mir, der Herr mit kleinem Sohn, sein Wohlstand äußerte sich in einem Pilgergewand aus feinerem Stoff und einer eleganten Brille, schob einen Gepäckwagen voller grüner Gepäckstücke. Eine Familie saß etwas abseits auf dem Boden, umringt von ›Cosmic Travel‹-Taschen. Um mich herum waren viele, die so wie ich eine größere und eine kleinere grüne Tasche mit der Aufschrift des Reisebüros trugen. Wir gehörten alle zu einer Gruppe, wir waren alle abhängig von unseren Reiseleitern, die das Privileg hatten, jährlich auf Hadsch zu fahren. Einer von ihnen – Hamidbhai – war mir schon bekannt, ein Kettenraucher mit Tränensäcken und einer

The horses neigh, the camels groan,
the torches gleam, the cressets flare;
The town of canvas falls, and man
With din and dint invadeth air:

The Golden Gates swing right and left;
up springs the Sun with flamy brow;
The dew-cloud melts in gush and light;
brown Earth is bathed in morning-glow.

Slowly they wind athwart the wild,
and while young Day his anthem swells,
Sad falls upon my yearning ear
The tinkling of the camel bells:

Die Pferde wiehern, die Kamele grölen,
die Leuchter fackeln, Lampenöl verpufft.
Die Zeltstadt fällt, von Händen wie aus Kehlen
steigt Lärmen und Getümmel in die Luft:

Die Goldnen Pforten schwingen flügeloffen:
Die Sonne kommt mit flammendem Gesicht.
Der Morgendunst schmilzt von der Glut getroffe
und bräunlich erst, taucht Erde in das Licht.

Da ziehen sie, fernhin ins Öde, Weite,
und wie der Tag sich jung und hymnisch regt,
dringt an mein Ohr das klägliche Geläute,
das von den Glöckchen der Kamele schlägt:

vorstehenden Unterlippe, der beim Reden den Eindruck erweckte, sogleich in den Schlaf der Gerechten zu fallen, selbst wenn es um ihn herum tobte. Er konnte schmunzeln; tief in seinen Augen schlummerte eine grundsätzliche Belustigung über die Menschen und die Welt, die gelegentlich, eher selten, in wachen Witzen zutage trat. Es war nicht einfach, ihn auf Anhieb sympathisch zu finden, und es war unmöglich, ihn nach einiger gemeinsam verbrachter Zeit nicht zu mögen.

Hamidbhai stand am Check-in-Schalter und dirigierte die Gepäckaufnahme. So leicht bekleidet die Pilger waren, so schwer beladen machten sie sich auf den Weg. Handel während der Hadsch ist von jeher erlaubt; in vorislamischer Zeit strömten die Beduinen nach Mekka, nicht nur um die Götterschreine, sondern auch um den großen Markt zu besuchen, und der Prophet – stets menschlicher Bedürfnisse eingedenk – erlaubte diese Tätigkeit, die geeignet war, die Reise zu motivieren und zu finanzieren. Die Basmati-Säcke stapelten sich vor dem Air-India-Schalter. Die Gepäckwagen waren so überladen, daß sie sich kaum bewegen ließen. Und es waren so viele, daß die nicht handeltreibenden Pilger über Kisten und Säcke steigen mußten, um zum Schalter zu gelangen. Auch in einer Epoche, in der man in wenigen Stunden ganze Zeitzonen überspringen kann, war der Weg nach Mekka mit einigen Hindernissen gepflastert. Hamidbhai überreichte mir eine Bordkarte für einen privilegierten Platz. Obwohl bei Hadsch-Flügen formell nicht zwischen Business und Economy unterschieden wird, sind die Sitze auf dem oberen Deck der Boeing 747 bequemer; ich freute mich über das Versprechen einer geruhsamen ersten Nacht auf einer Reise, die Schlaflosigkeit garantierte. Die anderen Passagiere im Terminal 2, Geschäftsleute mit Destination Singapur, Yoga-Touristen, die nach Paris heimkehrten, Diaspora-Inder, die ihren Heimaturlaub absolviert hatten, starrten uns an, gewiß verblüfft über all diese Männer und Frauen in archaischer Bekleidung, die auf ihren Handys letzte Telefonate erledigten, während sie sich in die gewundene Schlange vor der Paßkontrolle einreihten.

Unser Pilgerschiff, die Silk al-Zahab oder ›Goldener Faden‹, war eine Sambuk von ungefähr vierhundert Ardebs (fünfzig Tonnen), mit schmalem, keilförmigem Bug, einer sauberen Wasserlinie, einem scharfen Kiel und einem schattenspendenden Achterdeck, das aufgrund seiner Höhe zudem bei Sturm als Segel diente. Sie hatte zwei Masten, die bedrohlich schief hingen, der Hauptmast um einiges größer als das Besansegel; der erstere war mit einem gewaltigen dreieckigen Lateinsegel ausgestattet, das beim Lavieren sehr tief hing, doch ein zweites Segel fehlte, was ich mir nicht erklären konnte. Die Segel wurden nicht gerefft, es gab weder Kompaß noch Logbuch, keine ausgeloteten Taue und auch keine Ersatztaue, und nicht einmal die Skizze einer Karte. […]

Solcherart war vermutlich das Schiff, das den alten Sesostris[1] über das Rote Meer nach Deir brachte; solcherart waren die Boote, die einst alle drei Jahre Ezion-Geber[2] in Richtung Tarschisch verließen; solcherart die 130 Transporter, die Ælius Gallus und seine zehntausend Mann beförderten.

[…]

Beim ersten Blick in das Innere unseres Schiffes schwand jede Hoffnung; Ali Murad, der raffgierige Eigen-

---

[1] Mythischer ägyptischer Doppelkönig, dem die beiden Potentaten Sethos I. und Ramses II. aus der 19. Dynastie zugrunde liegen.

[2] Der Hafen von Solomon, heute in Jordanien gelegen.

hy must we meet, why must we part,
ty must we bear this yoke of MUST,
ithout our leave or askt or given,
tyrant Fate on victim thrust?

hat Eve so gay, so bright, so glad,
is Morn so dim, and sad, and grey;
range that life's Registrar should write
is day a day, that day a day!

ine eyes, my brain, my heart, are sad, –
d is the very core of me;
wearies, changes, passes, ends;
is! the Birthday's injury!

Warum denn treffen, wenn wir wieder scheiden?
Wer legte uns das Joch des MÜSSENS auf?
Erbeten nicht und ungefragt erleiden
das Leben wir als blinden Schicksalslauf?

Der Abend war so freudig und so klar,
trüb nun der Morgen, grau und kaum zu kennen.
Kann wohl des Lebens großer Archivar
die Tage einzeln werten und benennen!

Mein Herz ist schwer, die Augen und mein Sinnen
sind traurig mir im Innersten und schwer:
von Mühsal, Wechsel, Enden und Beginnen,
als unserm Erbteil vom Geburtstag her:

tümer, hatte zugesagt, nur sechzig Fahrgäste in dem Frachtraum unterzubringen, die Zahl aber auf siebenundneunzig erhöht. Haufen von Kisten und anderem Gepäck in jeder Größe und Form füllten das Schiff vom Vordersteven bis zum Heck, und ein reißender Strom von Pilgern ergoß sich über die Schiffsseiten, als seien sie Ameisen in einer indischen Zuckerschüssel. Auch das Achterdeck, wo wir unsere Plätze eingenommen hatten, war bedeckt mit Habseligkeiten, und einige Pilger hatten sich dort unter Einsatz von Gewalt niedergelassen.

Alsbald erschien zu unserer Erleichterung Saad der Dämon, der zudem ein fähiger Seemann war. Er blickte den Eigentümer zweier großer Kisten voller ausgesuchter Handelswaren entrüstet an. Als energischer Mensch bereitete er sich sofort auf den Kampf vor. Mit der Unterstützung unserer ganzen kleinen Gesellschaft befreite er das Heck ruck, zuck von allen Eindringlingen und ihrem Plunder, indem er sie einfach nach unten beförderte, oder besser gesagt warf. Danach richteten wir uns so bequem, wie wir konnten, ein; drei Syrer, ein verheirateter Türke mit Frau und Familie, der Kapitän des Schiffes mit einem Teil seiner Mannschaft und wir sieben, insgesamt also achtzehn Menschen auf einer Fläche von gerade einmal zehn auf acht Fuß. Die Kajüte – ein miserabler Kasten von der Größe des Hecks und drei Fuß hoch – war wie der Frachtraum eines Sklavenschiffes mit fünfzehn Kreaturen, Kindern und Frauen vollgestopft, und die anderen siebenundneunzig lagerten auf ihrem Gepäck oder hockten auf den Schanzkleidern. [...]

Viele unserer Mitpassagiere waren Maghrebiner aus den Wüsten um Tripolis und Tunis herum; wilde Zeitgenossen, die wohl nur wenige Wochen zuvor auf eine Jolle gestarrt und sich gefragt hatten, wie lange es dauern würde, bis diese zu dem Schiff auswachsen würde, das sie nach Alexandria bringen sollte. Die meisten von ihnen waren kräftige, junge Burschen, rundköpfig, breitschultrig, groß und langgliedrig, mit finsteren Augen und brüllenden Stimmen. Ihre Manieren waren grob, und ihre Gesichter drückten meist Verachtung oder unverschämte Vertraulichkeit aus. Auch die Gesichter der wenigen älteren Männer unter ihnen strahlten eine intensive Wildheit aus; ihre Frauen waren so wild und kampfbegierig wie die Männer; und die Hände der jungen, hübschen und schrillgewaltigen Burschen verließen niemals den Dolch.

azing beyond the thin blue line
at rims the far horizon-ring,
ur sadden'd sight why haunt these ghosts,
hence do these spectral shadows spring?

hat endless questions vex the thought,
Whence and Whither, When and How?
hat fond and foolish strife to read
e Scripture writ on human brow;

stand we perch'd on point of Time,
twixt the two Eternities,
hose awful secrets gathering round
th black profound oppress our eyes.

Fern schauend über jenes feine Blau,
das wie ein Ring den Horizont umspannt,
befällt den Blick schwermütig ungenau
ein Schatten aus dem Regenbogenland?

Woher? Wohin? Das sind die alten Fragen.
Das Wie? und Wann? zermartert unser Hirn.
Welch Narretei, daß wir uns damit plagen,
die Schrift zu lesen auf der eignen Stirn;

So stehen wir am Wellenkamm der Zeit,
im Scheidepunkt der beiden Ewigkeiten,
aus deren Tiefen schwarz beklemmend dräut,
was sie geheimnisvoll für uns bereiten

[…] Natürlich waren sie alle bewaffnet; aber zu unserem Glück trug keiner von ihnen irgend etwas Schrecklicheres als einen zehn Zoll langen Schnitt- oder Stoßdolch bei sich. Diese Hordenreisen werden von einem Mann angeführt, der für die Dauer der Pilgerfahrt den Titel ›Maula‹ – der Meister – erhält. In der Regel hat er schon eine oder zwei derartige Reisen unternommen und einen Vorrat an oberflächlichen Kenntnissen angesammelt, welcher ihm den Respekt seiner Anhänger und die tiefgründige Verachtung der vom Himmel gesandten Ciceroni von Mekka und Al-Madinah sichert. Niemand erduldet auf Pilgerfahrt größere Nöte als diese Afrikaner, die auf Almosen und andere Schicksalsgaben vertrauen. Es kann einen daher nicht verwundern, daß sie bei jeder sich bietenden Gelegenheit stehlen. Mehrere Diebstähle ereigneten sich an Bord unseres ›Goldenen Fadens‹, und da solche Plünderer sich auch zu verteidigen wissen, wurden sie angeklagt, vielleicht durchaus zu Recht, einige widerwärtige Morde begangen zu haben.

[…]

Einige Türken, zerlumpte alte Männer aus Anatolien und Karaman, wurden mit den Maghrebinern verwechselt, und sie provozierten durch Beschimpfungen und Beleidigungen einen Krieg mit ihren Nachbarn. Die Maghrebiner unter ihrem Anführer Maula Ali, einem stämmigen Wilden, der eine lächerliche Ähnlichkeit mit dem Pfarrer Charles Delafosse besaß, einem meiner früheren und in guter Erinnerung gebliebenen Lehrer, gaben die Verhöhnungen so bereitwillig zurück, daß wenige Minuten später außer einer verknäulten Menschenmenge nichts mehr zu sehen war, in welcher jeder wahllos schlug und zerrte, kratzte und biß, stieß und trampelte, Wutschreie waren zu hören, und es fehlte keine der Begleiterscheinungen, die zu einem richtigen Kampf gehören. Einer aus unserer Gesellschaft auf dem Achterdeck, ein Syrer, sprang unbedacht hinunter, um seinen Landsleuten bei der Wiederherstellung der Ordnung zu helfen. Er verschwand sofort im Menschengetümmel. Als wir ihn herausfischten, trug seine Stirn Schnittwunden, war die Hälfte seines Bartes verschwunden, und ein prächtig scharfes maghrebinisches Gebiß hatte einen Abdruck auf seiner Wade hinterlassen. Der Feind zeigte kein Interesse an einem fairen Kräftemessen und war nur zufrieden, wenn er sich zu fünft oder zu sechst auf einen einzelnen

nother boasts he would divorce
d barren Reason from his bed,
nd wed the Vine-maid in her stead; –
ols who believe a word he says!

d »Dust thou art to dust returning,‹
er was spoke of human soul«
he Soofi cries, 'tis well for him
at hath such gift to ask his goal.

nd this is all, for this we're born
weep a little and to die!«
sings the shallow bard whose life
ill labours at the letter »I.«

*Ein andrer Dichter prahlt, daß er sich scheide
von der Vernunft, der unfruchtbaren Alten,
die junge Schenkin sei nun seine Freude;
nur Toren werden das für Wahrheit halten!*

*»Staubgeborne, sind wir rasch zu Staube‹
doch die Seele – ruft der Sufi – bleibt.«
Wie schön für ihn, denn ihm verheißt sein Glaube,
ein Ziel, zu welchem unser Leben treibt.*

*»Zu nichts sind wir geboren, als nur eben
zu weinen und zu sterben, zu nichts mehr!«
So singt ein seichter Barde all sein Leben
und buchstabiert am Wörtchen »Ich« umher.*

Gegner werfen konnte. Dies machte die Sache um so schlimmer. Die Schwächeren zogen ihre Dolche, und einige üble Verletzungen wurden zugefügt und erlitten. Innerhalb weniger Minuten waren fünf Männer kampfunfähig gemacht, und die Übermächtigen begannen, die Folgen ihres Sieges zu fürchten.

Dann endete der Streit, und da viele weiterhin keinen Platz finden konnten, kam man überein, daß einige der Passagiere den Eigentümer Ali Murad von dem überfüllten Zustand des Schiffes in Kenntnis setzen sollten. Nachdem wir mindestens drei Stunden hatten warten müssen, erschien er in einem Ruderboot, bewahrte respektvolle Distanz und informierte uns, daß jeder, der wünschte, das Schiff zu verlassen, das Fährgeld zurückbekäme. Dies änderte nichts an dem Sachverhalt; keiner würde seine Reisegesellschaft verlassen, um an Land zu gehen. Deshalb ruderte Ali Murad wieder in Richtung Suez, nicht ohne uns zuvor zum Abschied aufzutragen, wir sollten verträglich sein und uns nicht streiten, auf Gott vertrauen, denn Gott würde uns alles leichter machen. Seine Abreise war das Signal für einen zweiten Kampf, der sich in seiner Stoßrichtung ein wenig von dem ersten unter-

»Die Heiligen in meinem Paradies
erleben Freuden, die kein Ohr vernahm,
kein Auge sah« – spricht der Sohn Isais,
der zu den Sündern und Gequälten kam:

Zu viele Worte oder nicht genug!
Wie leicht wär es für dich, du Gottessohn,
du gönntest uns mit leichtem Augenflug
nur einen Blick nach dort auf Gottes Thron?

Schon aber ruft ein Myste: »Ich bin Wahrheit!«
Wir hören seinen gottestrunkenen Schrei:
»Die Welt in MIR, in mir ist alle Klarheit,
Allah ist ewig mit mir einerlei!«

schied. Während des vorausgehenden Aufruhrs hatten
wir mit der Waffe in der Hand unseren Platz gesichert.
Dieses Mal forderten uns die Maghrebiner auf, ein halbes
Dutzend von ihnen auf dem Achterdeck aufzunehmen,
damit es unten etwas erträglicher würde. Saad der Dämon, erhob sich sofort mit einem Fluch und warf uns ein
Bündel *nabbüt* zu – sechs Fuß lange, glatte Stöcke, vom
Umfang eines Männerhandgelenks, und in schon manch
rohem Kampf zum Einsatz gekommen. »Verteidigt euch,
wenn ihr nicht zum Fraß der Maghrebiner werden wollt!«
rief er in unsere Richtung, und dem Feind warf er zu:
»Hunde und Söhne von Hunden! Jetzt werdet ihr erfahren, wie die Söhne der Araber kämpfen.« »Ich bin
Omar aus Daghestan!« »Ich bin Abdullah, der Sohn
von Josef!« »Ich bin Saad der Dämon!« rief ein jeder
von uns aus, und wir wiederholten unsere Namen und
jene unserer Väter. Ich muß unseren Feinden zugute
halten, daß sie keinen Zoll zurückwichen; sie schwärmten
zum Achterdeck wie wütende Hornissen und ermutigten
einander mit Allahu-Akbar-Schreien. Aber wir hatten
den Vorteil der um vier Fuß erhöhten Position, so daß ihre
Palmstöcke und Dolche nicht gegen unsere schrecklichen

ansur was wise, but wiser they
ho smote him with the hurled stones;
nd, though his blood a witness bore,
o wisdom-might could mend his bones.

Eat, drink, and sport; the rest of life's
ot worth a fillip,« quoth he King;
lethinks the saying saith too much:
e swine would say the selfsame thing!

wo-footed beasts that browse through life,
y death to serve as soil design'd,
ow prone to Earth whereof they be,
nd there the proper pleasure find:

War Mansur weise, waren's jene auch,
die ihn zu Tode warfen unter Steinen,
von seinem Blute steigt zwar Opferrauch,
doch nichts gibt Leben wieder den Gebeinen.

»Genieß dein Leben, iß und trink, so sprach
der König, sonst hat's keinen Wert im Leben!«
Doch dieser Spruch ist wiederum zu flach.
So spräch das Vieh, wär Sprache ihm gegeben!

Getier, zweibeinig nur durchs Leben streifend,
vom Tod bestimmt, der Erde gleich zu sein,
der Erde Teil und Irdisches ergreifend,
am Irdischen sich freuend wie ein Schwein:

Stangen ankamen. Vergeblich versuchte die Jacquerie das
Heck zu erklimmen und uns durch ihre Zahl zu über-
wältigen, doch dieser Mut bescherte ihnen nur einge-
schlagene Köpfe.

Zuerst hatte ich gefürchtet, jemanden mit meiner
Stockwaffe zu töten, aber es wurde bald deutlich, daß die
Köpfe und Schultern der Maghrebiner die stärksten
Hiebe ertrugen. Ein jäher Gedanke durchzuckte mich.
Ein großes Tongefäß voller Trinkwasser – mitsamt seinem
schweren Holzbehälter wog es gut und gerne 100 Pfund
– stand dicht am Rande des Achterdecks, und der Brenn-
punkt des Kampfes befand sich direkt unter ihm. Als
sich die Gelegenheit bot, schlich ich mich an das Gefäß
heran und stieß es, ohne Aufmerksamkeit zu erregen, mit
der Schulter auf den Schwarm der Angreifer hinunter.
Der Aufprall verursachte zusätzliches Gekreische. Köpfe,
Glieder und Körper wurden von dem Gewicht des Ge-
fäßes sehr in Mitleidenschaft gezogen, von zerbrechenden
Tonscherben zerkratzt und von dem herausplatzenden
Wasser durchnäßt. Die Furcht, ein noch schlimmerer Angriff könne erfolgen, ließ die Maghrebiner davonschlei-
chen. Nach einigen Minuten empfingen wir in ernster

Stille eine Abordnung von Individuen in weißbraunen Burnussen, die mit etwas befleckt waren, das Mephistopheles einen ›ganz besonderen Saft‹ nennt. Sie baten um Frieden, den wir unter der Bedingung gewährten, daß sie hoch und heilig versprachen, ihn einzuhalten. Unsere Köpfe, Schultern und Hände wurden bußfertig geküßt, und bald darauf kehrten die Kerle zurück, um ihre Verletzungen mit schmutzigen Lumpen zu verbinden.

Personal Narrative of a Pilgrimage to El-Medinah and Meccah. Band 2, S. 49 ff.

[…]

Schließlich hißten wir gegen 3 Uhr nachmittags am 6. Juli 1853 das Segel, und als es im günstigen Wind anschwoll, trugen wir die Fatihah mit erhobenen Händen vor.

The world is old and thou art young;
he world is large and thou art small;
Cease, atom of a moment's span,
o hold thyself an All-in-All.

Die Welt ist alt, und du bist jung an Jahren.
Die Welt ist riesig, aber du bist klein.
Laß ab, du Winzling, selbst dich zu erfahren,
als wärest du des Kosmos All-in-Ein.

Fie, fie! you visionary things,
 motes that dance in sunny glow,
Who base and build Eternities
n briefest moment here below;

[III] So schämt euch nur, die ihr Visionen schaut.
Ihr tänzelt wie der Staub im Sonnenschein,
schafft eure Ewigkeiten hier und baut
auf einen kurzen Augenblick allein;

TOUCHDOWN

UND ZODIAKALLICHT

وَالسَّيْفُ وَالضَّيْفُ وَالْقِرْطَاسُ وَالْقَلَمُ اللَّيْلُ وَالْخَيْلُ وَالْبَيْدَاءُ تَعْرِفُنِي

Endlich standen wir im Freien, Jeddah Airport roch nach Leder, Diesel und einem unbestimmten Reinigungsmittel; eine letzte Brise der Nacht blies über uns hinweg. Zwischen uns und dem Himmel ahmte eine hellbeige Überdachung gigantische Zelte nach, unzählige Kuppeln elegant über eine Fläche von mehreren Quadratkilometern gespannt, Teil des angeblich größten Flughafengebäudes der Welt. Die Pilger waren in Gruppen zusammengeschnürt; manche trugen schon den *ihram*, andere waren noch in Landestracht. Viele Gruppen folgten einem Fahnenträger, wie Athleten beim Einmarsch in die olympische Arena, einige waren in Formation, andere in Konfusion. Manche trugen ihre Herkunft

Jeddah

Who pass through Life liked cagèd birds,
the captives of a despot will;
Still wond'ring How and When and Why,
and Whence and Whither, wond'ring still;

Still wond'ring how the Marvel came
because two coupling mammals chose
To slake the thirst of fleshly love,
and thus the »Immortal Being« rose;

Wond'ring the Babe with staring eyes,
perforce compel'd from night to day,
Gript in the giant grasp of Life
like gale-born dust or wind-wrung spray;

Lebt gleich gefangnen Vögeln eure Tage
wie einem blinden Willen untertan
und rätselt immer an derselben Frage:
Woher? Wohin? Warum und Wie? und Wann?

Und rätselt weiter an dem Wunderbaren,
daß nur, weil zwei Primaten sich entschlossen,
in körperlicher Liebe sich zu paaren,
ein Wesen mit Unsterblichkeit entsprossen;

Ihr rätselt staunend über euer Kind,
es zwang sich schwer aus Licht aus seiner Nac[…]
und wie der Sturm den Sand, die Spreu der W[…]
so faßt nach ihm des Lebens Prägemacht;

an dem Revers oder auf dem Rücken, Angaben über Stadt, Provinz und Reisegruppe, gebündelt unter einer weiteren, einer Miniaturfahne, ihr vermeintlicher Schutz gegen die Gefahr, verlorenzugehen. Die Zelthalle war in nationale Areale aufgeteilt, die keiner offensichtlichen Ordnung folgten und gelegentlich ignoriert wurden – als Inder saßen wir im pakistanischen Sektor.

Dort harrten wir sieben Stunden aus, Stunden, in denen wir nicht wußten, worauf wir warteten, in denen wir Tee mit Kondensmilch aus Plastikbechern – die ersten von unzähligen solchen Tassen – schlürften. Zwischen den Zeltdecken befand sich jeweils ein Spalt, durch den die Sonnenstrahlen fielen – grelles Licht floß durch ein Netz von Kanälen über den Boden. Früher, erzählte Hamidbhai, der sich in einer kurzen Pause von seinen Verhandlungen mit den Offiziellen zu uns hockte, hat die Abwicklung am Flughafen einmal sogar zwanzig Stunden gedauert. Und noch früher wurden die Pilger am Hafen gelegentlich tagelang festgehalten. Die Verzögerung, einst der Gier einheimischer Profiteure und osmanischer Verwalter geschuldet, verdankt sich heute dem komplizierten bürokratischen System, das die saudiarabische Regierung

...o comes imbecile to the world
...id double danger, groans, and tears;
...e toy, the sport, the waif and stray
...passions, error, wrath and fears;

...to knows not Whence he came nor Why,
...o recks not Whither bound and When,
...such is Allah's choicest gift,
...blessing dreamt by foolish men;

...o step by step perforce returns
...couthless youth, wan, white and cold,
...ping again his broken words
...' all the tale be fully told:

Wie unbehilflich kommt es auf die Welt,
in doppelter Gefahr mit Schmerz geborn,
es wird zum Spielding, Gegenstand und Spott
in Leidenschaften, Irrtum, Angst und Zorn;

Es weiß nicht, wo es war, ist ungelenk
auf seinem Weg, unkundig seiner Zeit,
und doch erfleht als edelstes Geschenk
Allahs an unsre Selbstbesessenheit;

Mit jedem Schritt zugleich zurückgeführt
seniler Jugend zu, wird greis und alt,
bis dann erneut verhaspelt und verwirrt,
sein Reden und sein Leben ganz verhallt:

entwickelt hat, um die Pilger unter Kontrolle zu halten.
Am Flughafen werden alle Pässe eingesammelt. Bis zur
Rückkehr zu diesem Flughafen Wochen später wird der
Pilger seinen Paß nicht mehr sehen. Aber der Paß be-
gleitet ihn, inkognito sozusagen, er liegt in einem Sack
mit all den anderen Pässen, auf einem Sitz neben dem
Busfahrer, und gelegentlich verschwindet er in den tiefen
Regalen amtlicher Büros in Mekka und Medina, wo ihn
zu finden ebenfalls viele Stunden dauern kann.

Sonnenuntergang. – Der Feind verschwindet hinter
dem tiefen, coelinblauen Meer, unter einem gigantischen
Regenbogen, welcher das halbe Firmament bedeckt.
Nahe dem Horizont malt sich ein Bogen aus gelbbraunem
Orange, über ihm ein weiterer aus hellstem Golde, und
auf diese beiden gestützt zeigt sich ein Halbkreis aus zart-
abgestuftem Meeresgrün am Saphirhimmel. Die Sonne
wirft ihre Strahlen, die wie gigantische, schönrosa getönte
Radspeichen wirken, quer über den Regenbogen. Der östliche Himmel ist mit purpurner Röte überzogen, welche
die Formen der dunstigen Wüste und der karstigen Hügel
hervorhebt. Die Sprache ist ein zu kaltes, zu armseliges

Wond'ring the Babe with quenchèd orbs,
an oldster bow'd by burthening years,
How 'scaped the skiff an hundred storms;
how 'scaped the thread a thousand shears;

How coming to the Feast unbid,
he found the gorgeous table spread
With the fair-seeming Sodom-fruit,
with stones that bear the shape of bread:

How Life was nought but ray of sun
that clove the darkness thick and blind,
The ravings of the reckless storm,
the shrieking of the rav'ening wind;

Der krumme Greis, gebeugt von vielen Jahren,
beschaut mit mattem Blick das kleine Wurm,
er selbst umschiffte hundertfach Gefahren,
und tausendmal entrann er Tod und Sturm;

er kam wie ungeladen auf das Fest,
des Lebens Tisch gedeckt mit reichen Speisen,
mit Sodoms Frucht, die außen köstlich läßt,
und Broten, die als Steine sich erweisen.

War doch das Leben nur ein rascher Strahl,
der ewig blinde Dunkelheit zerteilt,
nur wie ein Sturm, der wütend und brutal
mit richtungslosem Toben brüllt und schreit;

Instrument, um die Harmonie und die Majestät dieser Abendstunde, die ebenso flüchtig wie schön ist, wiedergeben zu können. Die Nacht bricht schnell herein, als plötzlich durch das Erscheinen des Zodiakallichtes[1] das Schauspiel wiederholt wird. Wieder färben sich die grauen Hügel und die trostlosen Felsen rosarot oder golden, die Palmen grün, der Sand safranfarben, und das Meer trägt eine fliederfarbene Oberfläche aus gekräuselten Wellen. Aber nach einer Viertelstunde verschwindet der Zauber einmal mehr; nackt und bleich liegen die Klippen unter dem Mond, dessen auf diese Wüstenei aus weißen Felszacken und Spitztürmen fallendes Licht höchst seltsam – höchst geheimnisvoll ist.

Nacht. – Der Horizont ist ganz Dunkelheit, und das Meer spiegelt das weiße Antlitz der Nachtsonne wie in einem stählernen Spiegel wider. In der Luft erblicken wir riesige, farblos-klare Lichtsäulen, die sich aus den indigofarbenen Wellen erheben und deren Kopfenden

[1] Das Zodiakallicht ist am Roten Meer, wie auch in Bombay, viel leuchtender als in England. Ich vermute, dies ist der von Miss Martineau und anderen Reisenden beschriebene ›Nachschein‹.

w lovely visions 'guiled his sleep,	Wie lieblich war der Traum, der ihn genarrt,
fading with the break of morn,	der aber mit dem Morgenrot verschwand,
ll every sweet became a sour,	bis alle Süßigkeit ihm sauer ward,
every rose became a thorn;	aus Rosen wuchsen Dornen in die Hand;
ll dust and ashes met his eyes	Bis er nur Staub und Aschenrest erblickte,
erever turned their saddenend gaze,	wohin er auch sein Auge traurig wandt,
e wrecks of joys and hopes and loves,	was er erhofft, geliebt, was ihn entzückte,
rubbish of his wasted days;	als Schutt vertaner Lebenszeit empfand;
w every high heroic Thought	Wie jedem hohen heldenhaften Sinn,
t longed to breath empyrean air,	der Himmelssphären stolz entgegenstrebte,
iled of its feathers, fell to earth,	die Feder schmolz, er fiel zur Erde hin,
d perisht of a sheer despair;	wo er enttäuscht den Sturz nicht überlebte;

sich im endlosen Raum verlieren. Die Sterne glitzern mit äußerster Brillanz.[1]

>» – Fluß und Berg und Wald,
Mit all dem ungezählten Lebenstreiben,
Unhörbar wie Träume«,<

während die Planeten mit Gesichtern gleich lächelnden Freunden auf dich hinunterschauen. Du fühlst den »süßen Einfluß der Plejaden«. Der Gürtel des Orion fesselt deinen Blick. Hesperos erduldet mancherlei. In ihrer Gesellschaft fliegen die Stunden vorbei, bis dann der Nachttau dir rät, dein Gesicht zu bedecken und zu schlafen. Und mit Blick auf einen gewissen kleinen Stern im Norden, unter welchem alles liegt, was das Leben lebenswert macht – es ist gewiß ein läßlicher Aberglaube, mit den Augen in Richtung dieser Kibla[2] zu schlafen! – fällst du der Vergessenheit anheim.

---

[1] Niebuhr ist der Ansicht, die Sterne seien in Norwegen heller als in der Arabischen Wüste; ich selber habe sie nirgendwo so hell erlebt wie in den Nilgiri-Hügeln.

Ich wiederum war auf dem Mount Kenya am stärksten umleuchtet, aber mein Freund Christoph schwört auf Tadschikistan, andere Freunde hingegen haben die Gascogne oder die Mojave-Wüste ins Spiel gebracht.

[2] Die Gebetsrichtung gen Mekka, eine Nische in der Moschee.

Diese sechsunddreißig Stunden stellten selbst für die nüchternen Beduinen eine harte Prüfung dar. Der Syrer und seine beiden Freunde wurden krank. Omar Effendi, es ist wahr, hatte den Mut, die Stundengebete des Sonnenuntergangs zu sprechen, aber die Anstrengung veränderte ihn derart, daß er danach wie ein Fremder aussah. Salih Schakkar aß voller Verzweiflung Datteln, bis ihm die Ruhr drohte. Saad der Dämon hatte ein drei Fuß langes Feldbett improvisiert, welches er, mit gebogenem Bambus überdacht und mit Mänteln bedeckt, an der Reling backbordseitig befestigt hatte; aber die laute Nörgelei, die weiterhin aus seinem Nest drang, bewies, daß seinen Vorkehrungen kein Erfolg beschieden war. Sogar mein junger Begleiter Mohammed[1] vergaß, zu plappern, zu schimpfen, zu rauchen und sich allgemein unbeliebt zu machen. Das türkische Baby schien zu sterben, zum Weinen fehlten ihm bereits die Kräfte. Die Tapferkeit, mit der die arme Mutter ihren Kummer ertrug, verwunderte jeden. Der angenehmste Wesenszug meiner Reise-

---

[1] Ein aufdringlicher Bewohner Mekkas, den Burton schon auf der Anreise kennenlernt und der ihn bis zum Schluß verdächtigt, ein Ungläubiger zu sein.

is tube, an enigmatic pipe,	Die Körperhülle, rätselhaftes Rohr,
ose end was laid before begun,	das einen Schluß noch vor dem Anfang hat,
at lengthens, broadens, shrinks and breaks;	das lang und breiter wird und schrumpft, bevor
uzzle, machine, automaton;	es bricht – ist's Spielzeug oder Automat?
e first of Pots the Potter made	Das Erstlingswerk, das sich der Töpfer machte,
Chrysorrhoas' blue-green wave;	am grünen Strome in der Goldnen Stadt,
thinks I see him smile to see	als ob man's sähe, wie er staunend lachte,
at guerdon to the world he gave!	welch Zwitterding aus seiner Werkstatt trat!
w Life is dim, unreal, vain,	Das Leben trüb, unwirklich, so gemein,
e scenes that round the drunkard reel;	gleich Wirbelbildern, die im Rausch entstehn,
w »Being« meaneth not to be;	bedeutet Sein doch grade, nicht zu sein,
see and hear, smell, taste and feel.	empfinden allenfalls, zu hören und zu sehn.

gefährten war die Rücksichtnahme, die sie ihr angedeihen ließen, und die Aufmerksamkeit, die sie ihren Kindern schenkten. Jedesmal wenn einer der Gesellschaft eine kleine Delikatesse hervorholte – ein paar Datteln oder einen Granatapfel –, bekamen die Kinder einen Anteil, und die meisten von ihnen wechselten sich bei der Fütterung des Babys ab. Dies war wahre Höflichkeit – Herzensgüte. [...] An Bord des ›Goldenen Fadens‹ war Salih Schakkar die einzige unrühmliche Ausnahme inmitten der allgemeinen Freundlichkeit, die meine Reisegefährten auszeichnete.

Als die Sonne in Richtung Westen wanderte und harmlos unsere Köpfe beschien, erhoben wir uns, immer noch schwach und schwindelig, und riefen nach Wasser – das zu trinken zuvor über unsere Kräfte gegangen war – und Pfeifen und Kaffee und ähnlichen Luxusgütern. Unsere primitive Küche besteht aus einer quadratischen, sandgefüllten und mit Lehm ausgekleideten Holzkiste, auf der drei oder vier große Steine eine Feuerstelle bilden. Nun werden Vorbereitungen für das Abendmahl getroffen, welches von einfachster Art ist. Ein wenig Reis, einige Datteln oder eine Zwiebel werden einen Mann in unserer

A drop in Ocean's boundless tide,	Ein Tropfen nur im weiten Ozean
unfathom'd waste of agony;	aus ungezählten Qualen, die nicht lohnen.
Where millions live their horrid lives	Millionen wachsen grauenhaft heran
by making other millions die.	vom Tode wieder andrer Millionen.
How with a heart that would through love	Er hatte auch mit hoch gesinntem Lieben
to Universal Love aspire,	zum ewgen Grund der Liebe hingeschaut,
Man woos infernal chance to smite,	und, jäh erfüllt von seinen bösen Trieben,
as Min'urets draw the thunder-fire.	den Blitz ersehnt, der in den Tempel haut.
How Earth on Earth builds tow'er and wall,	Wie Sand auf Sand sich türmt und Mauern sich
to crumble at a touch of Time;	und vor der Atemluft der Zeit zerfällt,
How Earth on Earth on Shînar-plain	wie Sand vom Schinarfelde aufgerichtet
the heights of Heaven fain would climb.	den Turm zu bauen bis zum Himmelszelt.

Lage am Leben erhalten; ein einziges ›gutes Abendessen‹ hingegen würde die Wahrscheinlichkeit, den nächsten Abend zu erleben, beträchtlich verringern. Überdies ist es in solchen Fällen unmöglich, Appetit zu entwickeln – glücklicherweise, da unser Vorrat an Lebensmitteln ein spärlicher ist. Araber halten es auf einer Reise für erstrebenswert, einmal alle vierundzwanzig Stunden ein heißes Mahl zu sich zu nehmen; so entschlossen wir uns, allen Schwierigkeiten zum Trotze, zu kochen. Diese Tätigkeit ist jedoch keineswegs befriedigend; zwanzig Wartende umringen das einzige Feuer, und alle fünf Minuten bricht ein Streit unter ihnen aus.

Personal Narrative of a Pilgrimage to El-Medinah and Meccah. Band 2, S. 64–67

ow short is Life, how long withal;   Wie kurz ist Leben oder auch wie lang,
w false its weal, how true its woes,   wie falsch sein Wohl, wie wahr ist all sein Wehe,
is fever-fit with paroxysms   ein Fieberanfall, dessen Wechselgang
mark its opening and its close.   Geburt und Tod umschließt wie Tal und Höhe.

! gay the day with shine of sun,   Ach, froh der Tag, als man im Schein der Sonne
d bright the breeze and blithe the throng   in milder Luft frei in der Menge Schwung
t on the River-bank to play,   am Fluß sich traf und spielte voller Worne –
en I was young, when I was young: da war ich jung, da war ich jung:

ch general joy would never fade;   Solch eine Freude sollte nicht vergehen.
d yet the chilling whisper came   Doch jäh kam dann ein kalter Zischelton,
e face had paled, one form had failed;   ein fahles Antlitz, etwas war geschehen,
d fled the bank, had swum the stream;   vom Ufer hin trieb mit dem Strom davon;

DU HAST NICHT RICHTIG GELEBT, HEISST ES, BEVOR DU NICHT DIE KAABA ERBLICKT HAST

وَالسَّيْفُ وَالضَّيْفُ وَالْقِرْطَاسُ وَالْقَلَمِ اللَّيْلُ وَالْخَيْلُ وَالْبَيْدَآءُ تَعْرِفُنِى

Kaum strahlte das erste Morgenlächeln auf die zerklüftete Spitze des östlichen Hügels, Abu Kubays, standen wir auf, nahmen ein Bad und begaben uns in unserem Pilgergewand zum Heiligtum. Wir traten durch das Bab al-Ziyadah, das wichtigste nördliche Tor, ein, stiegen zwei lange Treppen hinunter, durchquerten den Kreuzgang und standen im Angesicht des Bayt Allah.[1]

Zu Fuß waren es von unserem Hotel aus keine zwei Minuten zu einem der neunundneunzig Eingänge der ›allerheiligsten Zuflucht‹ – wären da nicht die Strömun-

---

[1] Arabisch: Das Haus Gottes.

gen der Menschenmassen gewesen. So dauerte es eine Viertelstunde, bevor wir – von der Menge abgetastet und schließlich durchgelassen – ins Innere der Großen Moschee gelangten. Hamidbhai hatte mir angeboten, mich durch die erste rituelle Aufgabe zu geleiten. Zwei weitere indische Pilger gesellten sich zu uns; zusammen bahnten wir uns einen Weg durch die dichte Menge. Die Hand auf der Schulter des Vordermannes war unsere einzige Navigationshilfe. Wir klammerten uns aneinander und wiederholten den Pilgerruf, den Hamidbhai intonierte, bis wir die stakkatoartig vorgetragene Lobpreisung im perfekten Chor sprachen. Vor dem Eingang zog mich Hamidbhai zu sich und sagte eindringlich: Der Wunsch, den du äußerst, wenn du das erste Mal die Kaaba erblickst, wird sich erfüllen. Du mußt jetzt die Augen nach unten richten. Blicke erst auf, wenn ich es dir sage.

Ich ließ meine Sandalen am Eingang zurück, dort, wo sich tausend andere Paare aufhäuften, und trat barfuß durch das Abdul-Aziz-Tor, allein den marmornen Boden im Blick, von der Menge geknetet, in Eigenlautstärke den Pilgerruf rezitierend, aufgeregt wie vor einer großen Prüfung, langsam voranschreitend, mich enger und enger in

ud Deaths are twain; the Deaths we see	Zwei sind der Tode. Tode, die wir sehen,
rop like the leaves in windy Fall;	sind wie das Laub, wenn es im Spätjahr fällt,
ut ours, our own, are ruined worlds,	doch unser eigner Tod kann nur geschehen
globe collapst, last end of all.	als letzter Schluß, als Jüngster Tag der Welt.
'e live our lives with rogues and fools,	Wir leben mit Verbrechern und mit Narren,
ead and alive, alive and dead,	dem Leben halb und halb dem Tod geweiht,
'e die 'twixt one who feels the pulse	der eine wird im Tod uns rasch verscharren,
nd one who frets and clouds the head.	der andre hat im Sterben für uns Zeit.
nd, – oh, the Pity! – hardly conned	Und – Gott erbarm – wir konnten's kaum studieren,
ie lesson comes its fatal term;	da naht uns schon des Lebens letzte Stunde,
ite bids us bundle up our books,	das Schicksal ruft, die Bücher einzuschnüren,
nd bear them bod'ily to the worm:	und was wir lernten, geht mit uns zugrunde:

das Gebet hüllend, um mich herum Stimmen, einzeln, im Chor. Vor der Moschee hatten wir ein wenig drängeln, ein wenig schubsen müssen, um nicht weggeschwemmt zu werden, drinnen mußten wir kämpfen. Die Menschendichte zwang einen, sich gegen seinen Nächsten zu behaupten. Ein Teil von mir spürte eine aggressive Panik aufkommen, der andere Teil schwebte. Bete darum, sagte Hamidbhai, während wir breite Treppen hinabstiegen, bete darum, daß du immer nur um das Richtige beten wirst. Bete um die Angemessenheit deines Gebets.

Und dann, einige Lobpreisungen weiter, sagte er: Nun schau auf.

Dort schließlich lag es, das Ziel meiner langen und ermüdenden Pilgerfahrt, an welchem sich die Pläne und Sehnsüchte von mehr als einem Jahr verwirklichten. Ein eigentümlicher Zauber umhüllte den riesigen Katafalk und sein dunkles Leichentuch. Hier gab es keine gewaltigen Ruinen aus einem ehrwürdigen Altertum wie in Ägypten, keine Überreste anmutiger und harmonischer Schönheit wie in Griechenland und Italien, keine barbarische Pracht wie bei den Gebäuden Indiens; und doch war der Anblick ungewöhnlich, einmalig – wie wenige haben den berühmten Schrein geschaut! Ich kann wirklich behaupten, daß unter den vielen Andächtigen, die sich weinend an den Vorhang schmiegten oder ihre pochenden Herzen an den Stein [...] drückten, keiner in diesem Augenblick tiefere Gefühle empfand als der Hadschi aus dem fernen Norden. Es war, als ob die poetischen Legenden der Araber die Wahrheit gesprochen hätten, als ob rauschende Engelsflügel und nicht die linde Morgenbrise die schwarze Bedeckung des Schreines flattern ließen. Doch, um in aller Demut die Wahrheit zu gestehen, ihr Gefühl war eines der höchsten religiösen Verzückung, meines jedoch die Ekstase eines befriedigten Stolzes.

Personal Narrative of a Pilgrimage to El-Medinah and Meccah. Band 2, S. 250 ff.

Der Anblick war ergreifend. Unmittelbar. Ohne Betrachtung oder Reflexion. Die einfache Form der Kaaba, der schwarze Brokat: die Kiswa – schön wie ein Brautschleier –, der pilgersatte Innenhof, der Strudel um den unbeugsamen Kubus herum. Die Atmosphäre von Erregung und Beglückung, aufgeladen mit Lebensträumen, die sich in diesen Augenblicken verwirklichten. Und ohne nachzudenken, ohne mich vorbereitet zu haben, kam in

hen swift the Camel-rider spans	da prescht das weit ausgreifende Kamel,
e howling waste, by Kismet sped,	der Todesbote, durch die wüste Leere
nd of his Magic Wand the wave	und hebt den Stab zu flüchtigem Befehl,
rries the quick to join the dead.	wer grad noch lebte, eilt zum Totenheere.
ow sore the burden, strange the strife;	Wie schwer die Last, voll Widersinn das Streben,
w full of splendour, wonder, fear;	voll Glanz und Wunder und von dem, was schreckt,
ife, atom of that Infinite Space	Ein Gran im weiten Kosmos ist das Leben,
at stretcheth 'twixt the Here and There.	das zwischen Hier und Jenseits sich erstreckt.
ow Thought is imp'otent to divine	Wie unser Denken nicht erraten kann,
e secret which the gods defend,	was Gott sich als Geheimnis vorbehält:
he Why of birth and life and death,	Warum Geburt und Leben – und was dann?
at Isis-veil no hand may rend.	Durch Isis' Schleier ist es uns verstellt.

mir ein bestimmter, klarer Wunsch auf, und meine Augen füllten sich mit Tränen. Wir stiegen vorsichtig über die vielen Menschen, die sich am Rande des Innenhofs niedergelassen hatten und den Zugang zur Kaaba blockierten, und überließen uns dem Strudel, um das *tawaf* zu absolvieren, das siebenmalige Umkreisen der Kaaba.

Fast lösten wir uns in dem Gedränge auf, die Kaaba aber, die wir während des *tawaf* nicht anblicken sollten, blieb ein ruhender, ein verläßlicher Mittelpunkt.[1] Ihre Ecken zeigen in die vier Himmelsrichtungen. Die kleine goldene Tür in dem grauen Kubus war verschlossen (einmal im Jahr wird sie für die zeremonielle Reinigung in Gegenwart des saudischen Königs geöffnet), und nichts *Sarrah* verzierte den Bau außer dem schwarzen Kiswa-Tuch, das

[1] ›Während man sich umkreisend der Kaaba nähert, fühlt man sich als Bächlein, das mit einem großen Fluß verschmilzt. Getragen von einer Welle, löst man sich vom Boden. Auf einmal treibt man auf einer Flut dahin. Je näher man zum Mittelpunkt gelangt, desto fester drückt einen die Menge, so daß man neues Leben erhält. Man ist jetzt Teil der Gemeinschaft; ein Mensch, lebendig und unsterblich ... Die Kaaba ist die Sonne der Welt, ihr Gesicht zieht einen in ihre Umlaufbahn. Man ist zu einem Teil ihres universalen Systems geworden.‹ (Ali Shariati, iranischer Religionsgelehrter)

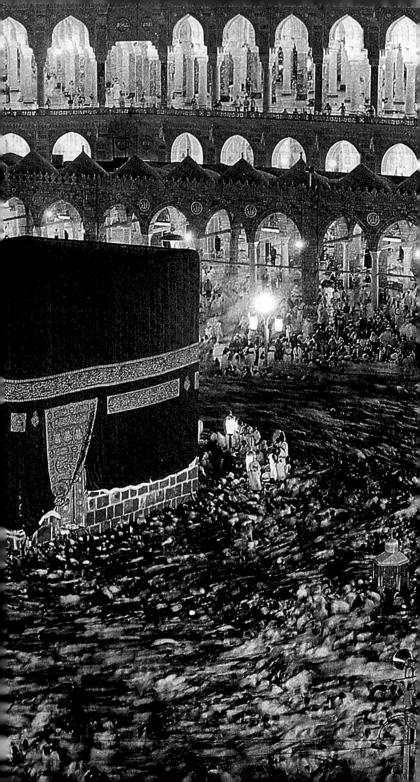

Eternal Morrows make our day;
our is is aye to be till when
Night closes in; 'tis all a dream,
and yet we die, – and then and THEN?

And still the Weaver plies his loom,
whose warp and woof is wretched Man
Weaving th' unpattern'd dark design,
so dark we doubt it owns a plan.

Dost not, O Maker, blush to hear,
amid the storm of tears and blood,
Man say Thy mercy made what is,
and saw the made and said 'twas good?

Aus Ewigkeiten wird der Tag gemacht.
Für uns ist Sein nur dauerndes Vergehen,
ist alles Traum, und dann kommt doch die Nac[ht]
und was wird dann, danach mit uns geschehen[?]

Der Weber aber, webend nach wie vor
statt Garnes nur mit menschlichem Gespinn,
webt an dem schwarzen, ungeschmückten Flor
so schwarz und dunkel, scheinbar ohne Sinn.

Es müßte dich, o Schöpfer, doch beschämen,
daß man dich preist inmitten Schweiß und Blu[t]
als den, von welchem alle Gnaden strömen,
der seine Schöpfung sah und fand sie gut?

an den Enden hochgeschlagen war, um die Hadschzeit anzudeuten, vielleicht aber auch um es vor den vielen gierigen Pilgerhänden zu schützen.

Wir befanden uns am äußeren Rand des Gedränges. Es war undenkbar, die ersten drei Umrundungen wie vorgeschrieben im Laufschritt zu bewältigen, die ›Brust herausgestreckt wie ein tapferer Soldat‹, die rechte Schulter freigelegt. Die Umrundung beginnt an der Ecke, wo der schwarze Stein eingefaßt ist, dieses mysteriöse Relikt aus Urzeiten, ein Meteorit vielleicht, laut Legende einst weiß wie Kalk, aber von den vielen sündigen Lippen und Händen, die ihn im Laufe der Zeit berührt haben, dunkel geworden. Wir wichen Sänften aus, auf denen die Gebrechlichen im Laufschritt um die Kaaba geschleppt wurden. Ich stieß gegen einen Pilger, der die Gebete vom Blatt ablas – manche Gruppen folgen einem Vorbeter, dessen einzeilige Rufe sie im Chor wiederholen. Ich wurde überholt von einem Araber, der eifrig telefonierte und sein Gespräch nur unterbrach, um ein *Bismillah Allahu Akbar* anzubringen. Auf einer Runde umarmte mich ein alter Mann aus dem Norden Pakistans, und wir taumelten zusammen weiter, trunken vor Freude, unsere

e marvel is that man can smile
aming his ghostly ghostly dream; –
lter the heedless atomy
t buzzes in the morning beam!

he dread pathos of our lives!
w durst thou, Allah, thus to play
th Love, Affection, Friendship,
that shows the god in mortal clay.

ah! what 'vaileth man to mourn;
ll tears bring forth what smiles ne'er brought;
ll brooding breed a thought of joy?
hush the sigh, forget the thought!

Ein Wunder ist bei allem, was uns schreckt,
bei aller Garstigkeit, daß wir noch lächeln.
Wie klug ist da das taumelnde Insekt,
wenn Morgensonnenstrahlen es umfächeln!

Welch aufgesetztes Pathos mit dem Leben!
Wie durftest du, Allah, so mit uns spielen,
mit unsrer Liebe, Freundschaft, unserm Streben?
Fürwahr, ein Gott mit menschlichen Gefühlen!

Doch Klagen helfen nichts zu unserm Leide.
Schafft Weinen, was die Fröhlichkeit nicht kann?
Bringt dunkles Grübeln uns ein Bild der Freude?
Vergiß es nur! Nein, denk nicht einmal dran!

Gebete sowie unsere Schritte einander angepaßt, und für eine Weile war mir der Mann Großvater und Bruder zugleich. Die Aufregung der Menge brach durch meine Gebete. Wir taumelten, jemand klammerte sich an meine Schulter, jemand riß mir den oberen Stoff beinahe weg, wir holten kollektiv Luft. Einige Handflächen vor uns fuchtelten einige Männer mit den Armen, verzweifelt bemüht, die Menge umzuleiten. Auf dem Boden lag eine ohnmächtige Frau, umringt von Pilgern, die hektisch versuchten, einige Sanitäter auf sich aufmerksam zu machen.

Als Abschluß des Tawaf sollte man versuchen, den Stein zu küssen. Eine Zeitlang blickte ich verzweifelt auf die ihn belagernde, wimmelnde Menschenmenge, bestehend aus Beduinen und anderen Pilgern. Aber Mohammed hatte heftig gegen Ketzerei und Schisma geeifert, indem er jeden Perser, der ihm in den Weg trat, unflätig beschimpfte;[1] und die unangebrachte Einfügung anstößi-

---

[1] 1674 n. Chr. beschmierte irgendeine Kreatur den schwarzen Stein mit etwas Unreinem, und jeder, der ihn küßte, ging mit einem besudelten Bart von dannen. Die Perser, sagt Burckhardt, wurden dieses Sakrilegs verdächtigt, und inzwischen ist ihr schlechter Ruf weit verbreitet; in Alexandria wurden sie mir als die Menschen beschrieben, die die Kaaba

Silence thine immemorial quest,
contain thy nature's vain complaint
None heeds, none cares for thee and thine; –
like thee how many came and went?

Cease, Man, to mourn, to weep, to wail;
enjoy the shining hour of sun;
We dance along Death's icy brink,
but is the dance less full of fun?

What Truth hath gleaned the Sage consumed
by many a moon that waxt and waned?
What Prophet-strain be his to sing?
What hath his old Experience gained?

So laß die ewig alten Fragen sein.
Laß ab von deiner leeren Klagerei.
Es hört ja niemand zu, wer achtet dein?
Wie mancher kam, gleich dir, und ging vorbei

Schluß also, Mann, mit Klagen, Weinen, Schm[...]
Genieße das dir zugeteilte Maß.
Wir tanzen wie auf losgebrochnen Schollen,
vom Tod umringt – macht das denn keinen Sp[...]

[IV] Welch tolle Wahrheit gab es zu ergründe[...]
daß sich der Weise nächtelang verzehrte,
und welche Prophetie kann er verkünden,
was weiß er, das er nicht von andern hörte?

ger Wörter in seine Gebete machten diese zu einem seltsamen Flickwerk; wie etwa »Ave Maria purissima – arrah, laßt dieses Schwein nicht an den Trog – sanctissima«, und so weiter. Er wiederholte zum Beispiel »Und ich suche Zuflucht bei Dir vor der Unwissenheit der Welt«, als Einschub kam dann »O du Verfluchter, Sohn eines Verfluchten!«, an irgendeinen langbärtigen Khorasani gerichtet – »Und in dieses wird kommen« – »O Schwein und Bruder einer Schweinin!«[1] Und so fuhr er fort, bis ich mich wunderte, daß niemand es wagte, sich umzudrehen

geschändet hätten. Es ist wohl kaum nötig, zu sagen, daß jeder Shia, wie auch jeder Sunni, eine solche Handlung mit tiefempfundenem Schrecken verurteilen würde. Die Menschen Mekkas haben aber, wie jene von Medina, diesen Umstand zu ihrem Vorteil gewendet und erlauben sich gelegentlich eine ›Dummheit‹. So haben sie, auf das Zeugnis eines neun- oder zehnjährigen Jungen hin, der schwor, er habe gesehen, wie das Innere der Kaaba von einem Perser beschmutzt worden sei, die Schismatiker brutal zusammengeschlagen, sie in ihr Viertel Shamiyah getrieben und ihnen den Zugang zur Kaaba verweigert. Bis zur Herrschaft Mohammed Alis trauten sich die Perser selten auf die Pilgerschaft, und selbst heute schätzt sich ein jeder von ihnen gesegnet, der sie ohne Prügel übersteht. Die Verschandelung des schwarzen Steins war wahrscheinlich das Werk eines Juden oder Griechen, der sein Leben riskierte, um einer wilden Bigotterie zu genügen.

[1] In Anlehnung an das englische Original *hoggess*.

here is no God, no man-made God;
bigger, stronger, crueller man;
ack phantom of our baby-fears,
 Thought, the life of Life, began.

ight, quoth the Hindu Prince of old,
n Ishwara for one I nill,
' almighty everlasting Good
to cannot 'bate th' Eternal ill:«

our gods may be, what shows they are?«
ar China's Perfect Sage declare;
nd being, what to us be they
o dwell so darkly and so far?«

Es ist kein Gott, kein Gott von Menschenhand.
Es gibt ihn nicht, den starken, wilden Mann.
Ein Schrecken nur, der uns als Kind gebannt,
bevor Vernunft noch in uns Raum gewann.

Recht hat Gautama Buddha, wenn er spricht:
»Nie könnte mir ein Gottesbild genügen,
das zwar allmächtig sei, doch schafft es nicht,
das uranfängliche Böse zu besiegen:«

»Gibt's eure Götter, gebt mir doch Beweise!«
So hören wir Konfuzius erklären,
»und wenn sie sind, so sagt, auf welche Weise
die ferne Wohnenden mit uns verkehren?«

und ihm den Garaus zu machen. Nachdem er sich vergebens an jene Pilger gewandt hatte, von denen lediglich ein Mosaik aus Häuptern und Schulterblättern zu sehen war, scharte Mohammed etwa ein Dutzend kräftige Männer aus Mekka um sich, mit deren Hilfe und unter Aufbringung aller Kräfte wir uns in das dünne und leichtfüßige Menschengewusel hineindrängten. Die Beduinen drehten sich um uns wie Wildkatzen, aber sie trugen keine Dolche. Da die Pilgerzeit in den Herbst fiel, hatten sie sich seit sechs Monaten nicht mit Milch mästen können und ähnelten lebende Mumien, so daß ich allein leicht ein halbes Dutzend von ihnen hätte bewältigen können. Nachdem wir folglich den Stein erreicht hatten, trotz allgemeiner, durch ungeduldige Schreie untermauerter Entrüstung, nahmen wir ihn für wenigstens zehn Minuten in Beschlag. Während ich ihn küßte und Hände und Stirn an ihm rieb, betrachtete ich ihn eingehend und verließ ihn mit der Überzeugung, er sei ein Aerolit. Seltsamerweise stimmen fast alle Reisende in dem Punkt überein, daß der Stein vulkanischen Ursprungs ist. Ali Bey nennt ihn »mineralogisch«, einen »Block aus vulkanischem Basalt, dessen Oberfläche mit kleinen, spitzen

»All matter hath a birth and death;
'tis made, unmade and made anew;
»We choose to call the Maker ›God‹« –
such is the Zâhid's owly view.

»You changeful finite Creatures strain«
(rejoins the Drawer of the Wine)
»The dizzy depths of Inf'inite Power
to fathom with your foot of twine;«

»Poor idols of man's heart and head
with the Divine Idea to blend;
»To preach as ›Nature's Common Course‹
what any hour may shift or end.«

»Ein jedes Ding erlebt Geburt und Tod,
es wird geschaffen, aufgelöst, ersteht,
wir nennen den Beweger einfach Gott,«
das ist des Frommen einziges Gebet.

»Unstete und betäubte Kreatur,
entgegnet ihm der geistbegabte Seher,
vermißt mit einem Faden die Natur,
als brächte das ihm dunkle Tiefen näher.

Idole nur von Menschenherz und -geist,
die sich dem Bild der Gottheit überblenden,
denn was bei euch naturgesetzlich heißt,
kann doch schon in der nächsten Stunde enden.

Personal Narrative of a Pilgrimage to El-Medinah and Meccah. Band 2, S. 256 ff.

und strohartigen Kristallen bedeckt ist, mit Rhomben ziegelroten Feldspats auf dunklem Hintergrund, der sich wie Samt oder Holzkohle ausnimmt, bis auf eine seiner Ausbuchtungen, die rötlich ist«. Burckhardt glaubte, daß es »sich um ein Stück Lava handelt, das mehrere kleine fremdartige Teilchen einer weißlichen und einer gelblichen Substanz enthält«.

Wir hatten erst mühsam zwei Runden vollbracht, als zum Nachtgebet gerufen wurde. Ein Wunder geschah: Das wilde, tosende Kreisen erstarb, ein jeder nahm Position ein, fand die rechte Haltung zu seinen Brüdern und Schwestern, die ihn umgaben, eine Stille kristallisierte sich heraus, aus der sich eine gedrechselte Stimme hinaufschwang und das Gebet eröffnete.

Könnte man die ganze Welt zur Gebetszeit mit einem Blick erfassen, so würde man die konzentrischen Kreise der Betenden erkennen, die sich zur Kaaba hin ausrichten. Beim Gebet bildet die Umma, die Gemeinschaft aller Moslems, ein islamisches Ornament. Und wir standen und knieten nur ein Dutzend Schritte von dem Mittelpunkt dieses lebendigen Musters entfernt.

How shall the Shown pretend to ken
ught of the Showman or the Show?
Why meanly bargain to believe,
which only means thou ne'er canst know?

How may the passing Now contain
the standing Now – Eternity? –
An endless is without a was,
..e be and never the to-be?

Who made your Maker? If Self-made,
hy fare so far to fare the worse
Sufficeth not a world of worlds,
..self-made chain of universe?

Wie sollte auch das Bild den Bildner kennen,
was steht ihm, von sich selbst zu wissen, an?
Nichtwissen, das sie ängstlich Glauben nennen,
zeigt uns doch nur, daß man nichts wissen kann?

Wie paßte denn wohl in die rasche Zeit
standstilles Nun und Ewigkeit hinein?
Hat nur ein Jetzt, doch nicht Vergangenheit
und keine Zukunft, nur ein ewig Sein.

Wer schuf den Schöpfer? Ist er selbst gezeugt?
Wie weit gelaufen, um so kurz zu springen!
Genügt, wenn Welt sich unter Welten zeigt,
denn nicht das Bild von selbstentstandnen Dingen?

Nur wenige Muslime blicken ohne Bangigkeit und Ehrfurcht zum ersten Mal auf die Kaaba: Neuankömmlinge
werden gelegentlich aufgezogen, weil sie sich nach der
Gebetsrichtung erkundigen. Denn dies ist die Kibla, der
›gegenüberliegende Ort‹, Muslime beten überall um sie
herum, was natürlich an keinem Ort außerhalb der
Großen Moschee möglich ist. Mohammed überließ mich
deshalb für einige Minuten mir selbst; aber alsbald er-
mahnte er mich, daß es Zeit war weiterzugehen.

[…]

Am Zamzam-Brunnen tranken wir, nachdem wir das
übliche Gebet von zwei Niederwerfungen zu Ehren der
Moschee ausgeführt hatten, ein Glas von dem heiligen
Wasser, wobei wir den Wasserträgern einen angemessenen
Betrag übergaben, damit sie in meinem Namen einen
großen, vollen Tonkrug an arme Pilger verteilen konnten.
[…] Das hochgeschätzte Wasser des Zamzam wird zum
Trinken und für die Ablution verwendet, aber keineswegs
für banalere Zwecke, und die Einwohner Mekkas raten
den Pilgern, ihr Fasten damit zu brechen. Es verursacht
Durchfall und Furunkel, und wer es trinkt, verzieht sein
Gesicht. Säle hat mit seiner Behauptung zweifellos recht:

Der Geschmack ist salzig und bitter, in etwa so, als würde man einen Teelöffel Epsom-Salz in einem großen Trinkglas lauwarmen Wassers auflösen. Überdies liegt es einem ausgesprochen ›schwer‹ im Magen. Deshalb trinken Türken und andere Fremde lieber das in Zisternen gesammelte und für fünf Farthings pro Krug verkaufte Regenwasser.

Personal Narrative of a Pilgrimage to El-Medinah and Meccah. Band 2, S. 252

Nach dem *tawaf* sollte man eigentlich am Maqam Ibrahim ein kurzes Gebet verrichten, an der Stelle, wo Ibrahim (der biblische Abraham) einst stand – sein Fußabdruck ist immer noch in dem Stein zu sehen. Aber angesichts des Gedränges wäre es rücksichtslos gewesen, sich dort auf den Boden zu werfen, zudem völlig unpraktisch und dem Gebet wenig zuträglich. Wir beteten, etwas entrückt, neben dem heftigen Schluchzen zweier Männer, ein jeder von ihnen auf seine Art überwältigt von dem Ort und dem Augenblick – losgelöst von dem Liebeswahn der Menge wirkten sie gebrechlich und zart und unsicher.

Zur Zam-Zam-Quelle, heute unterirdisch gelegen, gelangten wir nicht, da die Menge uns vom Treppenzugang fortriß. Aber in der Moschee fanden sich viele beigefarbene Behälter voller Zam-Zam-Wasser, vor ihnen zwei

ou bring down Heav'en to vulgar Earth;	Ihr zieht den Himmel auf die Erde runter,
ur maker like yourselves you make,	ihr sucht den Schöpfer euch selbst anzugleichen,
ou quake to own a reign of Law,	seid für ein Reich des Rechts, doch fordert munter,
u pray the Law its laws to break;	das Recht für euch, dem Rechte auszuweichen;
ou pray, but hath your thought e'er weighed	Habt ihr bedacht, wem euer Beten gilt?
w empty vain the prayer must be,	Ein sinnlos leeres Reden ist es nur:
at begs a boon already giv'en	Denn euer Bitten ist schon längst erfüllt,
craves a change of law to see?	wenn nicht, dann widerspricht es der Natur?
ay, Man, deep learnèd in the Scheme	So sag mir nur, du hochgelehrter Maur,
at orders mysteries sublime,	in alt-erhabnen Schriften so belesen,
low came it this was Jesus, that	warum als Jesus der von Anfang an,
s Judas from the birth of Time?	zum Judas jener vorbestimmt gewesen?

Reihen Plastikbecher, links die sauberen, rechts die benutzten. Es ist ein schmackhaftes Wasser, stark mineralhaltig und vielleicht deswegen von manch einem früheren Pilger als brackig und faul bezeichnet. Es heißt, man solle von ihm so oft und so viel trinken, wie man kann. Früher wurde dieses Wasser teuer verkauft, heute ist es kostenlos – man muß lediglich für den Behälter zahlen. Am nächsten Tag stieg ich die Treppen hinab zur Zam-Zam-Quelle: Es war sehr schwül unten, und die Pilger drängten sich dicht. Auf der linken Seite befand sich hinter einer Glaswand eine hochmoderne Pumpstation. Einige Pilger standen davor, doch sie zeigten kein Interesse für die Kolben, sie beteten eifrig, wie ich erst erkannte, als ich mich neben sie stellte. Es war von einer unfreiwilligen Komik, denn das gesegnete Zam-Zam-Wasser war nicht zu sehen, nur eine technische Installation aus Röhren, Hähnen, Behältern und Ventilatoren.

»How I the tiger, thou the lamb;
again the Secret, prithee, show
»Who slew the slain, bowman or bolt
or Fate that drave the man, the bow?

»Man worships self: his God is Man;
the struggling of the mortal mind
»To form its model as 'twould be,
the perfect of itself to find.

»The God became sage, priest and scribe
where Nilus' serpent made the vale;
»A gloomy Brahm in glowing Ind,
a neutral something cold and pale:

Warum bin ich ein Raubtier, du ein Lamm?
Ich bitte, das Geheimnis zu enthüllen.
Wer tat die Tat, wer schoß vom Bogen stramm,
der Pfeil, der Bogner, war es Schicksals Willen?

Der Mensch verehrt sein Selbst. Sein Gott ist er,
und seine innern Kräfte unterwinden,
in sich den Gott, nur dieser ist sein Herr,
die Perfektion nur seiner selbst zu finden.

So wurde Gott zum Schreiber, Weisen, Priester
dort, wo der Nil sich durch die Lande fraß;
am Indus ward er Brahma, dumpf und düster,
neutrales Etwas, weltenfern und blaß:

VERWEILEN IN MEKKA

وَٱلسَّيْفُ وَٱلضَّيْفُ وَٱلْقِرْطَاسُ وَٱلْقَلَمِ ٱلنَّيْلُ وَٱلْخَيْلُ وَٱلْبَيْدَاءُ تَعْرِفُنِي

Mohammed hatte die Anzahl der Herbergsplätze im Haus seiner Mutter falsch kalkuliert. Sie, eine Witwe und alleinstehende Frau, hatte für die Dauer der Pilgersaison alle Wohnungen ihrem Bruder übereignet, einem bejahrten Mekkaner vom wahrhaft alten Schlag, geiergesichtig, drachenkrallig, mit einem Lachen wie eine Hyäne und von magerer Gestalt. Er betrachtete mich ohne jegliches Wohlwollen, als ich, der Gast, darauf bestand, einen Rückzugsort zur Verfügung gestellt zu bekommen; aber er versprach, daß nach unserer Rückkehr von Arafat für mich ein kleiner Ladenraum ausgeräumt werden sollte. Damit mußte ich mich vorerst abfinden und diesen Tag im allgemeinen Männersalon des Hauses verbringen, einer Vorhalle im Erdgeschoß, in Ägypten *Takhta-busch* genannt. Als ich eintrat, befand sich zu meiner Linken eine große Mastabah oder Platt-

...mid the high Chaldean hills	*Für einige wohnt Gott auf Bergeshöhen,*
...moulder of the heavenly spheres;	*dem Spiegelbilde himmlisch schöner Sphären,*
...On Guebre steppes the Timeless-God	*auch in der Steppe läßt sich Gott geschehen,*
...ho governs by his dual peers:	*wo andre ihn in Dreigestalt verehren:*
...n Hebrew tent the Lord that led	*In Zelten führte Gott einst die Hebräer,*
...is leprous slaves to fight and jar;	*sein krankes Sklavenvolk, zu Kampf und Sieg,*
...ahveh, Adon and Elohîm,	*und trat ihm als Adonis, Jahwe näher,*
...e God that smites, the Man of War.	*doch stets als Gott, der schlägt, ein Mann zum Krieg.*
...he lovely Gods of lib'ertine Greece,	*Die hellen Götter aber Griechenlands*
...ose fair and frail humanities	*mit ihrem leichten Menschenangesicht,*
...Whose homes o'erlook'd the Middle Sea,	*die vom Olymp des Mittelmeeres Glanz,*
...here all Earth's beauty cradled lies,	*der Schönheit Schöne sahen, gingen nicht*

form und im Hintergrund des Raumes eine kleinere
zweite, die widerlich schmutzig war. Dahinter lag ein
dunkler und dreckiger Ladenraum, in dem das Gepäck
der Hadschis verstaut wurde. Gegenüber der Mastabah
war eine Feuermulde für Pfeifen und Kaffee, beaufsichtigt von einer Familie von mageren Indern; und auf der
anderen Seite führte ein türloser Durchgang zu einem
Waschraum und dem Treppenhaus.

Kaum hatte ich es mir auf der mit Teppichen bedeckten Mastabah bequem gemacht, da wurde der Raum
von türkischen oder eher slawisch-türkischen Pilgern
und ihrem Besucherheer überschwemmt, lauter große,
behaarte Männer von stämmiger Gestalt, gesegnet mit
schroffen Stimmen. Meine Mitbewohner nahmen nicht
die geringste Notiz von mir, und obwohl ich mich durchaus belästigt fühlte, streckte ich meine Beine mit pro-
vozierender Nonchalance aus.[1] Schließlich richtete einer
von ihnen das Wort auf türkisch an mich, worauf ich
mit einem Kopfschütteln antwortete. Als mir seine Frage

---

[1] Dies entspricht, sich in Europa auf das Sofa zu werfen. Nur daß es
im Osten eindeutig eine Überlegenheitspose verkörpert, der Westen würde
es wohl kaum in diesem Licht sehen.

ins Arabische übersetzt wurde, sprach ich schleppend »meine Heimat ist das Land Khorasan«. Diese Auskunft wurde mit einem strengen und steinernen Blick und einem »uhg!« quittiert, das deutlich genug ausdrückte »dann bist du ein schändlicher Ketzer«. Ich musterte sie mit einem selbstzufriedenen albernen Lächeln, streckte meine Beine eine Kleinigkeit weiter aus und unterhielt mich mit meiner Wasserpfeife. Alsbald, als sie alle hinausgegangen waren, erfüllte Mohammed mir den Wunsch und stellte meine grüne Arzneikiste auf die Mastabah; so war eine Trennungslinie gesetzt und zugleich mein Vorrecht vor den Türken behauptet. Die meisten dieser Männer waren aus einer Reisegesellschaft, die von einem Oberst des Nizam, den sie ›Bey‹ nannten, angeführt wurde. Der Beginn unserer Bekanntschaft war nicht der erquicklichste gewesen, aber in der Folge erwiesen sich die meisten von ihnen, abgesehen von jenen, die schroff wie englische Metzger waren, als gutherzige und gesellige Männer. So kann der Reisende oft, wie die bezaubernde Frau Malaprop[1] schon wußte, zu einem besonders guten

---

[1] Die unvergeßliche Mrs. Malaprop, ein Geschöpf des vergessenen Richard Brinsley Sheridan, Meisterin des verständigen Mißverständnisses

ose sadd'ening creed od herited Sin
o'er the world its cold grey spell;
every vista showed a grave,
'neath the grave the glare of Hell;

all Life's Po'esy sinks to prose;
nce to dull Real'ity fades;
th's flush of gladness pales in gloom
God again to man degrades.

n the lank Arab foul with sweat,
rainer of the camel's dug,
ged with his leek-green lizard's meat,
in his filthy rag and rug,

der seine Botschaft der ererbten Sünden
als grauen Firnis in die Welt versprühte,
daß, wenn wir schauen, wir nur Gräber finden,
und unter Gräbern Höllenfeuer glühte;

So kam des Lebens Poesie herab
zu schaler Prosa, dumpfer Wirklichkeit,
der bunte Garten ward zum trüben Grab,
und Gott trug wieder Menschensinn und -kleid.

Der Araber, der stinkend, abgezehrt,
Kamelkot trocknet und zu Ziegeln schneidet,
der sich vom Fleisch lauchgrüner Echsen nährt
und sich in Lumpen und in Fetzen kleidet,

Verkehr finden, wenn er mit einer kleinen Abneigung beginnt.

Unsere Reisegruppe belegte zwei Stockwerke einer Pension, die außer dem Blick auf die Große Moschee wenig Erbauliches zu bieten hatte. Männer ohne weibliche Begleitung waren zu acht in kleinen Zimmern untergebracht, vier Betten an den Wänden und zwischen ihnen waren vier Matratzen ausgebreitet, wie ein Lagerplatz bei den Pfadfindern. Ich warf meine grüne Reisetasche auf die Matratze, die sich Tür und Bad am nächsten befand. Die Männer, mit denen ich das Zimmer teilte, waren wohlhabende, in der Mehrzahl selbständige Geschäftsleute: zwei Teilhaber einer Firma, die Damenkleidung exportierte, ein Freund von ihnen, der Spielsachen importierte, und ein Bekannter, der einen Kurierservice betrieb. Sie waren alle jung, um Ernsthaftigkeit bemüht, aber von den Angeboten der Hadsch nicht immer ausgefüllt. Ihre Gespräche, sobald sie nicht die komplexen rituellen Anforderungen betrafen, waren profan: Kricket, Autos, Witze. Zwei von ihnen verbrachten Stunden in

Personal Narrative of a Pilgrimage to El-Medinah and Meccah. Band 2, S. 258 ff.

(frz. *mal-à-propos* – ungelegen, unangemessen). Bei ihr ist Geographie stets Geometrie, aber niemals mala fide oder perfide.

den Labyrinthen eines Geschicklichkeitsspiels auf ihrem Nokia. Wie die meisten Pilger waren sie von der Aufgabe, mehrere Wochen lang wie Geistliche zu leben, überfordert. Die Ratgeber verlangten von ihnen, den Tag in Gebet und Koranrezitation zu verbringen, und warnten sie vor überflüssigen oder gar schlimmen Worten. Aber Unruhe erfaßte die Pilger, und sie glitten ins Schwatzen ab – es war ein zu großer Sprung vom gehetzten, modernen Städter zum weltabgewandten Fakir.

Meine Zimmernachbarn begnügten sich mit Schmalspurkenntnissen des Islam, mit Legenden und Parabeln. Sie wähnten sich in ihrer Ignoranz sicher, weil sie sich an die Gesetze hielten. Abu Sufiyun, dessen Zigaretten ich rauchte, wenn mich die Sucht überkam, war der Oberlehrer, der mich immer wieder korrigierte. Wenn er mich betrachtete, hatte ich den Eindruck, daß er mit einem Zollstock abschätzte, ob ich den religiösen Traummaßen entsprach. Jeder meiner Mängel, meiner Fehler gab Anlaß zu einer Stegreifpredigt. Er war ein gesetzestreuer Mann, dem noch nie eingefallen war, daß Gesetze Ausdruck einer Sinngebung sein könnten. Gesetze sind Gesetze, sagte er. Da gibt es nichts zu mögen oder zu

verstehen. Seine Strenge sollte vielleicht seine frühere
Lebensweise kompensieren. Bis vor einigen Jahren war
er ein Bonvivant, der sich mit seinen Freunden exzessiv
vergnügt hatte. Er kannte die Schickimicki-Szene Bombays, er zeigte dieses Wissen mit Stolz vor, als würde es –
Ausdruck früherer Verfehlung – zur Folie gereichen, vor
der sich seine Wandlung besonders eindrücklich abhob.
Nun zeichnete er sich durch einen Vollbart aus, der
Hornhautklumpen auf seinem linken Spann bezeugte das
beharrliche Gebet – bei der korrekten Sitzhaltung, die
viele Gläubige aus Bequemlichkeit nicht einnehmen, ver-
lagert man sein Gewicht auf das linke, das untergelegte
Bein, denn die Zehen des rechten Fußes sind aufgestellt
und leicht umgeknickt. Die äußeren Merkmale, verkündete er, als ich ihre Notwendigkeit anzweifelte, würden
den Glauben stärken. Die jungen Wilden, die eifrigen
Handybenutzer Nadiim, Salman und Sohrab, hörten auf
ihn, schienen sich selbst aber noch auf dem Spielfeld der
Kompromisse zu tummeln.

Am Abend begab ich mich, begleitet von Mohammed
und Scheich Nur, der eine Laterne und einen Gebets-

> They change with place, they shift with race;
> and, in the veriest span of Time,
> Each Vice has won a Virtue's crown;
> all Good was banned as Sin or Crime:
>
> Like ravelled skeins they cross and twine,
> while this with that connects and blends;
> And only Khizr his eye shall see
> where one begins, where other ends:
>
> What mortal shall consort with Khizr,
> when Musâ turned in fear to flee?
> What man foresees the flow'er or fruit
> whom Fate compels to plant the tree?

> Sie ändern sich mit Orten und mit Rassen;
> oft wurde in der allerkleinsten Spanne
> zum hohen Gut, was wir ansonsten hassen,
> und ein verehrtes Gut verfiel dem Banne.
>
> Wie Weberschiffchen geht es hin und her,
> dies wird mit dem verbunden und getrennt;
> es mag ja sein, und ein Prophet sieht mehr,
> Beginn des einen und des andern End,
>
> Wer aber ist's, der ihm zu gleichen sucht,
> wo Furcht und Flucht fast Mose selbst zerreiß
> Wer sieht die künftge Blüte oder Frucht
> im Baum, den ihm das Schicksal pflanzen hei

teppich trug, wieder zum ›Nabel der Welt‹;[1] dieses Mal, um die Wonnen der Stunde nach dem ›farbenprächtigen, fortschwatzenden und reumütigen Tag‹ ästhetisch zu genießen. Der jetzt fast vollständig sichtbare Mond berührte die Bergkuppe des Abu Kubays und beleuchtete die Szenerie mit einem feierlichen Licht. In der Mitte stand das riesige, totenbahrenähnliche Gebäude,

> *»Schwarz wie die Flügel,*
> *Welche ein Geist des Ungemachs über das Grab breitet«,*

außer an jenen Stellen, wo die Mondstrahlen es streiften, wie silberne, auf dunkles Marmor fallende Wasserstrahlen. Es bot dem Auge Rast; die kleinen pagodenartigen Gebäude und die Kuppeln rundum mit all ihrer Vergoldung und all ihrem Gitterwerk verschwanden. Vor uns erhob sich ein einmaliges Gebilde – der Tempel des Einen, des Gottes von Abraham, von Ismael und ihren

---

[1] Ibn Haukal beginnt seine Kosmographie mit Mekka, »weil der Tempel des Herrn dort liegt und die heilige Kaaba der Nabel der Welt ist und weil Mekka in heiligen Schriften die Mutter aller Städte genannt wird«. Unglücklicherweise schreibt Ibn Haukal, wie die meisten anderen moslemischen Reisenden und Geographen, nichts weiteres über Mekka.

Man's Free-will immortal Law,
agkê, Kismet, Des'tiny read
at was, that is, that aye shall be,
r, Fortune, Fate, Urd, Norn or Need.

an's nat'ural state is God's design;«
h is the silly sage's theme;
an's primal Age was Age of Gold;«
h is the Poet's waking dream:

lusion, Ign'orance! Long ere Man
w upon Earth his earli'est breath
world was one contin'uous scene
nguish, torture, prey and Death;

Das ewige Gesetz vom freien Willen,
anagke, kismet, fatum, was es sei,
was war, was ist und was sich wird erfüllen,
sind Schicksal, Zwang, die Nornen – einerlei.

»Des Menschen Wesen folgt aus Gottes Plan,«
das ist das Thema dieser dummen Weisen;
»Vergoldet war die Welt, als sie begann,«
sind Bilder, um die Dichterträume kreisen:

Selbsttäuschung oder Dummheit! Lang bevor
der erste Mensch den ersten Atem schöpfte,
war schon die Welt ein aufgetanes Tor
für Tod und Pein, und daß man Schwache schröpfte;

Nachkommen. Erhaben war es und drückte jenseits aller
Beredsamkeit und Phantasie die Großartigkeit der einen
Idee aus, die Al-Islam belebt und seine Anhänger stark
und standhaft hält.

Die ovale, gepflasterte Fläche rund um die Kaaba war
vollgedrängt mit Männern, Frauen und Kindern, meistens
in Gruppen, die einem Mutawwif folgten; wobei einige
würdevoll gingen und andere rannten, während andere
zum Gebet zusammenstanden. Welch ein spectaculum
der Kontraste. Hier stolzierte eine Beduinenfrau in ihrer
langen schwarzen Robe, ähnlich einem Nonnenhabit. Ihr
Gesicht verhüllte ein mohnroter Schleier, dessen Seh-
schlitze zwei scharf aufblitzende Augen zeigten. Dort
eilte eine Inderin mit halbtatarischen, abscheulich anzu-
sehenden Gesichtszügen auf dünnen, in faltige Strümpfe
gehüllten Beinen um den Tempel herum. Ab und an
umkreiste eine Leiche auf einem hölzernen, von vier
Trägern hochgehaltenen Schragen den Schrein. Diese
wurden von Zeit zu Zeit, wie es die Sitte erfordert, durch
andere Muslime abgelöst. Einige hellhäutige Türken lun-
gerten herum und sahen kaltherzig und abstoßend aus,
wie es ihre Gewohnheit ist. An einer Stelle stand ein flot-

Where hideous Theria of the wild	*wo das Getier im Wald nach Beute schleicht,*
rended their fellows limb by limb;	*auf Mitgeschöpfe stürzt, sie aufzufressen,*
Where horrid Saurians of the sea	*und wo in Tiefen, die kein Blick erreicht,*
in waves of blood were wont to swim:	*Raubfische blutgefärbt das Meer durchmessen:*
The »fair young Earth« was only fit	*Die »unberührte, junge Erde« war*
to spawn her frightful monster-brood;	*vor allem brauchbar, Schrecken auszubrüten,*
Now fiery hot, now icy frore,	*mal wild und heiß, dann eisig kalt und starr;*
now reeking wet with steamy flood.	*von Feuchte dampfend, in der Ströme wüten.*
Yon glorious Sun, the greater light,	*Die Sonne selbst, des Lichts erhabner First,*
the »Bridegroom« of the royal Lyre,	*der ständige Begleiter aller Dichter –*
A flaming, boiling, bursting mine;	*ein Flammenpfuhl, der brennend kocht und bi*
a grim black orb of whirling fire:	*mit schwarzem Raud, ein wilder Feuertrichter*

Personal Narrative of a Pilgrimage to El-Medinah and Meccah. Band 2, S. 259 f. ter, sich am Anblick ergötzender *Khitmugar*[1] aus Kalkutta mit schief aufgesetztem Turban, die Arme in die Seiten gestemmt, wie ›der edlen Herren edle Kammerherren‹[2] es zu tun pflegen. Und nicht weit von ihm entfernt klammerte sich eine arme Kreatur mit hochgeworfenen Armen am Vorhang fest und schluchzte, als ob ihr Herz bräche.

Bis zum Beginn der wirklichen Hadsch, des Auszugs in die Wüste, der Zeit der Läuterung, Opferung und Steinigung, waren es noch einige Tage, Tage zur freien Verwendung, an denen ich, wie viele andere, täglich ein *tawaf* absolvierte, so viele Stunden wie möglich in der Großen Moschee verbrachte und gelegentlich eine saudiarabische Zeitung auf englisch las. Die Zeitung berichtete überwiegend aus der islamischen Welt, neben mir saßen mal iranische Frauen, mal ein algerischer Vorarbeiter, mal ein in Frankreich studierender Senegalese, mal ein indonesischer Ortsverband. Schon in der Früh füllte sich

---

[1] Auch *Kedmutgar:* Diener, der die Mahlzeiten aufträgt und in der Küche mithilft.

[2] Denn wie der Name Jeeves impliziert (von Sanskrit: *jiva*), ist der *gentleman's gentleman* das intelligentere Wesen.

at gentle Moon, the lesser light,
 Lover's lamp, the Swain's delight,
 ruined world, a globe burnt out,
 orpse upon the road of night.

at reck he, say, of Good or Ill
o in the hill-hole made his lair,
e blood-fed rav'ening Beast of prey,
'der than wildest wolf or bear?

w long in Man's pre-Ad'amite days
eed and swill, to sleep and breed,
re Brute-biped's only life,
erfect life sans Code and Creed?

*Der liebe Mond, der uns die Nacht erhellt,
der Liebe Leuchte, des Verführers Pracht,
in Wahrheit eine ausgebrannte Welt,
ein Leichnam auf dem Wege durch die Nacht.*

*Was mochten jene sich um Gut und Böse
in selbstgeschlagnen Felsenlöchern scheren,
verschmierte Biester, lebend von Gekröse,
und waren wilder noch als Wolf und Bären?*

*Wie lange lebten in Vor-Adamstagen
Zweibeiner wohl in nichts als Schlaf und Fraß,
um nichts besorgt als immer nur den Magen,
ein volles Leben ohne Zwang und Maß?*

die Moschee; mitten am Morgen war jeder Quadratmeter besetzt, von Gruppen meist, die ein Areal okkupierten und den ganzen Tag dort verbrachten, die Gebete voneinander getrennt durch einige Schlucke Zam-Zam-Wasser. Der Raum wirkte wahrlich wie eine Zuflucht, eine Zuflucht vor der Hast der Welt, vor der eigenen Umtriebigkeit. Die Stille war ein Wunder; ein ruhiges Meer außerhalb der Gezeiten. An einem guten Tag erzeugte ein einziger saudi-arabischer Busfahrer mehr Lärm, als von dem zarten Murmeln und dem barfüßigen Auftreten in der elliptischen Zuflucht ausging.

Die Meditation der anderen Pilger wirkte ansteckend. Ich spürte das Bedürfnis, mich selbst zu versenken, nur wußte ich nicht, worein. Ich konnte den Koran nicht auf arabisch rezitieren; ich las eine Sure oder einige *ayah* in der Übersetzung und begann dann über Inhalt und Sinn nachzudenken, bis ich feststellte, daß ich von der Ruhe wieder weggetrieben wurde. Ich versuchte zu beten, aber meine Gebete versickerten, nachdem ich all die Wünsche meiner Ulema-Brüder zur Fürsprache gebracht hatte. Also betete ich mit den Augen, blickte von der ovalen, nicht überdachten Terrasse der Großen Moschee auf die Kaaba

His choicest garb a shaggy fell,	*Die besten Kleider waren rauhes Fell,*
his choicest tool a flake of stone;	*sein bestes Werkzeug nur ein spitzer Stein,*
His best orn'aments tattoo'd skin	*ein Felsgesimse diente als Gestell,*
and holes to hang his bits of bone;	*Kunst aber tätowierte man sich ein;*
Who fought for female as for food	*Er kämpfte für das Weib wie um die Beute,*
when Mays awoke to warm desire;	*wenn sich im Mai sein warmer Trieb erregte,*
And such the Lust that grew to Love	*der Lust, und erst sich dann der Liebe freute,*
when Fancy lent a purer fire.	*als reineres Gefühl sich auf ihn legte.*
Where then »Th' Eternal nature-law	*Ob Gott schon damals sein Gesetz verlieh,*
by God engraved on human heart?«	*dem Menschenherz zu sagen, was es solle?*
Behold his simiad sconce and own	*Bedenke seinen Affenkopf, und sieh:*
the Thing could play no higher part.	*Das spielte damals sicher keine Rolle.*

hinab: Die Menschheit rotiert in einem gleichmäßigen Tempo, als stünde sie auf der Töpferscheibe Gottes. Stundenlang betrachtete ich dieses Perpetuum mobile der Hingabe; der Tag wechselte seine Farben, ich versenkte mich in den Anblick, bis in die Dämmerung hinein.

In der Wüste – und man spürt die Wüste in Mekka trotz der allgegenwärtigen Klimaanlage – sind die Farben am Tage wie weggewischt, und die Formen verfließen. In der kurzen Phase des Übergangs aber versöhnt die Wiederkehr der Schattierungen mit der Kargheit des Tages. Es ist, als wäre ein Farbfächer auseinandergefallen, und das Auge staunt ob der vielen Weißtöne, die es auf einmal in den *ihrams* entdeckt. Wenn die Moschee erstrahlt und der Himmel sich einschwärzt, wenn ein schmaler Mond über einer Minarettspitze balanciert, beginnt der neue Kalendertag mit einem Zauber.

Auf der Terrasse umrunden jene die Kaaba, die unten keinen Platz gefunden haben, oder jene, die Abwechslung suchen. Für ein wenig Freiraum nehmen sie die um ein Vielfaches längere Entfernung auf sich. Wir schreiten zwischen den Minaretten, unbedrängt, gelegentlich von einem federleichten Wind gestreichelt. Mein Blick schleift

...t, as long ages rolled, he learnt	Indem Äonen und Epochen gingen,
...om Beaver, Ape and Ant to build	lernt erst der Mensch vom Tier, was ihm vonnöten
...helter for sire and dam to brood,	als Schutz sich selbst, dem Muttertier, den Dingen
...om blast and blaze that hurt and killed;	vor Feuer und Gewalten, die ihn töten;
...nd last came Fire; when scrap of stone	Das Feuer kam zuletzt; ein Feuerstein
...st on the flame that lit his den,	warf eine Flamme, die sein Haus erhellt,
...ave out the shining ore, and made	aus Erzen kochte er Metalle rein,
...e Lord of beasts a Lord of men.	der Herr der Tiere ward zum Herrn der Welt.
...he »moral sense,« your Zâhid-phrase,	Die Sittlichkeit, wie sie dein Weiser neurt,
... but the gift of latest years;	entstand erst in den allerletzten Jahren,
...nscience was born when man had shed	Gewissen erst, als sich der Mensch getrennt
...s fur, his tail, his pointed ears.	von Schwanz und Fell und wilden Körperhaaren.

über den Boden, und ich wiederhole *Allahu Akhbar* ohne Unterlaß … auf dem hellen Marmor hinterlassen Füße keine Spuren, jeder Schritt ist ein flüchtiger Schritt, einzig der Name Gottes bleibt, unverändert, unveränderlich. Andere Füße treten ins Blickfeld und wieder hinaus, genauso flüchtige, vergängliche Schritte, die ihren Sinn nur im Bezug zur Kaaba finden, Hinweis auf das, was über Vergessen und Vergeblichkeit hinausreicht.

Arafat

AM BERG DER WIEDERBEGEGNUNG

وَالسَّيْفُ وَالضَّيْفُ وَالْقِرْطَاسُ وَالْقَلَمُ الَّلَيْلُ وَالْخَيْلُ وَالْبَيْدَآءُ تَعْرِفُنِى

Arafat liegt etwa sechs Stunden äußerst bedächtigen
Marsches oder zwölf Meilen auf der Taif-Straße
ostwärts von Mekka entfernt. Wir erreichten den
Ort in kürzerer Zeit, aber unsere ausgelaugten Kamele
warfen sich während des letzten Wegdrittels einige Male
auf die Erde. Die Menschen litten noch mehr. Zwischen
Mina und Arafat sah ich nicht weniger als fünf Männer
niederfallen und am Wegesrand sterben: sie hatten sich,
völlig erschöpft und todkrank, hinausgeschleppt, um mit
dem letzten Atemzug unmittelbar in die Glückseligkeit
einzugehen.[1] Der traurige Anblick zeigte, wie leicht es ist,
in diesen Breitengraden zu sterben;[2] die Männer wankten,
fielen, wie durch einen Schuß niedergestreckt, und er-

---

[1] Jene, die auf Pilgerschaft sterben, werden zu Märtyrern.
[2] Ich kann nicht anders, als zu glauben, daß aus irgendwelchen mir
unbekannten Gründen die Menschen in den wärmeren Regionen leichter

...thquake and plague, storm, fight and fray,
...tents and curses man must deem
...ce he regards his self alone,
...cares to trace the scope, the scheme;

...Quake that comes in eyelid's beat
...uin, level, 'gulf and kill,
...lds up a world for better use,
...eneral Good bends special Ill:

...dreadest sound man's ear can hear,
...war and rush of stormy Wind
...ures the stuff of human life,
...ds health and strength for humankind:

Was Beben, Seuchen, Stürme aufgeregt,
Schreckbilder, Flüche muß der Mensch ertragen,
da er zuerst sich selbst zu sehen pflegt
und sich nicht schert, nach Plan und Zweck zu fragen;

Das Beben, das in einem Augenblick
zerstört, um alles in sich aufzulösen,
bereitet nur die Welt zu besserm Glück,
das große Gute folgt aus kleinem Bösen.

Das Widerlichste für ein Menschenohr,
der Windsbraut Tosen oder Kriegsgebrüll,
bringt Läuterung und neuen Geist hervor,
gibt Kraft und Heilung, wenn der Mensch es will:

starrten nach einem kurzen Schüttelkrampf marmorgleich. Die Leichen wurden behutsam aufgehoben und am selben Abend auf einem freien Platz inmitten der Menschenmasse, die auf der Arafat-Ebene lagerte, nachlässig begraben.[1]

Heute ist der Tag, auf den es ankommt! Diesem Weckruf konnte keiner widerstehen. Verbringe den ganzen Tag im Gebet, deine Gebete gelangen heute direkt zu Gott. Und bete für mich, Bruder! Alles brach auf. Auf den Brücken zogen sich die Busse und Lastwagen zusammen wie brütende Wolken. Es war der heißeste Tag der Hadsch, und der größte Verkehrsstau der Menschheit fand mitten in der arabischen Wüste statt.

Die Putzkolonnen, die zur Verabschiedung aufmarschiert waren, standen in Reih und Glied, wie Brigaden.

sterben als in den kälteren; gewiß ist, daß im Osten ein stilles und schmerzloses Totenbett die Regel ist.
Im Abendlande denkt sich's seicht:
Im Morgenlande stirbt sich's leicht.
(frei nach dem ›West-östlichen Divan‹)

[1] Wir begraben unsere Toten, um sie sozusagen zu erhalten; der Moslem versucht, eine rasche Dekomposition sicherzustellen, und dies macht den Friedhof zu einem ebenso gefährlichen wie unangenehmen Ort.

Die Männer stammten aus Pakistan und Indien, und sie waren orange gekleidet. Vor ihnen gestikulierte ein Saudi im langen, weißen Gewand, erklärte, wie sie das Lager zu säubern hätten, teilte das Reinigungskommando ein, während die Millionen tiefer in die Wüste zogen, um sich selbst zu läutern.

Eigentlich hätten wir unmittelbar nach *ishrak*, dem Gebet nach Sonnenaufgang, aufbrechen sollen, aber wir mußten bis in den tiefen Morgen hinein auf unseren Bus warten. Ich setzte mich zusammen mit den anderen jüngeren Männern auf das Dach. Wir benötigten zwei Stunden für die fünfzehn Kilometer. Auf der mehrspurigen Ringstraße, die den Berg Arafat umschließt, kam der Verkehr kaum voran. Vor uns schlich ein Jeep mit einer offenen Ladefläche voller hochgestapelter Kartons. Drei Männer waren damit beauftragt, die Pakete an die Pilger zu verteilen. Sie warfen uns einige Kartons zu – wir rissen sie auf und entdeckten Orangen, Croissants und Wasserflaschen. Wir versuchten die Orangen mit gezielten Würfen an die weiter entfernten Busse zu verteilen, auf denen viele Arme aufgeregt winkten, aber manche Orange verfehlte ihr Ziel, landete zwischen den Bussen und rollte in die Wüste. Wir reichten die Croissants und die Plastik-flaschen mit Mineralwasser nach unten, zu den Frauen und den älteren Männern, den Rest teilten wir unter uns auf.

Die Sonne erhob sich über uns wie ein Scharfrichter und strafte unser geschorenes Haupt. Rund um den Fuß des Hügels erstreckte sich ein einziges, dichtbesiedeltes Lager, in dem die meisten Pilger ihre Buße taten, denn auf dem Hügel selbst fand nur eine Minderheit Platz. Die Pilger saßen in Zelten, die gewölbten Handflächen vors Gesicht haltend, oder sie standen auf den Pfaden und Freiflächen, zum Berg Arafat gerichtet, weder von der Sonne noch von der eigenen rigorosen Beichte geschont.

Der Heilige Hügel verdankt seinen Namen[1] und Ruhm einer weitbekannten Legende. Als unsere allerersten Eltern das Paradies verwirkten, weil sie Weizen gegessen hatten, der sie ihrer ursprünglichen Reinheit beraubte,

---

[1] Es gibt eine Reihe von Erklärungen für die Herkunft des Wortes. Eine davon lautet: Als Gabriel Abraham die Rituale lehrte, beendete er seine Unterweisung mit der Frage: *A'arafata manásik'ak?* – Hast du die Pilgerriten gelernt? Worauf der Freund Allahs antwortete: *Araftu!* – Ich habe sie gelernt.

As palace mirror'd in the stream,	*Wie ein Palast sich in den Fluten spiegelt*
as vapour mingled with the skies,	*und wie im Nebel sich die Bilder paaren,*
So weaves the brain of mortal man	*so wird der Geist des Sterblichen beflügelt*
the tangled web of Truth and Lies.	*und webt ein Netz der Lüge und des Wahren.*
What see we here? Forms, nothing more!	*Was sieht das Auge? Formen und nicht mehr!*
Forms fill the brightest, strongest eye,	*Mit Formen füllt sich selbst die schärfste Sicht,*
We know not substance; 'mid the shades	*der Formen Inhalt kümmert uns nicht sehr;*
shadows ourselves we live and die.	*denn mehr als Schattenschatten sind wir nicht.*
»Faith mountains move« I hear:	*Der Glaube kann die Berge selbst versetzen.*
I see the practice of the world unheed	*Doch in der Praxis herrschen ungeschützt*
The foolish vaunt, the blatant boast	*die Eitlen, die zuerst sich selber schätzen,*
that serves our vanity to feed.	*mit leerem Selbstlob, das dem Stolze nützt.*

wurden sie auf die Erde hinabgeworfen. Die Schlange landete in Isfahan, der Pfau in Kabul, Satan in Bilbays (andere sagen Semnan oder Seistan), Eva auf dem Arafat und Adam in Ceylon. Adam, entschlossen, seine Frau zu finden, brach zu einer Reise auf, die der Erde ihr gegenwärtiges zerfurchtes Aussehen gab. Wo immer unser erster Vater seinen gewaltigen Fuß aufsetzte, entstand in der Folgezeit eine Stadt; zwischen den Schritten wird immer ›Land‹ sein. Nachdem er viele Jahre umhergezogen war, kam er zum Berg der Gnade, wo unsere gemeinsame Mutter seinen Namen ausrief, und dieses Erkennen gab dem Ort den Namen Arafat. Auf seinem Gipfel errichtete Adam, angeleitet vom Erzengel Gabriel, eine *Mada'a* – einen Gebetsplatz, und das Ehepaar verließ bis zu seinem Tod das Gebiet zwischen diesem und der Nimrah-Moschee nicht. Eine andere Legende behauptet, das Paar sei zusammen nach Indien zurückgekehrt, und von dort aus habe es 44 Jahre in Folge zur Saison der Pilgerfahrt die Heilige Stadt besucht.

Auf diesem Hügel, diesem ›vulkanischen Negativ des Himmlischen Gartens‹, haben sich die Eltern der Menschheit, Adam und Chawa (Eva), nach ihrer Vertreibung aus dem Paradies, nach hundertjähriger Trennung und leidvoller Suche, wiedergefunden – *arafah* bedeutet Wiedererkennen. Im Islam tragen beide gleichermaßen Schuld für ihre Gier nach der verbotenen Frucht, und an diesem Ort hat Gott beiden verziehen. Wenn die Stellung der Frau aus dem Geiste des ursprünglichen Islam heutigen Erfordernissen angepaßt werden soll, dann könnte diese Gleichberechtigung in Verfehlung sowie in Vergebung eine nicht unerhebliche Rolle spielen.

Als wir unseren Zeltplatz erreichten, lud mich Badrubhai zu einem *Chicken Biryani* ein. Es war leicht gewürzt, und die Reiskörner perlten von den Schenkeln herab. Nimm mehr, sagte Badrubhai, du wirst die Kraft gleich benötigen. Nach dem Essen war ein jeder seinem eigenen Geständnis überlassen, seiner eigenen ehrlichen Bilanz. Die Schatten füllten sich mit Hitze; wir saßen im Schneidersitz und schwitzen wie unsichere Kantonisten. Manche Pilger murmelten, andere bewegten ihre Lippen stumm. In Gedanken an meine gravierenderen Schwächen stellte ich einen Katalog von Vorsätzen auf, den ich mental korrigierte, erweiterte und schließlich entschieden zusammenkürzte, weil mir bewußt wurde, daß dies nicht der Ort für frivole Absichten mit geringer Haltbarkeit war. Um mich herum widmeten sich alle der schweigsamen Innenschau – es herrschte völlige, durchdringende Stille bei dieser Kontemplation der vielen.

Vom Heiligen Hügel ging ich hinunter, um mir das Pilgerlager anzuschauen. Die Hauptstraße bestand aus Zelten und Marktbuden, Hütten und Geschäften und war von Laternen erleuchtet, dieser Basar war voller Menschen und mit allen möglichen orientalischen Delikatessen bevorratet. Merkwürdige Vorkommnisse boten sich dem Betrachter dar. Viele Pilger, insbesondere die Soldaten, waren in Laientracht gewandet. Ein halbbetrunkener Albaner ging steifbeinig die Straße hinunter, rempelte friedliche Passanten an und runzelte grimmig die Stirn in der Hoffnung, einen Streit vom Zaun brechen zu können. In einem Zelt, riesig, kaum beleuchtet, erfüllt von beißendem Gestank und mit Bambusstühlen eingerichtet, hatten sich nicht wenige Ägypter mit roten Tarbuschen, weißen Turbanen und schwarzen Zaabuts zusammengefunden und berauschten sich lauthals an verbotenem Hanf. Es gab häufig Raufereien und einige Verwirrung; viele Menschen waren von ihrer Reisegruppe

e these the words for men to hear?	Sind das die Worte, die vom Himmel kommen?
t such the Church's general tongue,	Doch so tönt's in der Kirche überall,
he horseleech-cry so strong so high	und ihre Gier vermischt sich mit dem frommen,
r heav'enward Psalms and Hymns among.	dem Himmel zugesungenen Choral.
hat? Faith a merit and a claim,	Der Glaube sei Verdienst nach dem Gesetze?
en with the brain'tis born and bred?	Verstand hat ihn geboren und genährt.
, fool, thy foolish way and dip	Geh, Narr, auf deinem Narrenweg, und netze
holy water burièd dead!	die Toten mit Weihwasser, die's nicht stört.
follow not th' unwisdom-path,	Doch folge nur nicht der Unweisen Rat,
ave not to this and that disclaim;	indem du eines glaubst, doch jenes nicht
lieve in all that men believes;	glaub alles, was man glaubt; denn in der Tat
re all and naught are both the same.	hat nichts und alles selbiges Gewicht.

getrennt worden, und ihre Rufe nach bestimmten Frauen sowie Männern mischten sich mit den lauten Labbayks.[1] Ich war über das Mißverhältnis von weiblichen zu männlichen Namen erstaunt – die Zahl der vermißten Schönen schien doppelt so hoch wie diejenige des anderen Geschlechts. Schließlich klärte mich Mohammed auf. Waren ägyptische und andere wagemutige Frauen nicht in der Lage, sich der Pilgerfahrt anzuschließen, so bezahlten oder überredeten sie einen Freund, ihren Namen in Hörweite des Heiligen Hügels auszurufen, um so ihre tatsächliche Anwesenheit für das nächste Jahr zu sichern. Deshalb erfüllten die ungebührlichen Klänge von O Fatimah! O Zaynab! O Khayz'ran! die Luft. Plünderer waren ebenfalls unterwegs. Als wir zu unserem Zelt zurückkehrten, fanden wir in der Nähe eine Menschenmenge vor; eine Frau hatte einen Dieb gestellt, als er sich gerade an die Arbeit machen wollte, und ihn mutig am Bart fest-

---

[1] *Labbayk, Allahuma, labbayk; labbayk, laa scharika laka, labbayk; inna-l-hamda wa ni'mata walmulk; laa scharika laka!* / Ich stehe vor Dir, Allah, ich stehe vor Dir; ich stehe vor Dir, es gibt keinen neben Dir, ich stehe vor Dir. Gewiß sind Lob und Segen Dein, und alle Herrschaft; es gibt keinen neben Dir!

Personal Narrative of a Pilgrimage to El-Medinah and Meccah. Band 2, S. 267 ff. gehalten, bis einige Männer ihr zu Hilfe geeilt waren. Und wir waren gezwungen, einige Totengräber gewaltsam davonzujagen, die einen kleinen Haufen von Leichen nur ein oder zwei Yards von unserem Zelt entfernt begraben wollten.

Kaum war die Sonne gänzlich verschwunden, verwandelte sich das Lager der ergriffenen Büßer in einen Bienenstock. Jeder suchte seinen Bus. Es wurde aufgeladen, eingestiegen oder, wie in unserem Fall, über die Leiter auf das Dach geklettert. Ein stinkiger Dunst machte sich breit – die Fahrer von Tausenden und Abertausenden von Schwerfahrzeugen ließen ihre Motoren laufen, damit ihre Passagiere in den Genuß der Klimaanlage kamen. Die Hadschis husteten sich zwischen den Bussen hindurch.

Zusammen mit einem Arzt, der Ilias hieß, und einigen anderen Männern aus Bombay, lag ich entspannt auf dem Dach unseres Busses. Wir unterhielten uns, lachten viel, wir waren ausgelassen, während um uns herum ein irres Hupen anhob, das sich für eine lange Weile nicht beruhigte. Die Ehefrauen und Mütter der Männer um mich herum warfen Leckereien zu uns hinauf. Wir teil-

ten alles miteinander, redeten durcheinander. Einer der
jungen Männer hatte vor kurzem geheiratet. Es war in
seiner Familie wie in vielen anderen Familien Brauch, daß
sich die Frischvermählten mit der Mutter des Bräutigams
auf Hadsch begeben und jeweils eines der jüngeren Ge-
schwister mitnehmen. Er gestand mir, daß er es zu Hause
mit den fünf täglichen Gebeten nicht so genau nehme.
Aber hier, sagte er, hier ist alles anders ...

Einige Stunden später – keiner der Busse in unserer
Nähe hatte sich bewegt – legten wir uns zum Schlafen hin,
in unserem *ihram* nur spärlich gegen die schleichende
Kälte geschützt. Ich wurde vom Fahrtwind geweckt ...
eine Schlucht, Mondhügel, um uns herum eine moto-
risierte Völkerwanderung. Die Autobahn mit ihren zehn
Spuren, vielleicht waren es auch zwölf, zog sich wie ein
Albtraum durch die archaische Landschaft. Bald wurde
der Fahrtwind wieder gebremst, und wir skandierten den
Pilgerruf im Stoßverkehr. Gegen Mitternacht hielten wir
mitten in der Kurve einer Ausfahrt, und der Busfahrer
hieß uns aussteigen. Wir stolperten den Hang hinab und
über die verstreuten, vermummten Körper von Schlafenden hinweg zur nächsten Waschstelle; danach versammel-

ten wir uns auf der Ausfahrt zum Gebet. Ein Kranken-
wagen fuhr langsam auf der rechten Spur an uns vorbei.
Während ich mich auf dem Asphalt verneigte, dachte ich
mit einem gewissen Bedauern, wie hervorragend alles
organisiert war. Die Wüste war planiert und die Hadsch
fast zu einfach.

Nicht zum ersten Mal fiel mir auf, wie schlecht es um
eine sinnvolle Verwendung der finanziellen Großzügigkeit
so vieler Kalifen und Sultane bestellt war, die einerseits
Mekka und Medina beschenkten und ungeheure Summen für die wichtigen Reiserouten der großen Hadsch-
Karawanen durch das Heilige Land aufwandten und es
doch andererseits vollständig verabsäumten, für die Ver-
sorgung und Sicherheit der Vielzahl armer Pilger, die beständig durch diese Gegend reisen, zu sorgen. Ein halbes
Dutzend Hospitäler, zwischen Mekka und Medina errichtet, mit einer jährlichen Zuwendung über mehrere
tausend Dollar, leistete ihrer Religion besseren Dienst
als all die Summen, die verschwendet werden, um der
eigenen Eitelkeit zu schmeicheln oder ein sinnloses Ge-
pränge zur Schau zu stellen. Auf der gesamten Strecke

fe is a ladder infinite-stepped,	*Das Leben ist wie eine Endlosleiter,*
at hides its rungs from human eyes;	*die Sprossen hoch ist uns die Sicht verstellt,*
anted its foot in chaos-gloom,	*sie steht im Chaossumpf, reicht hoch und weiter*
head soars high above the skies:	*bis über alle Grenzen dieser Welt:*
break the chain of Being bears;	*Das Lebens Kette duldet keine Lücke,*
things began in unity;	*aus Einem stammt, was war und heut besteht,*
d lie the links in regular line	*und ist das Band auch sichtbar, bleibt zum Glücke*
ngh haply none the sequence see.	*doch unerkennbar, wie es wirklich weiter geht.*
e Ghost, embodied natural Dread	*Der Dämon, der die Welt mit Unglück narrt,*
dreary death and foul decay,	*den Tod verkörpert und Verwesung stiftet,*
gat the Spirit, Soul and Shade	*hat sich mit Hades' blasser Schar gepaart,*
th Hades' pale and wan array.	*den Geist gezeugt, die Seele, und vergiftet.*

zwischen Mekka und Medina findet sich kein einziges öffentliches Rasthaus, nichts wird für das Wohl der Reisenden getan, lediglich die Brunnen werden instand gehalten. Die einzige wahrhaft wohltätige Handlung eines jener Monarchen, die über Mekka herrschten, war das auf den Befehl Muayyads, des Sultans von Ägypten, im Jahr 816 h (1413 n. Chr.) erbaute Hospital zu Mekka. Davon ist heute nichts mehr übrig.

Personal Narrative of a Pilgrimage to El-Medinah and Meccah. Band 2, S. 233

Die Steinigung

The Soul required a greater Soul,
a Soul of Souls, to rule the host;
Hence spirit-powers and hierarchies,
all gendered by the savage Ghost.

Not yours, ye Peoples of the Book,
these fairy visions fair and fond,
Got by the gods of Khemi-land
and faring far the seas beyond!

»Th' immortal mind of mortal man!«
we hear you loud-lunged Zealot cry;
Whose mind but means his sum of thought,
an essence of atomic »I.«

Die Seelen brauchten eine Oberseele,
ein Haupt der Menge, dem sie dienstbar sind,
durch Geist, Rangunterschiede und Befehle,
auch das ist dieses wilden Dämons Kind.

Gewiß, ihr Gläubigen der Schrift habt euch
all diese Dinge selbst nicht ausgedacht,
sie wurden aus Ägyptens Götterreich
und jenseits ferner Meere hergebracht!

»Der Mensch ist sterblich, ewig ist sein Geist!«
So hören wir das Kreischen des Zeloten,
dem der Extrakt von seinem »Ich« so heißt,
die Summe von Gedanken und Geboten.

DIE STEINIGUNG DES TEUFELS
IST DIE STEINIGUNG DER VIELEN

وَالسَّيْفُ وَالضَّيْفُ وَالْقِرْطَاسُ وَالْقَلَمُ اللَّيْلُ وَالْخَيْلُ وَالْبَيْدَآءُ تَعْرِفُنِي

Spätnachts floß ein Strom von Menschen in Richtung Mina. Ich suchte an den Hängen nach kleinen Steinen, die ich für die symbolische Steinigung des Teufels benötigen würde, aber ich wurde nur mühsam fündig. Bei zwei Millionen Pilgern werden selbst in der Steinwüste die Steine rar, zumal sie so klein sein sollten, daß sie niemanden verletzen, groß genug aber, um aus einer Entfernung von etwa fünf bis zehn Metern mit einiger Treffsicherheit geworfen zu werden. Schließlich rutschte ich den Hang hinab und schloß mich dem Strom an. Wir trieben schweigend in der Kälte dahin, eine Kolonne, die durch eine Lagune des Schlafes watete. Manche Hadschis taumelten, manche drängelten, manche traten auf die Ruhenden, die ringsum lagerten. Alles wie

...ought is the work of brain and nerve,
...small-skulled idiot poor and mean;
...sickness sick, in sleep asleep,
...d dead when Death lets drop the scene.

...ish!« quoth the Zâhid, »well we ken
... teaching of the school abhorr'd
...hat maketh man automaton,
...nd a secretion, soul a word.«

...f molecules and protoplasm
...t matter-mongers prompt to prate;
...f jelly-speck develeopment and apes
...t grew to man's estate.«

Gedanken sind das Werk von Hirn und Nerven,
im kleinen Schädel eines armen Wichts,
im Schlafe schlafend, leichtlich umzuwerfen,
und wenn der Tod den Vorhang läßt, bleibt nichts.

»Toll, spricht der Fromme, so ein langer Bart!
Von diesen Kreisen lernt man immerfort,
der Mensch sei nichts als nur ein Automat,
Geist ein Sekret, die Seele nur ein Wort.«

Von Protoplasma und von Molekülen,
Materie, vom Urschleim könnt ihr reden
mit unverstandenen Begriffen spielen,
vom Affen zieht zum Menschen ihr die Fäden.«

gewohnt – der Zustand völliger Reinheit konnte nicht lange anhalten. Als ich nach einer Weile stehenblieb, um einen Tee zu trinken – der Somalier und seine Thermoskanne waren umringt von mumienhaften Gestalten –, fragte ich nach der Uhrzeit. Es war schon drei Uhr. Es lohnte sich nicht mehr, einen Schlafplatz zu suchen.

Gegen vier Uhr erreichte ich die Zeltstadtmitte von Mina und verspürte Hunger. Der Supermarkt war geöffnet. In einer Ecke waren arabische Süßigkeiten aufgehäuft. Ich kaufte ein großzügig bemessenes Stück Baklava, einen Orangensaft und eine Buttermilch, setzte mich auf eine Treppe und betrachtete die Ungeduldigen auf ihrem Weg durch die ausgeleuchtete Nacht zur voreiligen Steinigung. Mir schwante Böses. Der Tag von Arafat, sagen die Weisen, ist der bitterste Tag für Satan. Das mag stimmen. Doch am nächsten Tag ist Satan wieder im Rennen. In Mina gehört Übermut gewiß zu seinen Lieblingssünden.[1] Wenn du jetzt zur Steinigung

---

[1] ›Als ich auf dem Weg zur Steinigung war, begegnete mir ein überheblicher Hadschi. Und er sagte: Sie können sich diese Mühe sparen, wenn es Ihnen beliebt, denn ich habe dem Teufel schon die Augen zertrümmert.‹ (Joseph Pitts)

Vain cavil! all that is hath come
either by Mir'acle or by Law; –
Why waste on this your hate and fear,
why waste on that your love and awe?

Why heap such hatred on a word,
why »Prototype« to type assign,
Why upon matter spirit mass?
Wants an appendix your design?

Is not the highest honour his
who from the worst hath drawn the best;
May not your Maker make the world
from matter, an it suit His hest?

Doch um das Leere hin und her zu enden:
Sei's Wunder, sei's Naturgesetzlichkeit,
was diese Welt erschuf, warum verschwenden
wir Glauben, Ehrfurcht, Haß auf diesen Strei

Warum erregen Wörter solchen Haß?
Ist es so wichtig, wie die Urform war?
Wozu braucht Masse noch ein geistig Maß?
Die Theorie ist wohl noch nicht ganz klar?

Liegt höchste Ehre denn nicht grad in dem,
das Beste aus dem Niedrigstem zu heben?
Kann nicht der Schöpfer, wie es ihm bequem,
Materie umschaffen und beleben?

gehst, warnte mich Badrubhai einige Stunden später im Zelt, wirst du erleben, was für ein leichtes Spiel der Satan hat. Die Leute benehmen sich schlimmer, als er es sich je erhoffen könnte. Ihr ganzes Verhalten widerspricht dem Geist des Islam.

Der *Schaytan al-Kabir*[1] ist ein kleiner Pfeiler aus unbehauenen Steinen, etwa acht Fuß hoch und zweieinhalb Fuß breit, der gegenüber einer rauhen Mauer am Eingang nach Mina, wenn man aus Mekka kommt, positioniert ist. Da die Zeremonie der Steinigung am ersten Tag von allen Pilgern zwischen Sonnenaufgang und Sonnenuntergang ausgeführt werden muß und da Satan aus Bosheit in einem zerklüfteten Paß erschienen ist, geht an diesem Ort einige Gefahr von der Menschenmenge aus. Auf einer Seite der Straße, welche keine vierzig Fuß breit ist, befand sich eine Reihe von Läden, die meisten von ihnen Barbiere.[2] Auf der anderen Seite steht besagte Mauer, und vor ihr der mit einem *chevaux de frise* aus

---

[1] Arabisch: Der große Satan.
[2] Nach der Hadsch und nach der *umrah* (der kleinen Pilgerreise) sollte man sich den Kopf kahlscheren.

Beduinen und nackten Jungen geschmückte Pfeiler. Auf
engstem Raum kämpften die Pilger wie ertrinkende Männer darum, dem Teufel so nahe wie nur möglich zu kommen; es wäre ein leichtes gewesen, über die Köpfe der
Menschen zu laufen. In der Menge waren auch Reiter,
deren Rösser sich wild aufbäumten. Beduinen auf wilden
Kamelen und Granden auf Maultieren und Eseln verließen sich auf junge Männer, die ihnen mit Hieben und
Tritten einen Weg durch die Masse bahnten. Ich hatte
gelesen, wie Ali Bey sich selbst beglückwünschte, diesem
Ort mit ›nur zwei Wunden am linken Bein‹ entkommen
zu sein, und mich dementsprechend mit einem versteckten Dolch ausgestattet. Diese Vorkehrung erwies sich als
nicht gänzlich nutzlos. Kaum befand sich mein Esel inmitten der Menschenmenge, wurde er von einem Dromedar niedergerissen, und ich befand mich unterhalb des
Bauches des auskeilenden und brüllenden Tieres. Nachdem ich mich durch umsichtigen Einsatz des Messers vor
der Gefahr, zertrampelt zu werden, gerettet hatte, verlor
ich keine Zeit, diesem so unglaublich gefährlichen Ort zu
entfliehen. Manche muslimische Reisende beteuern –
als Beweis für die Heiligkeit des Ortes –, daß hier noch

nie ein Muslim getötet worden sei, doch die Bewohner Mekkas versicherten mir, daß Unfälle keineswegs selten sind.

Alsbald bahnte sich Mohammed mit blutender Nase seinen Weg aus der Menge. Wir setzten uns auf eine Bank vor der Bude eines Barbiers und warteten, durch unser Mißgeschick weise geworden, geduldig auf eine günstigere Gelegenheit. Als sich eine Lücke auftat, näherten wir uns der Stätte bis auf etwa fünf Ellen. Jeder Stein wurde zwischen Daumen und Zeigefinger der rechten Hand gehalten und dann in Richtung des Pfeilers geworfen, wobei wir ausriefen: ›Im Namen Gottes, und Gott ist allmächtig! Dies geschieht im Haß auf Satan und zu seiner Schande.‹ Worauf eine Lobpreisung Gottes folgte. Nachdem wir die sieben Steine vorschriftsmäßig geworfen hatten, zogen wir uns zurück und nahmen in der Bude des Barbiers auf einer der Lehmbänke Platz. Dies war der Moment, den Ihram – das Pilgergewand – abzulegen, und zu Ihlal, dem normalen Zustand im Al-Islam, zurückzukehren. Der Barbier rasierte unsere Köpfe, und nachdem er unsere Bärte gestutzt und unsere Nägel geschnitten hatte, hieß er uns folgende Worte wiederholen: ›Ich

...arn from the mighty Spi'rits of old	Wir sollten auf die großen Alten schauen
...set thy foot on Heav'n and Hell;	und nicht nach Himmel oder Hölle fragen;
...Life to find thy hell and heav'en	wie wir das Leben leben, was wir bauen,
...thou abuse or use it well.	sei Himmel uns und muß als Hölle plagen.
...deemed the doughty Jew who dared	Der kluge Jude ging das Wagnis ein,
...studied silence low to lay	gelehrt zu schweigen über solche die Fragen,
...cus and Hades, lands of shades,	vom Orkus, Hades, Schattenland und Schein,
...gloomy night of human day.	von tiefer Nacht nach unsern Erdentagen.
...rd to the heart is final death:	Der letzte Tod ist für das Herz zu schwer;
...n would an Ens not end in Nil;	das Sein ersehnt sich, nicht im Nichts zu enden;
...ve made the sentiment kindly good:	doch Liebe machte selbst den Schrecken hehr:
...Priest perverted all to ill.	den Pfaffen blieb, zum Schlechten es zu wenden.

beabsichtige, meinen *ihram* gemäß dem Vorbild des Propheten abzulegen, den Gott segnen und beschützen möge!
O Gott, gib, daß in jedem Haar Licht, Reinheit und großzügige Belohnung ist! Im Namen Gottes, und Gott ist
allmächtig!‹ Am Schluß verabschiedete uns der Barbier
mit einem höflichen ›Naiman – Möge es euch wohl-
tun!‹. Worauf wir förmlich erwiderten, ›Gott schenke
dir Freude!‹ Wir hatten keine andere Kleidung bei uns,
aber wir konnten unsere Köpfe mit den *ihram*-Stoffen
bedecken, und die leichten Schuhe schützten unsere
Füße vor der gleißenden Sonne; nun konnten wir unsere
Schnurrbärte sorglos zwirbeln und unsere Bärte glatt-
streichen, schlichte Freuden, die uns durch die Regeln
der Hadsch vorenthalten worden waren.

Personal Narrative of a Pilgrimage to El-Medinah and Meccah. Band 2, S. 282 ff.

Um Viertel nach zehn in der Früh – Zeitungsberichte
bestätigten am nächsten Morgen die Gerüchte – wurden
auf einer der Brücken, die zur Teufelssäule führen, zweiundzwanzig Pilger zu Tode getrampelt.[1] Um Viertel vor

---

[1] 1998 starben im Gedränge bei der Steinigung 170 Pilger, 2001
kamen 38 Menschen um. Nach Stromausfall im Tunnel zwischen Mekka
und Mina und anschließender Massenpanik starben 1990 1400 Pilger.

zehn stand ich nahe der Großen Säule und dachte: So fühlt es sich an, wenn man zerdrückt wird. Ich wußte nicht mehr, wo mein Körper endete und die Masse begann, und wie alle um mich herum geriet ich in Panik. Ich wollte um mich schlagen, aber etwas – ein Rest Anstand oder eine plötzliche Lähmung – hinderte mich daran. Ich nahm die Menschen um mich herum kaum wahr, ich spürte nur: Jeder Bruder und jede Schwester ist mein Todfeind und zugleich mein einziger Halt.

Die Polizei hatte die Menschenströme zwar kanalisiert, aber die Hadschis begannen wild zu drängen, sobald sie der Säule ansichtig wurden. Je näher wir ihr kamen, desto mehr schwankte die Menge, wie ein rollendes Schiff. Schreie warfen sich auf Schreie. Das letzte bißchen Rücksicht und Geduld, das manch ein Pilger an den Tag gelegt haben mochte, wurde erdrückt. Hadschis warfen ihre Steine aus viel zu großer Entfernung, sie trafen nicht das Symbol des Teufels, sie trafen ihre eigenen Brüder und Schwestern. Selbst jene, die warteten, bis sie nahe genug an die Säule herangekommen waren, hatten Schwierigkeiten, das Gleichgewicht zu halten, um gezielt werfen zu können. Ich verschoß wie die meisten der in-

ho e'er return'd to teach the Truth,
he things of Heaven and Hell to limn?
nd all we hear is only fit
r grandam-talk and nursery-hymn.

Have mercy, man!« the Zâhid cries,
f our best visions rob us not!
Mankind a future life must have
balance life's unequal lot.«

Nay«, quoth the Magian, »'tis not so;
draw my wine for one and all,
A cup of this, a score for that,
en as his measure's great or small:

Wer kam zurück, daß er die Wahrheit zeichnet,
gab Himmel und die Hölle richtig wieder?
Denn alles was man hört, ist nur geeignet
für Ammenmärchen oder Wiegenlieder.

»Hab Nachsicht mit uns, Mann, so ruft der Fromme,
und nimm uns nicht die herrlichste Vision.
Der Mensch muß hoffen, daß noch etwas komme,
für dieses Daseins Mühe einen Lohn.«

»Das ist, so sagt der Magier, nicht genug,
für all und jeden gibt es gleichen Wein,
ein Maß für das, für jenes einen Schluck,
gleich, ob der Becher groß ist oder klein:«

zwischen völlig verängstigten Hadschis meine Munition schnell, ohne an die erforderlichen Gebete zu denken, an die tiefere Bedeutung des Rituals. Eigentlich sollten wir so stehen, daß die Kaaba zu unserer Linken und Mina zu unserer Rechten lag, eigentlich sollten wir die Steine zwischen Daumen und Zeigefinger halten und vor jedem Wurf ein Gebet sprechen. Aber wir achteten nicht mehr auf Regeln, wir waren nur noch darauf bedacht, lebendig aus dem Ritual herauszukommen. Keiner von uns ähnelte Ismail, dem unerschütterlichen Sohn Ibrahims (Abrahams), wir waren wie eine Armee auf der Flucht, wie Soldaten, die ihre letzte Munition verschießen.

Ich hatte in meinem Bemühen, niemanden zu treffen, zu langsam geworfen, hatte nicht bemerkt, daß ich immer weiter nach vorn gedrängt wurde. Auf einmal stand ich neben der Umfassung der Säule. Steine fielen auf meine Schultern, auf meinen Nacken. Ich hob meine zusammengefaltete Gebetsmatte hoch und verwendete sie als Schild, und mit der anderen Hand versuchte ich mich von der Mauer wegzudrücken, um nicht zerquetscht zu werden. Ich blickte mich um. Die Mauer war eine etwa einen Meter hohe Einfriedung, die Steine rasselten einen

»Who drinks one bowl has scant delight;
to poorest passion he was born;
»Who drains the score must e'er expect
to rue the headache of the morn.«

Safely he jogs along the way
which ›Golden Mean‹ the sages call;
Who scales the brow of frowning Alp
must face full many a slip and fall.

Here extremes meet, anointed Kings
whose crownèd heads uneasy lie,
Whose cup of joy contains no more
than tramps that on the dunghill die.

»Ein Becher nur macht schmächtiges Vergnügen
der Mensch ist klein in dem, was ihm behagt,
wer viele Maße trinkt, muß sich dreinfügen,
daß ihn ein Kater nächsten Morgen plagt.«

Wer immer auf der Goldnen Mitte lebt,
wird sicher seinen Lebensgang vollbringen,
doch wer dem Gipfel frech entgegenstrebt,
dem wird es ohne Fehltritt kaum gelingen.

So treffen sich Extreme: hier ein König,
der sein gesalbtes Haupt in Ängsten wiegt,
in dessen Becher ist von Glück so wenig
wie dem des Lumpen, der im Elend liegt.

Trichter hinab und fielen durch eine Öffnung nach unten, auf die Ebene der Straße – wir waren auf einer Überführung.

Zur Steinigung zu gelangen war einfacher, als ihr den Rücken zuzudrehen. Sobald die Hadschis ihre sieben Steine geworfen hatten, schubsten und drängten sie sich einen Ausweg durch die Masse, ungeachtet des Möglichen. Sie schlugen mit den Ellenbogen um sich und drückten mit ihrem ganzen Gewicht gegen die Vorderen. Sie ließen Querende nicht vorbei, die ihrerseits mit Gewalt durchzubrechen versuchten. Jeder nährte den Teufel in sich selbst. Vielleicht war es doch kein Fehler, daß die Steine auf die Pilger niedergingen, denn damit trafen sie den Teufel eher als in der Säule. Die Steine, die eine Säule treffen, dachte ich, als ich am Ausgang der Überführung endlich Luft holen konnte und meine Nerven sich ein wenig beruhigt hatten, sind so selten wie gute Menschen.

Dem Sünder schon vom Mutterschoße an,
erzogen für den Galgen, daß er hängt,
dem Heiligen, der gar nicht anders kann,
als daß er stets in Gottes Nähe drängt;

Denn alle, die in dieser Sphäre weilen,
erhalten schicksalhaft von Ewigkeit
in festgesetzten, angemessnen Teilen
dasselbe Maß an Freude, Weh und Leid.

»Wie kommt es aber, daß wir unser Leben
in Jagd nach Reichtum oder Ruhm verbringen,
was streben wir, wie alle Menschen streben,
nach Wolkenzielen, die wir nicht erzwingen?«

FÜNFFE ZIEGEN UND ZWEEN KAMELE

وَالسَّيْفُ وَالضَّيْفُ وَالْقِرْطَاسُ وَالْقَلَمِ الْلَيْلُ وَالْخَيْلُ وَالْبَيْدَآءُ تَعْرِفُنِي

The Saudi Project for utilization of sacrificial animals, managed by the Islamic Development Bank. Der Schalter sah aus, als würden dort Lotteriescheine verkauft werden. Glanzlaminierte Broschüren lagen aus, beschrieben das ultramoderne Schlachthaus am Rande von Mina, die in letzter Zeit vorgenommenen Verbesserungen der Hygiene, die Verteilung der Fleischspenden. Ein effizienter Mitarbeiter erklärte das Angebot. Ich mußte mich zwischen einem Schaf oder einem Siebtel Kamel entscheiden. Er deutete auf einen Aushang, der die Länder aufführte, die in diesem Jahr mit Fleisch von der Opferung beliefert würden. Jährlich werden etwa eine halbe Million Tiere geschlachtet und das Fleisch als Spende an über zwanzig Länder verteilt – Hauptnutznießer in den Jahren, über die eine Statistik Auskunft erteilte, war Bangladesch, gefolgt von Jordanien und Libanon. Es stand mir frei, meine Spende einem bestimmten Land zuzusprechen. Ich entschied mich zugunsten meiner ›slawischen Brüder und Schwestern‹ in Bosnien, zahlte einhundert Dollar und erhielt einen Coupon, der so aufwendig gedruckt war wie eine Aktienurkunde. Die Steinigung des Teufels war lebensgefährlich gewesen; die zweite Pilgerpflicht am Festtag des *Id al-Aza* ließ sich mit einem Zücken des Geldbeutels erledigen. Nichts deutete auf die große Schlachtung hin, außer der beachtlichen Zahl von Fleischstücken, die sich vor der offenen Küche am Eingang unseres Lagers stapelten und später in den riesigen Töpfen, in denen täglich zwei Mahlzeiten für uns zubereitet wurden, stundenlang zu einem exzellenten Curry geschmort wurden.

Wir debattierten über das Opfer, das nur eine Sunnat ist, eine überlieferte Handlung des Propheten. Üblicherweise wird gleich nach der ersten Steinigung geopfert, und wir hatten uns bereits eine Verzögerung zuschulden kommen lassen. Unter diesen Umständen und in Anbetracht des armseligen Zustandes meines Portemonnaies wollte ich nicht gleich ein Schaf kaufen, sondern beschränkte mich zunächst darauf, meine Nachbarn zu

hat to the Hindu saith the Frank:	Mit welchem Grund behauptet denn der Christ,
Denier of the Laws divine!	der Hindu leugne göttliche Gebote:
However godly-good thy Life,	»Wie gut und fromm du auch im Leben bist,
ell is the home for thee and thine.«	die Hölle winkt dir doch nach deinem Tode.
So strain the draught before 'tis drunk,	So trink in kleinen Zügen, was du hast,
d learn that breathing every breath,	und sieh, daß du mit allem, was du treibst,
With every step, with every gest,	mit jedem Schritt und Atem, den du faßt,
mething of life thou do'est to death.«	dein Leben ewgem Tode überschreibst.«
plies the Hindu: »Wend thy way	Der Hindu meint: »Geh du nur immer fort
foul and foolish Mlenchhas fit;	auf deiner Bahn der Toren und der Heiden,
our Pariah-par'adise woo and win;	das Pariah-Paradies, das ist dein Ort,
such dog-Heav'en I laugh and spit.	ich spuck auf deine Hundehimmelfreuden.«

beobachten. Sie gaben sich große Mühe, insbesondere die zahlreichen in unserer Nähe zeltenden Inder, das Opfertier möglichst billig zu kaufen; aber die Beduinen waren nicht weniger gerissen, und es schätzten sich all jene glücklich, die weniger als fünf Vierteldollar zahlten. Andere zogen es vor, einen mageren Ochsen zu kaufen. Keiner – abgesehen von den Scharifen und den höchsten Würdenträgern – schlachtete ein Kamel. Die Pilger schleppten ihre Opfertiere zu einem glatten Stein in der Nähe der Akabah, über dem ein kleiner offener Pavillon steht, dessen von frischem Blut rotbespritzten Wände bewiesen, daß der Fürst und seine Bediensteten mit der Opferung beschäftigt gewesen waren. Andere standen vor ihren Zelten, und nachdem sie das Gesicht des Opfers zur Kaaba gerichtet hatten, schnitten sie seine Kehle durch, während sie ›Bismillah! Allaho Akbar‹ ausriefen.[1]

Mohammed richtete meine Aufmerksamkeit spöttelnd auf die Inder, die – sanftmütig wie sie sind – einen arabischen Schächter beauftragt hatten, die Schlachtung

---

[1] Vollständig: Im Namen Gottes, Gott ist groß. O Gott, dies ist von mir für dich, bitte nimm es von mir an.

»Cannibals of the Holy Cow!
who make your rav'ening maws the grave
»Of things with self-same right to live; –
what Fiend the filthy license gave?«

What to the Moslem cries the Frank?
»A polygamic Theist thou!
»From an imposter-Prophet turn;
Thy stubborn head to Jesus bow.«

Rejoins the Moslem: »Allah's one
tho' with four Moslemahs I wive,
»One-wife-men ye (damnèd race!)
you split your God to Three and Five.«

Ihr freßt das Fleisch der heilgen Kuh,
füllt eure Wampen, bis ihr euch erbrecht –
welch Teufel gab euch nur das Recht dazu? –
von Wesen mit demselben Lebensrecht.

Was hört man Christen über Moslems beten?
»Vielweiberei, das paßt zu euch Theisten.
Laßt endlich ab von eurem Lugpropheten,
beugt euch vor Jesus, werdet endlich Christen.«

Der Moslem gibt zurück: »Allah ist einer!
Ich kann vier Ehefrauen unterhalten,
verflucht seid ihr, mit einer oder keiner,
wollt Gott in drei, ja fünf Personen spalten.«

durchzuführen; und er weckte den Zorn von Scheich Nur mit seinem Hohn über die Hasenherzigkeit der Männer aus dem Hind.[1] Es gilt als verdienstvoll, das Opfer zu verschenken, ohne selbst von dem Fleisch zu essen. Takruri lauerten in der Nähe wie Geier, die Schafe und Ziegen fest im Blick; und kaum erhielten sie ein Zeichen, fielen sie über die Körper her und schnitten sie auf, ohne sie wegzubewegen. Der ganze Boden des Tals entsprach dem schmutzigsten Schlachthaus, es wimmelte von Fliegenschwärmen. Die blutgetränkte Erde begann nach widerlichen Dünsten zu stinken. Nichts bewegte sich am Himmel außer Drachen und Geiern.

Personal Narrative of a Pilgrimage to El-Medinah and Meccah. Band 2, S. 292 ff.

[1] Sind(h) ist vor dem Indus, Hind ist hinter dem Indus.

VON PILGERN UND BETTLERN

والسَّيْفُ والضَّيْفُ والقِرْطَاسُ والقَلَمِ الَّلَيْلُ والخَيْلُ والبَيْدَاءُ تَعْرِفُنِى

D er erste Gruß, der uns entgegenschallte, lautete *Yá Pirán Pir! Yá Abd el-Kádir Ghilani!* (O Heiliger der Heiligen! O Abd el-Kádir von Ghilan!), ausgesprochen mit typischem Hindi-Näseln; und in den immer dunkleren Schatten konnten wir vage eine düstere Reihe menschlicher Wesen erahnen, welche an dem stygischen Ufer umherstreiften. Auf meine Frage hin gaben sie sich als indische Hadschis aus, die, wie üblich, von Beduinen ausgeraubt worden waren und sich auf dem Heimweg über Jerusalem und Bagdad befanden. Die Gruppe, bestehend aus sechs Männern und einer Frau, war zu Fuß unterwegs; sie fanden Unterschlupf in Schilfrohrhütten und übernachteten oft in der Wildnis; aber seltsamerweise war keiner von ihnen in schlechter Verfassung, und einer der Männer war richtiggehend fett. Da sie über Hunger klagten, überließ ich ihnen etwas Schiffs-

When doctors differ who decides *amid the milliard-headed throng?* *Who save the madman dares to cry:* *»'Tis I am right, you all are wrong?«*	*Wenn die Doktoren sich nicht einig sind,* *wer in Millionen kann das Urteil geben?* *Denn nur der Irre schreit, vielleicht ein Kind:* *»Ich habe recht, ihr alle liegt daneben!«*
»You all are right, you all are wrong,« *we hear the careless Soofi say,* *»For each believes his glimm'ering lamp* *to be the gorgeous light of day.«*	*»Ihr habt doch alle recht, und wieder nicht,* *so hören wir den losen Sufi sagen,* *denn jeder sieht in seinem kleinen Licht* *die Pracht und Helle großer Dinge tagen.*
»Thy faith why false, my faith why true? *'tis all the work of Thine and Mine,* *»The fond and foolish love of self* *that makes the Mine excel the Thine.«*	*Dein Glaube falsch, mein Glaube wahr?* *Am Ende dreht sich alles nur ums ›Ich‹,* *die Eigenliebe fügt es wunderbar,* *und sagt uns gern: Ich übertreffe dich.«*

zwieback, und später gab ich ihnen an Almosen, was wir entbehren konnten. Sie segneten mich mit einer *fátihah,* der Eröffnungssure des Korans, baten um mehr, und schließlich erklärten sie, daß ich ihnen den zwanzigtägigen Marsch über Akabah ersparen könne, wenn ich ihnen die Bootsüberfahrt nach Suez bezahlte. Kaum hatten sich diese Armen aus dem Staub gemacht, als andere in ähnlicher Verfassung nachfolgten. Offensichtlich reist eine ganze Anzahl von Nachzüglern noch Monate nach der Hadsch die Küste entlang. Viele Jahre habe ich bei der anglo-indischen Regierung vergebens darauf gedrängt, diesen Mißstand aus der Welt zu schaffen, indem sie die Muslime verpflichtet, ihren eigenen Gesetzen zu entsprechen. Als der Prophet Allahs die Pilgerfahrt nach Mekka zu einer der Pflichten des Islam bestimmte, verbot er ausdrücklich denjenigen aufzubrechen, die es sich nicht leisten konnten, ihren Familien ausreichend Geld zurückzulassen und auf eine Art zu reisen, welche ihrem Rang geziemte. Nichts wäre leichter, als diese Verfügung durchzusetzen, indem man nur Pilger aufbrechen läßt, die 500 Rial vorweisen können. Aber jene fatale anglo-indische Apathie ist Hindernis genug.

The Gold Mines of Midian, S. 133 ff.

ase then to mumble rotten bones;
d strive to clothe with flesh and blood
he skel'eton; and to shape a Form
at all shall hail as fair and good.

'or generous youth,« an Arab saith,
ahim's the only genial state;
ive us the fire but not the shame
ith the sad, sorry blest to mate.«

d if your Heav'en and Hell be true,
d Fate that forced me to be born
rce me to Heav'en or Hell – I go,
d hold Fate's insolence in scorn.

Hör auf, an morsche Knochen dich zu halten.
Mit neuem Fleisch umkleide das Gerüst,
und neue Form versuche zu gestalten,
die allen wert und akzeptabel ist.

Ein Sprichwort sagt: »Der wilde Jugendgeist
gleicht dem der Seelen in den Höllenflammen;
gib uns das Feuer, das uns vorwärts reißt,
doch ohne uns gleich jenen zu verdammen.«

Wenn Himmel oder Hölle existiert
und wenn das Schicksal, das mich zwang zu sein,
zur Hölle oder in den Himmel führt,
dann sei es so, doch ist die Schuld nicht mein.

In Mina, wie auch in Mekka, gab es kaum Bettler, doch die wenigen, die einen ansprachen, waren allesamt Inder. Noch vor wenigen Jahren importierten die Vereinigten Arabischen Emirate zu Ramadan Gastbettler aus Indien, damit die in diesem Monat vorgeschriebene Großzügigkeit nicht an einem Mangel an Bedürftigen scheiterte. Die Bettler sollen angeblich Profis sein, streng organisiert von Menschenhändlern. Sie müssen ihre Einnahmen abgeben und erhalten dafür ein Gehalt, das bei etwa vierhundert Rial, gut hundert Euro, liege. Laß dich von ihrem *ihram* nicht täuschen, sagte mir ein indischer Pilger, der neben mir stehenblieb und den Bettler, mit dem ich mich unterhielt, unwirsch verscheuchte. Sie lügen alle. Sie behaupten aus Kaschmir zu stammen, um Mitgefühl zu erregen, denn jeder Moslem hat von der Tragödie Kaschmirs gehört. Gestern wandte sich einer an mich, der stammte eindeutig aus Indien, und er trug ein kleines Kind im Arm, ein wenige Monate altes Baby. Der Mann bettelte um Hilfe für sein Kind, aber das Kind war schwarz, pechschwarz. Es sah eher sudanesisch aus. Wie soll das denn gehen, fragte ich ihn. Hast du dir dein eigenes Kind mal genauer angesehen?

Am nächsten Tag wurde ich im Flüsterton von einem jungen Inder in erstaunlich flüssigem Englisch angesprochen. Er sei Student aus Aligarh in Nordindien und schon seit vierzig Tagen unterwegs – das Geld sei ihm ausgegangen. Er konnte mir allerdings nicht erklären, wieso er so lange in Mekka verweilen mußte, wenn ihm die Mittel dazu fehlten, und als ich ihn daran erinnerte, daß ein Hadschi weder betteln noch ohne ausreichende Mittel die Pilgerreise antreten dürfe, war er mit einem Schlag keines einzigen englischen Wortes mehr mächtig. Sein Unbehagen trieb ihn zur Flucht, als ich ihm dieses allseits bekannte Gebot in ein gestottertes Urdu übersetzte.

Früher, vor den Zeiten von Telefon, Konsulaten, Western Union und Hadsch-Büros, waren viele Pilger auf Almosen angewiesen, sei es, weil sie beraubt worden waren oder nicht über ausreichende Mittel verfügten. ›Da sind all die armen Kerle‹, schreibt der iranische Hadschi Kazemzadeh im Jahre 1912, ›in einem Zustand völliger Entbehrung, die fast nackt am Wegrand liegen und etwas Labsal im Schatten der Büsche suchen, der einzigen Vegetation in der Wüste. Wer vorbeikommt, gibt diesen

Unglücklichen, die der Gnade der Sonne und des Sandes ausgesetzt sind, etwas zu essen, und gelegentlich nimmt eine großzügige Person sie auf ihrem Kamel mit nach Mekka.‹

How when the light and glow of life
wax dim in thickly gath'ering gloom,
Shall mortal scoff at sting of Death,
shall scorn the victory of the Tomb?

One way, two paths, one end the grave.
This runs athwart the flow'ery plain,
That breasts the bush, the steep, the crag,
in sun and wind and snow and rain:

Who treads the first must look adown,
must deem his life an all in all;
Must see no heights where man may rise,
must sigh no depths where man may fall.

Wenn uns das Licht verläßt, die Glut des Leben
und wandelt sich zu fahlem Dunkelrot
wird aller Spott und Menschenwort vergebens,
es siegt das Grab, der Stachel bleibt dem Tod?

Ein Weg, zwei Pfade, eins das Ziel, das Grab.
Der eine führt wie durch ein Blumenfeld
und jener durch die Ödnis, Sonne wechselt ab
mit Schnee und Kälte, und der Regen fällt:

Wer auf dem ersten geht, muß sich bescheiden,
sein ist das Diesseits, ganz von dieser Welt,
darf Höhen nicht um ihre Sicht beneiden
und nicht in Tiefen sehn, daß er nicht fällt.

RÜCKKEHR NACH MEKKA

وَالسَّيْفُ وَالضَّيْفُ وَالقِرْطَاسُ وَالقَلَمِ النَّيْلُ وَالخَيْلُ وَالْبَيْدَآءُ تَعْرِ فُنِي

Am Freitag, dem 12. Zu'l Hijjah, wurden die Kamele wie vereinbart zur Morgendämmerung herbeigeführt, und sie wurden ohne Verzögerung beladen. Es war unser Bestreben, Mekka rechtzeitig zur Predigt zu erreichen, und ich persönlich war begierig, der inzwischen pestartigen Luft von Mina zu entkommen.

Das Land stank buchstäblich. Fünf- oder sechstausend Tiere waren getötet und in dieser Schüssel des Teufels zerlegt worden. Ich überlasse es dem Leser, sich den Rest auszumalen. Das Übel könnte durch die Errichtung von Schlachthöfen oder, noch einfacher, durch das Ausheben langer Gräben vermieden werden. [...] Unerfreulicherweise steht der Geist von Al-Islam diesen allen Vorsichtsmaßnahmen entgegen, die der gesunde Menschenverstand vorgibt[1] – ›Inshallah‹ und ›Kismet‹ treten an die

---

[1] Vielleicht hing es doch nicht mit dem Geist des Islam zusammen, denn dieser Mißstand verschwand Anfang des 20. Jahrhunderts mit der

llah in Adam form must view;   *Allah sieht er in Adams Angesicht,*
dore the Maker in the made.   *er betet Gott in seiner Schöpfung an,*
ontent to bask in Mâyâ's smile,   *er ist zufrieden mit dem falschen Licht,*
t joys of pain, in lights of shade.   *wenn er mit Lust in Schmerzen baden kann.*

Je breaks the Law, he burns the Book,   *Er bricht das Recht, mißachtet den Koran,*
e sends the Moolah back to school;   *dem Mullah sagt er, was er lernen soll,*
aughs at the beards of Saintly men;   *die frommen Männer macht er spöttisch an,*
nd dubs the prophet dol and fool,   *und den Propheten nennt er dumm und toll,*

mbraces Cypress' taper-waist;   *Er faßt der Schönen um den schlanken Leib,*
ools feet on wavy breast of rill;   *Den Fuß kühlt er in leicht bewegtem Bach,*
miles in the Nargis' love-lorn eyes,   *winkt gern zurück dem liebesfrohen Weib,*
nd 'joys the the dance of Daffodil;   *dem Spiel der Frühlingsblumen sinnt er nach;*

Stelle von Vorbeugung und Bekämpfung. Und in Mekka, dem Mittelpunkt des Glaubens, ziehen die Menschen einen verheerenden Anfall von Cholera[1] der Pietätlosigkeit vor, ›sich über die Vorsehung hinwegzusetzen‹, ver-

Machtübernahme von Ibn Saud. Bald darauf ließen die hygienischen Zustände kaum noch etwas zu wünschen übrig. Harry St. John Philby, ein britischer Nomade, der jahrzehntelang am Hofe des Königs Abd al-Aziz Ibn Saud gearbeitet hat, versichert seinen Lesern im Jahre 1931: *›Ich habe die Opferzeremonie an diesem Morgen verpaßt, und mein persönliches Opfer wurde am nächsten Tag in Vertretung dargereicht, aber ich muß hinzufügen, daß ich in den drei Tagen in Mina nichts von der großen Schlachtung gesehen oder auf noch unangenehmere Weise mitbekommen habe. Die Schlachterei wird vernünftigerweise weit von den Lagerplätzen der Pilger entfernt vorgenommen ... Ich habe einige Schafsköpfe an Stellen herumliegen sehen, wo sie vielleicht nicht hätten liegen sollen, aber ansonsten gab es weder den Gestank noch den anstößigen Anblick sonnengegrillter Fäulnis. Die medizinischen Autoritäten haben ihre Arbeit zweifelsohne hervorragend erledigt, und sie wurden mit der niedrigsten Todesrate der Hadsch belohnt, seit darüber Buch geführt wird.‹*

[1] Noch im 19. Jahrhundert waren die heiligen Orte erstrangige Brutstätten und Übertragungszentren für Seuchen und Krankheiten. Ab 1831 stellte Cholera die Behörden in Mekka vor unlösbare Probleme. Die Pilger kamen geschwächt und infiziert, steckten sich oder andere in Mekka an und zogen danach in alle Erdteile, und die Krankheit mit ihnen. 1865 starben sechzigtausend Menschen allein in Ägypten. Die Pilger schleppten die Krankheit bis nach New York und Guadeloupe; erst 1874 konnte der Choleraepidemie Einhalt geboten werden. 1893 gaben die Straßen

Melts in the saffron light of Dawn
to hear the moaning of the Dove;
Delights in Sundown's purpling hues
when Bulbul woos the Rose's love.

Finds mirth and joy in Jamshid-bowl;
toys with the Daughter of the vine;
And bids the beauteous cup-boy say,
»Master I bring thee ruby wine!«

Sips from the maiden's lips the dew;
brushes the bloom from virgin brow: –
Such is his fleshly bliss that strives
the Maker through the Made to know.

Des Morgens Safranlicht füllt ihn mit Wonne,
wenn früh vor Tag der Taube Ruf erklingt,
er schwelgt im Farbenspiel der späten Sonne,
wenn man von Rosen und der Liebe singt.

Er findet Lust an fröhlichen Gelagen,
des Weinbergs Gaben rüsten seinen Sinn,
ruft Knaben zu sich, die ihm zierlich sagen:
»Herr, diesen roten Wein, o nimm ihn hin!«

Von Mädchenlippen nascht er zarten Tau;
von ihrem Antlitz pflückte er erste Blüte:
Mit solchen Freuden nimmt er es genau
und ehrt im Fleisch des Schöpfers Werk und Gi

achten selbst die Torheit des Versuches, das unvermeidliche Urteil zu verändern.

Zu Fuß zurück nach Mekka. Es sind sechs Kilometer von Mina, und ich laufe mit tausend anderen. Fast der gesamte Weg ist überdacht. Die Fußgänger überholen Fahrzeuge, die im Stau steckengeblieben sind. Kurz vor Mekka ist ein Fußgängertunnel durch den Berg geschlagen, davor ein kleiner Park mit satten Grasflächen und einigen Bänken. Plötzlich ist Müßiggang eine Option; sie unterscheidet sich existentiell von dem angespannten Nichtstun vorangegangener Tage. Ich habe den Gipfel der Pilgerschaft erklommen, mit ausgestreckten Beinen genieße ich ein Gefühl des Glücks und der Dankbarkeit, meine Gedanken sind kleinäugig, es geht bergab, ich muß mich nicht anstrengen, ich habe Zeit und keine Absichten.

Der lange Tunnel wirkt wie eine symbolische Kulisse: wir alle, gehüllt in einfaches, weißes Tuch, sind auf dem

von Mekka ein erbärmliches Bild ab. Zu beiden Seiten häuften sich die Leichen. Die Pilger, die sich nach Dschidda abzusetzen versuchten, starben in der Wüste oder erkrankten in der Hafenstadt. Dort wurden sie in Baracken zusammengetrieben, Nahrung und Wasser wurde jenen verweigert, die ihr ganzes Geld schon ausgegeben hatten.

e tried them all, I find them all
same and tame, so drear, so dry;
y gorge ariseth at the thought;
ommune with myself and cry: –

tter the myriad toils and pains
at make the man to manhood true,
is be the rule that guideth life;
se be the laws for me and you:

ith Ignor'ance wage eternal war,
know thy self for ever strain,
ine ignorance of thine ignorance
thy fiercest foe, thy deadliest bane;

Das hab ich alles selbst versucht, ich Narr!
Es ist doch stets dasselbe, fad und schal.
Bei dem Gedanken, wie ich damals war,
wird mir fast schlecht, ich bin mir selbst zur Qual:

Den zweiten Weg der Mühen zu durchschreiten
ist besser, denn erst dieser macht den Mann.
Ja, diese Regel soll mich künftig leiten,
hier das Gesetz, auf das man bauen kann:

Der Ignoranz die Fehde anzusagen,
erkenne sich, wer sich zu kennen meint,
daß wir nichts wissen, auch zu wissen wagen.
Es nicht zu tun ist unser größter Feind;

Weg zum Jüngsten Gericht. An schmucklosen Wänden vorbei, im unschmeichelhaften Neonlicht, jeder, der sich schleppt, ist nur er selbst, die Summe seiner Handlungen. Ich habe eine Vision, daß der Weg zum Letzten Gericht jeden von uns unterirdisch begleitet, als existiere er gleichzeitig zu unserem Dasein – und nicht erst am Ende der Zeit. Solange wir leben, gehen wir durch diesen Tunnel, aber nur hier, zwischen Mina und Mekka, erfahren wir davon. Der Tunnel entließ uns in ein unerträglich grelles Licht. Die Hadschis kniffen ihre Augen zusammen, einige von ihnen holten Sonnenbrillen heraus, an deren Existenz ich mich auf einmal erinnerte wie an einen vergessenen Namen. Wir waren mitten in Mekka, oberhalb der Großen Moschee, auf einem gewaltigen Platz, leer bis auf einige Buden, die Gebetsketten in allen Farben und Formen anboten.

Nachdem wir Mekka betreten hatten, nahmen wir ein Bad, und da sich der Mittag näherte, begaben wir uns zur Großen Moschee, um die Predigt zu hören. Wir traten durch die Kreuzgänge des Bab al-Ziya-dah ein. Der Anblick vor mir erfüllte mich mit Staunen. Das gewaltige Viereck war mit Gläubigen überfüllt, die in

That blunts thy sense, and dulls thy taste;
that deafs thine ears, and blinds thine eyes;
Creates the thing that never was,
the Thing that ever is defies.

The finite Atom infinite
that forms thy circle's centre-dot,
So full-sufficient for itself,
for other selves existing not,

Finds the world mighty as 'tis small;
yet must be fought the unequal fray;
A myriad giants here; and there
a pinch of dust, a clod of clay.

Unkenntnis von uns selbst will uns verführen,
verdirbt Geschmack, die Augen, das Gehör,
erschafft Gespinste, die nicht existieren,
und Dinge, die es gibt, macht sie zur Mär.

Im endlichen Atom das Unbegrenzte,
darin dein Selbst als seine Mitte schwebt,
und nichts bedürfend, das es noch ergänzte,
weil es für andre Selbste gar nicht lebt,

Sicht groß die Welt, und ist doch selbst so klein,
Ungleicher Kampf, doch keine Zagerei:
Gottmächte hier und dort das kleine Sein
aus wenig Staub und einem Klecks von Klei.

langen Reihen saßen, alle dem schwarzverhüllten Kubus in der Mitte zugewandt. Die auffälligen Farben ihrer Kleider würden nicht einmal von einem Garten mit den prächtigsten Blumen übertroffen werden, und die geballte Vielfalt ist wohl in keinem anderen Gebäude auf Erden anzutreffen. Die Frauen, eine teilnahmslos und melancholisch wirkende Gruppe, saßen für sich an einem besonderen Platz. [...] Wo die Rechtsgelehrten standen, war die Menschenmenge dichter; und an den verheißungsvolleren Stellen war nur ein Mosaik aus Köpfen und Schultern zu sehen. Nichts bewegte sich, abgesehen von einigen Derwischen, die mit Weihrauchfässern in der Hand durch die Reihen schlichen und Almosen von den Gläubigen erhielten. Mittendrin, in einer großen, spitzen Kanzel, deren goldene Spitze in der Sonne funkelte, thronte der Prediger, ein alter Mann mit schneeweißem Bart, über der Menschenmenge. Ein *Taylasan*[1] umhüllte seinen Turban, der wie seine Roben weiß[2] war, und seine

[1] Ein über den Kopf geworfener Schal; ein Ende verläuft unter dem Kinn und liegt über der linken Schulter.
[2] Noch zu Zeiten von Ibn Jubayr (**Pilger aus Al-Andalus, 1145–1217**) war der Prediger von Kopf bis Fuß schwarz gekleidet; und zwei Muezzins

linke Hand stützte sich auf einen kurzen Stab.[1] Alsbald
erhob er sich, nahm den Stab in die rechte Hand, sprach
einige unverständliche Worte[2] und setzte sich wieder auf
eine der unteren Stufen, während ein Muezzin am Fuß
der Kanzel den Gebetsruf vortrug. Dann stand der alte
Mann erneut auf und begann seine Predigt. Als die
majestätische Gestalt ihre ganze Beredsamkeit aufbot,
versank die Menge in tiefes Schweigen, um nach manch
einem langen Satz ein gemeinsames ›Amin‹ auszustoßen.
Und gegen Ende der Predigt wurde jedem dritten oder
vierten Wort Unterstützung durch Tausende von Stimmen
zuteil.

Personal Na-rative of a Filgrimage to El-Medinah and Meccah. Band 2, S. 298 ff.

hielten zu beiden Seiten der Kanzel schwarze Flaggen fest, welche in Hal-
terungen staken.
   [1] Mr. Lane bemerkt, daß dieses hölzerne Schwert lediglich in den
Ländern, die von den Ungläubigen erobert worden sind, von dem Priester
in der Hand gehalten wird. Burckhardt (**Johann Ludwig, 1784–1817,
Schweizer Hadschi, auch Ibrahim Ibn abd Allah genannt**) kann den Ursprung dieses Brauches auf die frühesten Tage von Al-Islam zurückführen,
als die Prediger es für geraten hielten, auf Überraschungen vorbereitet zu
sein. Alle Autoren, die, wie etwa Ibn Jubayr, diese Zeremonie in Mekka
beschreiben, erwähnen das Schwert oder den Stab. […]
   [2] Die Worte waren ›Friede sei mit euch! Und die Gnade Gottes und
sein Segen‹.

Be thine own Deus: Make self free,
liberal as the circling air:
Thy Thought to thee an Empire be;
break every prison'ing lock and bar:

Do thou the Ought to self aye owed;
here all the duties meet and blend,
In widest sense, withouten care
of what began, for what shall end.

Thus, as thou view the Phantom-forms
which in the misty Past were thine,
To be again the thing thou wast
with honest pride thou may'st decline;

Sei selbst dein Gott; und mache selbst dich frei
freizügig wie die Luft, die uns umweht:
so daß dein Denken deine Festung sei;
zerbrich den Kerker, der dir widersteht:

Erfülle das, was du dir schuldig bist;
hier ist die Mitte aller deiner Pflicht,
was immer auch Beginn und Endzweck ist,
bedenke alles, aber sorge nicht.

Und mußt du heute das Phantom betrachten,
das deines war, bevor dein Dunkel barst,
du wirst das alte Wesen stolz verachten,
denn du bist nicht mehr, der du früher warst;

Ich habe manch einer religiösen Zeremonie auf der Welt beigewohnt, aber niemals – nirgendwo – einer so feierlichen, einer derart beeindruckenden wie dieser.

d, glancing down the range of years,
r not thy future self to see;
sign'd to life, to death resign'd,
though the choice were nought to thee.

Thought itself feed not thy thought;
turn from Sun and Light to gaze,
darkling cloisters paved with tombs,
ere rot the bones of bygone days:

at not thy heart,« the Sages said;
r mourn the Past, the buried Past;«
what thou dost, be strong, be brave;
l, like the Star, nor rest nor haste.

Dann schaust du auf den raschen Lauf der Jahre,
sei ohne Furcht, was einst mit dir gescheh',
bereit fürs Leben sei wie für die Bahre,
als wäre nichts, so tut dir keines weh.

Auf Theorien verschwende nicht dein Sinnen.
Schau aus der Helle nicht in dunkle Grotten
und nicht nach Beingehäusen tief dort drinnen,
in denen Knochen ferner Zeit verrotten:

»Iß nicht dein eignes Herz«, so spricht der Weise,
und das Vergangene betraure nicht.«
Zieh wie ein Stern ruhig deine Kreise,
tu mutig und entschlossen deine Pflicht.

IN EINER STADT NAMENS STADT

وَالسَّيفُ وَالضَّيفُ وَالقِرطَاسُ وَالقَلَمُ الـلَّيلُ وَالخَيلُ وَالبَيدَآءُ تَعرِفُنِي

Mitten in der Nacht fuhr der Bus nach Medina ab. Auf den unbequemen Sitzen konnte man nicht schlafen. Wir hielten irgendwo in der Wüste an einer Moschee-Raststätte für das *Fadschr*-Gebet. Bald darauf offenbarte sich die Landschaft aus Andeutungen heraus, und solange das Morgengrauen die abgenagten Hügel mit sanften Farben drapierte, war sie verführerisch. Nach einer Stunde war der Zauber verflogen – rostrote Erhebungen begleiteten uns zur zweiten Heiligen Stadt.

Im Gegensatz zu Mekka liegt Medina in einer fruchtbaren, nach Süden hin offenen Ebene, die überwiegend mit Dattelpalmen bepflanzt ist. Gegen zehn Uhr erreichten wir den riesigen Busbahnhof am Rande der Stadt, wo wir zwei Stunden festsaßen, als wären wir zu verzollendes Gut. Wir wurden im Ungewissen gelassen, aber mit einer weiteren Ration Milch, Saft, Keksen und Kuchen verpflegt.

Die unruhigeren unter uns liefen vor dem Bus auf und ab. Ein würdiger älterer Herr, der besorgt und niedergeschlagen wirkte, hielt die Warterei kaum aus. Er mußte am selben Abend noch zum Flughafen nach Dschidda weiterreisen. Er war mit seiner unverheirateten Tochter unterwegs. Die Eile war durch ein Unglück bedingt – er war seines ganzen Geldes beraubt worden. Bei der Steinigung des Teufels war ihm jemand auf seinen lädierten linken Fuß getreten, und in seinem Schmerz hatte er nicht bemerkt, wie sein Geldgurt, den er wie alle Pilger unter dem *ihram* trug, von hinten durchgeschnitten worden war. Erst nach der Steinigung, als er sich von der Menge befreite, fiel ihm auf, daß der Gurt nicht mehr anlag. Es war eine traurige Geschichte, aber sie gewann an unfreiwilliger Komik, als der Mann gestand, er sei vor seiner Pensionierung der stellvertretende Polizeichef der nordnigerianischen Stadt Kaduna gewesen.

Wir standen im Schatten des Busses, und der Frust des nigerianischen Hadschis ergoß sich über die Warterei. ›Was ist aus dieser Welt nur geworden‹, klagte er, ›wenn

selbst im Haus Gottes geklaut wird.‹[1] Schlimmer noch,
empörte er sich, er habe persönlich gesehen, wie ein
Raubversuch während des *tawaf* schiefgegangen sei, wie
das Messer den Pilger aufgeschlitzt habe, und dieser
an Ort und Stelle bald darauf verblutet sei. Aber des
Menschen Schlechtigkeit sei nicht auf Saudi-Arabien beschränkt. Der Mann sprang nach Nigeria, er steigerte sich
in eine Tirade über den Wahn, den manche Demagogen
in letzter Zeit entfacht hätten, indem sie Religion für persönliche Ziele mißbrauchten. Junge, arbeitslose Männer
würden zu Randalen angestiftet, sie würden dafür bezahlt,
Geschäfte und Häuser in Brand zu setzen und zu plün-
dern. Der eskalierende Konflikt werde zum religiösen
Kampf deklariert, und die ganze Welt nehme dies für bare
Münze. Eine kleine Oberschicht schüre den Konflikt.
Der Glaube habe leider keinen Einfluß auf die Unmoral
der Politik, aber er lasse sich von den Politikern bestens
mißbrauchen. Der tiefe Schmerz dieses ernsthaften Mannes war ansteckend: Er war aus einem Land der per-
manenten Gewalt und Unordnung in eine vermeintliche

[1] Trotz der drakonischen Strafen! Als ob es eines Beweises bedurft
hätte, daß die abschreckende Wirkung von Strafmaßen überschätzt wird.

Oase gereist, nur um im Heiligtum selbst vom Bösen eingeholt zu werden.

Einige türkische Frauen saßen verschleiert auf dem schattigen Platz gegenüber der Moschee der Märtyrer. Unweit von ihnen lagerten ihre Ehemänner sowie die Diener, die Pferde und Esel versorgen mußten, auf dem Boden, und eine gewaltige Menge von Beduinen, Jungen, Mädchen und alte Frauen, war zusammengekommen, um zu betteln, Wasser zu schöpfen und trockene Datteln zu verkaufen.[1] Sie warteten auf den Wächter, den sie hatten rufen lassen. […] Kaum hatten wir unsere Gebete beendet, als der Abgesandte von Mohammed Kalifah, Nachkomme von Al-Abbas, hoch zu Dromedar erschien. Er bewahrte den Schlüssel zur Moschee der Märtyrer und nahm die Gebühren und Spenden der Frommen entgegen. Die Moschee sollte für die türkischen Pilger geöffnet werden, und ich wartete gespannt darauf, ihr Inneres zu sehen. Der Araber zog mit enormer Ernsthaftigkeit aus seinem Beutel einen Bund merkwürdig aussehender Schlüssel hervor und wies mich streng an, mich außer

---

[1] Die Datteln aus Medina sind in der ganzen Umma berühmt.

ply the Law that rules the world	Das Recht der Welt, dem wir uns beugen müßten,
ws to man the widest range;	läßt für die Deutung einen weiten Raum,
d haply Fate's a Theist-word	auch Schicksal als ein Ausdruck der Deisten,
ject to human chance and change.	bestimmt sich je nach Menschenglück und -traum.
is »I« may find a future Life,	Im Jenseits mag das »Ich« zu neuem Wesen
obler copy of our own,	als edlere Kopie von uns erstehen,
ere evry riddle shall be ree'd	dort, wo sich uns die letzten Rätsel lösen,
re every knowledge shall be known;	wir alles Wissen haben, alles sehen;
ere 'twill be man's to see the whole	Dort wird der Mensch das Ganze überschauen,
what on Earth he sees in part;	im Diesseits sieht er ja nur einen Teil,
ere change shall ne'er surcharge the thought;	kein Wechsel wird Gedanken überbauen,
hope defer'd shall hurt the heart.	und alle Hoffnung wird sogleich zum Heil.

Sichtweite der Tür zu begeben. Als ich gehorchte, rüttelte er murrend an den Schlössern und ließ die Vorhängeschlösser klirren, öffnete sie langsam, rüttelte an ihnen – in einem Wort, er machte so viel Lärm, wie er nur konnte. Der Grund dieser Vorsichtsmaßnahme – es klang wie Poesie, auch wenn es wenig Sinn ergab – ist folgender: Es wird geglaubt, daß die Seelen der Märtyrer, welche die Behausungen der gefühllosen Erde verlassen,[1] gern in geistigen Gesprächen zusammensitzen, und profane Augen sollten dessen nicht ansichtig werden. Welche großartigen Bilder diese phantasiebegabten Araber malen! Stellen Sie sich die majestätischen Gestalten der Heiligen vor – denn die immaterielle Seele ist bei den Muslimen ebenso wie nach alter europäischer Auffassung in einem Körper

---

[1] Manche Historiker berichten, daß 456 Jahre nach der Schlacht von Ohod die Gräber durch einen Sturzbach offengelegt und die Leichen sichtbar wurden, eingewickelt in Laken, so als wären sie am Vortage beerdigt worden. Manche hatten die Hände noch auf ihre Todeswunden gepreßt, aus denen frisches Blut tropfte, sobald dieser Druck gewaltsam aufgehoben wurde. Als Gegenstück zu dieser muslimischen Theorie haben wir noch die Auffassung der modernen Griechen, daß – sollte sich der Körper nicht innerhalb eines Jahres zersetzt haben – die Seele sich nicht dort befindet, wo sie sein sollte.

Al-Madinah

beheimatet – mit langen grauen Bärten, aufrichtigen Gesichtern und ernsten Augen, wie sie sich unter den Palmen ausruhen und über Ereignisse nachsinnen, die unter dem Schatten von tausend Jahren begraben liegen. Ich würde gerne diesen Aberglauben verdammen, aber Scham verhindert dies. Solange in Nottingham Eier nicht nach Sonnenuntergang ausgeliefert werden dürfen; solange Irland die Banshees vernimmt, jene in blaue Umhänge gekleidete alte Frauen mit wehendem Haar; solange Schottland ein Leichentuch um eine Person flattern sieht, das deren bevorstehenden Tod anzeigt; solange Frankreich seine *loup-garous, revenants* und *poules du Vendredi Saint* kennt (d. h. an Karfreitag ausgebrütete Hühner, die angeblich jedes Jahr ihre Farbe wechseln); solange die Frommen in Trier durch den Heiligen Rock kuriert werden; solange die Madonnen in Rimini blinzeln; solange der San Januario in Neapel schmilzt und Addolorate und Estatiche in Rom hysterische Anfälle auslösen; solange sich die Heilige Jungfrau Kindern in den Alpen und in Frankreich zeigt; solange Deutschland Psychogramme erstellt und Europa, das zivilisierte, aufgeklärte, skeptische Europa, in Hellseherei und Séancen vernarrt ist und solange selbst das pragmatische Amerika an ›Medien‹, an ›Schnecken-Telegraphen‹ und ›Geisterbeschwörungen‹[1] glaubt – muß ich die Männer von Al-Madinah für genauso weise halten und ihren Aberglauben für genauso respektabel wie denjenigen aller anderen.

Personal Narrative of a Pilgrimage to El-Medinah and Meccah. Band 2, S. 186 ff.

Zu Abend saß ich mit einem triefenden Schawarma in der Hand auf den Treppen, die von dem Platz vor der Moschee des Propheten in den Basar hinabführten, als mich zwei Männer ansprachen, die an ihrem Akzent unschwer als Briten zu erkennen waren. Ohne viel Zeit für Begrüßungen zu verschwenden, fragten sie, ob ich denn wüßte, wie ›Man U‹ gespielt habe? Ich erklärte ihnen, daß ich aus Indien käme und daher von Fußball keine Ahnung hätte, aber wenn sie sich über Kricket unterhalten wollten … Die beiden Männer waren so erstaunt, sie mußten sich neben mich setzen, der eine links, der andere rechts von mir, um mich auszufragen. Sie kamen aus Bradford und fieberten eigentlich mit einem Verein mit, dessen Spiele nie im Fernsehen gezeigt würden. Sie

---

[1] Ehrlich gesagt, muß ich gestehen, daß ich an die Realität dieser Phänomene glaube, nicht aber an ihren ›spirituellen‹ Ursprung.

waren wie ich im Aufbruch begriffen; in ihren vollen Plastiktaschen befanden sich die allerletzten Einkäufe. Sie hatten die Hadsch ähnlich erlebt wie ich: überwältigend an der Kaaba, intensiv am Berg Arafat, erschreckend bei der Steinigung und ernüchternd im Alltag. Sie empfanden das Verhalten vieler Moslems als eine Zumutung, die zu unpassender Zeit klingelnden Handys, das heftige Drängeln, die allgegenwärtige Unhöflichkeit. ›Lack of civility‹, wiederholte der Jüngere mehrfach. Wir unterhielten uns über das Leben in England, und obwohl den beiden vieles mißfiel – die zur Schau gestellte Nacktheit, der Rassismus und Alkoholismus –, äußerten sie auch ihre Wertschätzung für den dort weiterhin existierenden Gemeinsinn. ›Es klingt bestimmt merkwürdig, wenn ich das sage‹, meinte der Ältere, ›aber manche Ideale des Islam sind im Westen eher verwirklicht.‹

* Der des Englischen kundige Leser wird bemerken, daß die archaisierende Sprache Burtons nur noch angedeutet wird. Der durchgängige Reim und der gegenüber dem Original um eine Hebung erweiterte Versfuß geben dem Gedicht in der Übersetzung ein deutsches Gepräge. Der Übersetzer hofft, damit dem Dichter, der sich in den Geist so vieler Sprachen einfinden konnte, am besten zu entsprechen. *M. A.*

NACHKLANG

وَالسَّيْفُ وَالضَّيْفُ وَالْقِرْطَاسُ وَالْقَلَمُ اللَّيْلُ وَالْخَيْلُ وَالْبَيْدَاءُ تَعْرِفُنِي

Ich wartete lange auf mein Gepäck. Die grünen Taschen
tauchten schließlich auf, doch mein Zehnliterkanister
mit Zam-Zam-Wasser blieb verschollen. Für immer.
Ich hatte meine Lehrerschüler nicht über den Zeitpunkt
meiner Rückkehr informiert, damit sie nicht mitten in
der Nacht zum Flughafen fahren mußten. Am nächsten
Tag schimpften sie mich deswegen aus. Einerseits hatte
ich aus Rücksicht gehandelt, andererseits freute ich mich
auf eine einsame Fahrt nach Hause. Unzählige Gedanken
rollten durch meinen Kopf, wie die vielen grünen Taschen
auf dem Fließband. Ich schulterte mein leichtes Gepäck,
trat hinaus, stieg in ein Taxi und lehnte mich zurück. Auf
einmal spürte ich, daß ich seit drei Wochen nicht mehr
richtig geschlafen hatte. Jede Pilgerreise ist ein Schlüssel-
erlebnis in der Gemeinschaft, geprägt von persönlicher
Hingabe und spiritueller Erfüllung. Doch wie alle anderen Religionen kennt der Islam unendlich viele Schattierungen des Glaubens, von Rationalität über Mitgefühl,
Meditation, Mystik, Konvention und Knechtschaft bis
hin zu Fanatismus. Es wäre eine Übertreibung, zu behaupten, daß jeder Mensch seinen eigenen Glauben kon-
struiert, aber gewiß hat jeder von uns eine persönliche
Einstellung zu dem, was er als Gott begreift. Der Geist
ist ein Gefäß von unterschiedlicher Form und Größe, und
das Unbegreifbare muß an diese menschliche Dimension

angepaßt werden. Wir fuhren auf dem Western Express Highway, fast leer bis auf die kleinen Gruppen meist junger Männer, die sich früh auf dem Weg zum Ganesh-Tempel befanden, um dem großen Andrang nach Sonnenaufgang zu entgehen. Es war ein heimischer und daher versöhnlicher Anblick. Jedes Dogma, so dachte ich, begrenzt die Mannigfaltigkeit der göttlichen Schöpfung. Vielfalt ist ein zentrales Gesetz aller Existenz, und die Selbstgerechten irren nicht nur, wenn sie sich in ihrer Arroganz anmaßen, Gott zu definieren, sie begehen Blasphemie. Denn Gott ist eins und alles und somit jede Schattierung des menschlichen Versuchs, sich ihm zu nähern, ihn zu begreifen. Und die Kleriker, die jede andere Interpretation als ihre eigene zu vernichten trachten, sind etwa so überzeugend wie ein Biologe, der sich für die Eliminierung aller Arten bis auf eine einsetzt. Gerade als wir die Brücke vor dem hohen Wohnhaus, in dem ich lebte, überquerten, erhob der Muezzin der roten Moschee am Bahnhof von Bombay Central seine Stimme und forderte die Gläubigen zum Morgengebet auf. Beten ist besser als Schlafen, rief er. Beten ist besser als Schlafen. Du hast die Wahrheit gesprochen, antworte ich in Gedanken, und du hast gut daran getan, aber jetzt muß ich schlafen. Danach wird das Leben weitergehen, und es wird ein reicheres Leben sein.

Das allgemeine Eintauchen in weltliche Beschäftigungen verdeutlichte das Ende der Pilgerfahrt. Die Gläubigen waren ›reingewaschen‹ – das Buch ihrer Sünden eine *tabula rasa,* doch viel zu viele von ihnen verloren keine Zeit, dort ›unten im Süden‹ abzureisen und wieder ein frisches Schuldenkonto zu eröffnen. Der Glaube selbst sollte nicht für diese Ungereimtheit verantwortlich gemacht werden. Diese kann bei einem Kalvinisten, der schon an dem Montag nach dem Sonntagsgebet wieder mit Hingabe sündigt, und bei einem Katholiken, der mit erneuerter Leidenschaft zu den Ursachen für seine Beichte und Buße zurückfindet, ebenso beobachtet werden wie bei dem Muslim, der seine Seele durch das Laufen und Kreisen gereinigt hat. Gerechterweise muß bemerkt werden, daß es im Islam – wie auch unter Christen – viele bemerkenswerte Ausnahmen zu dieser Regel der Wankelmütigkeit gibt. Mehrere meiner Freunde und Bekannten datieren ihre Läuterung auf den ersten Anblick der Kaaba.

Personal Narrative of a Pilgrimage to El-Medinah ana Meccah. Band 2, S. 521

In ihren schönsten Momenten läßt die Hadsch einen glauben, daß ein anderes Leben und eine andere Menschheit möglich sind. Pilgerreisen sind große Vehikel der Euphorie. Ein Schauder läuft durch die Massen, ihre Lethargie verdunstet vorübergehend, und während dieses emotionalen Aufruhrs scheint ein Richtungswechsel möglich. Es ist um so ernüchternder, wenn alles wieder an seinen Platz zurückfällt, wenn der Alltag einen – wie es nach allen Auszeiten geschieht – schneller einholt als erhofft. Und doch hat mich die Pilgerreise von Mumbai nach Mekka und zurück verändert, so wie jede wahre Reise einen verändert.

وَالسَّيفُ وَالضَّيفُ وَالقِرطَاسُ وَالقَلَمِ اللَّيلُ وَالخَيلُ وَالبَيدَآءُ تَعرِ فُنِي

OSTAFRIKA

DIE ENTBLÄTTERUNG AFRIKAS

BEGINNT IM

›BRITISH HOTEL KAIRO‹

فسميت ملك الزنوج جميعها

Mein lieber Shaw,[1]
ich hoffe die Society wird es mir nicht verübeln,
daß ich nicht früher geschrieben habe. Ich
konnte nicht. Ich war ein ziemlicher Nigger in Kairo und
traf keine Engländer. Außerdem dachte ich, es sei das
beste, nichts von mir zu geben, wenn ich nichts zu sagen
habe.

Sie werden feststellen, daß Derb el Shark eine höchst
interessante Route darstellt und die Wasserscheide wohl-
bedacht ist.

Meine Adresse: ›British Hotel Kairo‹.

Möchte die Society, daß ich von der Kabah zum Toten
Meer reise?[2]

Wundern Sie sich nicht, wenn die Münze klingelt. In
Kairo habe ich fast umsonst gelebt – aber Hedschas ist
schrecklich teuer. Als armer Schlucker kann man keine
gescheiten Notizen verfassen. Je besser man reist, desto

[1] Sekretär der Royal Geographical Society (RGS).
[2] Klartext: Egal wohin, Hauptsache, ich muß nicht nach England
zurück.

mehr sieht und hört man[1] – ein Kamel von Medina nach Mekka £ 3!

Ich höre, die Society spricht über eine Expedition nach Sansibar. Dakhilak, wie die Araber sagen – ich nehme Zuflucht zu Ihnen. Ich werde jeden Nerv anspannen, das Kommando zu erhalten, und wenn Sie mich unterstützen, bin ich ein gemachter Mann. Ich möchte Paltte mit mir nehmen und einen jungen Kerl namens Taylor für die Arbeit mit den Instrumenten. Vor allem viel Zeit! und einige Musketen, um just zu tun wonach mir der Sinn steht.

Ihr RB

PS. Könnten Sie dafür sorgen, daß meine Ankunft hier in der einen oder anderen Londoner Zeitung gemeldet wird. Nur um meine Freunde zu beruhigen, daß mein Kopf noch fest auf den Schultern sitzt.

Brief an Dr. Shaw, erhalten am 30.10.1853

Mein lieber Shaw,

jede Menge kleiner Touristen auf der Straße. Unzählige Herren, die Tagebuch schreiben und zweifellos ihre Nilboote und das DLJ (unleserlich) in sterblicher Prosa verewigen werden. In unserem Hotel ist eine amerikanische Missionarin abgestiegen, die Autorschaft anstrebt: es ist zu hoffen, daß sie nicht so schreiben wird, wie sie spricht. Da ich immer noch in Niggertracht gekleidet bin und Hadschi gerufen werde, behandelt sie mich wie einen Aussätzigen.

[...]

Sie werden jetzt fragen, wieso ich Sansibar Arabien vorziehe. Weil ich mir inzwischen beide Seiten Arabiens angeschaut habe, ohne irgendein praktisches Resultat zu

---

[1] Es ist zweifelhaft, ob er wirklich dieser Überzeugung war, aber Burton benötigte Geld, und da ist jedes Argument recht und vor allem billig.

erkennen. Das Reisen ist dort eine Freude, und nichts würde mich mehr entzücken, als für 3 oder 4 Jahre zur Ostküste aufzubrechen. Aber es würde nichts anderes herauskommen als die Entdeckung weiterer Wüstentäler und -stämme; keine Pferde, keine Gewürze und kaum etwas Beachtenswertes, wie im Buch von Wrede.[1]

Zu Stocks: Der Kerl schreibt gut, ist aber bescheiden, ein schändlicher Defekt! Und vor allem ist er ein exzellenter Kamerad, aber ein verrücktes Huhn. Sehr verrückt.

Brief an Dr. Shaw, erhalten am 16.11.1853

Also hat Galton[2] geheiratet und die Welt einen weiteren rechten Draufgänger verloren. Ich lebe in einem Haus [...], in einer Umgebung beträchtlicher Lasterhaftigkeit, die Kairo von seiner herbsten Seite zeigt und *Tausendundeine Nacht* um Längen schlägt. Und das, obwohl der Pascha ausdrücklich jegliche Unzucht verboten hat.

gez. Shayk Abdullah

Brief vom 16.11.1853 an Dr. Shaw

... Krapf[3] werden Sie in England treffen. Er ist, so hoffe ich, nur mein Johannes der Täufer.[4] Ich muß au courant mit seinen Entdeckungen werden.

[1] Adolph von Wrede erreichte 1843 als erster Hadramaut (auch Hadhramaut, Hadramout und Hadramawt), eine Region im Osten Jemens am Golf von Aden.

[2] Sir Francis Galton (1822–1911), britischer Forschungsreisender und im späteren Leben Eugeniker, Autor einer von Burton sehr geschätzten Reisefibel.

[3] Johann Ludwig Krapf, Missionar und Afrikareisender, in der Nähe von Tübingen geboren, in der Nähe von Stuttgart gestorben, zwischendrin bereiste er Ostafrika; nachdem er dort 1844 die erste englische Mission gegründet hatte, erblickte er 1848 den Kilimandscharo und »entdeckte 1849 Kenia« (Brockhaus). Autor von »Reisen in Ostafrika 1837–55«.

[4] Durchaus, nur wurde Burton unerwarteterweise zum Pontius Pilatus.

Keine Nachrichten aus Kairo. Kein Krach, keine ›Stimmung auf der Straße‹. Ich habe genug von diesem Ort. Adieu.[1]

Brief an Dr. Shaw, erhalten am 15.12.1853

gez. Hadschi Abdullah

---

[1] Es sollte noch ganze drei Jahre dauern, bis Burton als Führer einer von der RGS (unter)finanzierten Expedition von Bombay aus nach Sansibar aufbrechen sollte.

Sansibar

SANSIBAR

ODER EINE ERSTE ABSICHT

فسميت ملك الز نوج جميعها

Alles lief über Sansibar, wenn man ins Landesinnere wollte. Hier legte man an, hier wurde man
von dem Konsul des eigenen Landes empfangen
und erfuhr Unterstützung von dem einheimischen Sultan. Hier traf man sich mit anderen Europäern, die im
militärischen, kommerziellen oder ›wissenschaftlichen‹
Auftrag unterwegs waren. Hier sammelte man Informationen und besorgte Tauschwaren. Und hier fand man
– mit Hilfe des Sultans und des Konsuls – Männer, die
bereit waren, die Expedition zu begleiten und zu beschützen. Männer wie Sidi Mubarak Bombay.

Das Wort ›Sansibar‹ verzeichnet eine erstaunliche Herkunft. Seine persischen Wurzeln belegen, daß die Iraner
eine bedeutendere Seefahrertradition vorzuweisen haben,
als sich manche Autoren vorstellen können. Sansibar, das
soviel wie Nigritia oder Schwarzland bedeutet, ist eindeutig von ›Sang‹ abgeleitet, arabisch ›Sandsch‹: ›Neger‹,
und ›bar‹ bedeutet ›Gebiet‹. Dieses ›Sangbar‹ wurde von
den Arabern, die kein Schriftzeichen für den Gaumenlaut
›G‹ kennen, abgewandelt in ›Sandschibar‹, das sie trotzdem als ›Sangbar‹ aussprechen und als Synonym für ›mulk
as-sunudsch‹ oder ›Land der Schwarzen‹ benutzen. Die

Spuren des Wortes lassen sich bis zu den frühesten Geographen zurückverfolgen. Ptolemäus verzeichnet ›Singis‹ bzw. ›Singisa‹, welches er mit gewohnter Ungenauigkeit nördlich des Äquators plaziert. Nach Kosmas Indikopleustes wird der Indische Ozean jenseits der Barbarei ›Singium‹ genannt. ›Sinus Barbaricus‹ scheint bei den Römern der Name für den Tieflandgürtel gewesen zu sein, der später den Namen ›Sansibar‹ erhielt, und dort lebte ein Volk von Anthropophagen[1] – möglicherweise die Vorfahren des heutigen Stammes der Wadoe. In späteren Zeiten ist das Land der ›Sunudsch‹ von zahllosen Autoren erwähnt worden.

The Lake Regions of Central Africa, S. 22

Am Meer vermischt sich alles. TAN-SAN-IA vereint Tanganjika und Sansibar, der Indische Ozean umfließt Sansibar, verbindet die Insel mit der Welt. Angetrieben von *kuzi* und *kazkazi*, zwei gegenläufigen Monsunwinden, kreuzten einst Daus[2] und andere seetüchtige Schiffe wie auf einer maritimen Autobahn zwischen den Häfen. Die ostafrikanische Küste war integraler Teil eines Handelssystems, das über Oman und Jemen, Iran und Indien bis nach China und Indonesien reichte. Städte wie Lamu, Malindi oder Kilwa waren kultiviert und weltoffen, auf eine hanseatisch-venezianische Art.[3] Hier ist zu bemerken,

---

[1] Griechisch: Jene, die Menschen essen.

[2] Die ungehobelte arabische Dau datiert wohl aus den Tagen der Phönizier und ist überall im Indischen Ozean anzutreffen. Ihr Gewicht reicht von 50 bis 500 Tonnen, und durch ihren spitz vorstehenden Bug wird das Deck fast um ein Viertel länger als der Kiel, so daß sie, wenn beladen, merkwürdig schlingert und schwankt. *Zanzibar*, S. 75

[3] Folgerichtig waren die ersten Deutschen, die sich in Sansibar ansiedelten, Händler aus Hamburg, und ihre Kontore waren auf der Insel jahrzehntelang tonangebend, vor allem weil sie im großen Stil Kaurimuscheln nach Westafrika exportierten, wo diese als Währung verwendet wurden.

daß die arabischen Siedlungen in Ostafrika, von den Portugiesen Ende des 15. Jahrhunderts aufgesucht, eine Zivilisiertheit und Kultiviertheit an den Tag legten, die dem Niveau der europäischen Reisenden ebenbürtig, wenn nicht sogar überlegen war. Die letzteren erwarteten Wilde vorzufinden, ähnlich den Kaffern des Südens, und waren daher nicht wenig überrascht, als ihnen die Häuptlinge von Mosambik und Malindi aufwarteten, in goldbestickte Seide, Samt und ›purpurroten Damast, gesäumt mit grünem Satin‹ gekleidet; bewaffnet mit schmucken Dolchen und Schwertern in Silberscheiden, in Sesseln sitzend und von einem Gefolge von zwanzig edel gekleideten Arabern begleitet. Die bescheidenen Geschenke der Europäer an diese wohlhabenden Prinzen, deren Ehefrauen sich mit Perlen und Edelsteinen schmückten, müssen *Zanzibar.* einen sehr geizigen Eindruck von der portugiesischen Band 2, S. 280 ff. Zivilisation hinterlassen haben.

Im 19. Jahrhundert war Sansibar ein kosmopolitischer Knotenpunkt im wirtschaftlichen Aufschwung. Sansibar war die Drehtür, durch die der industrialisierte Kapitalismus einen ersten Fuß nach Afrika setzte. Nicht nur wegen des Exports von Gewürzen und Elfenbein, sondern auch weil der Sklavenhandel, im Atlantik inzwischen so gut wie ausgerottet, in diesem aus europäischer Sicht abgelegenen Teil der Welt noch florierte. Auch weniger um die versiegenden Märkte in Indien und Arabien zu bedienen, als um die Zuckerrohrplantagen der Franzosen in Mauritius und die Nelkenplantagen auf Sansibar, die überwiegend in der Hand von Investoren aus Oman waren, mit Nachschub zu versorgen. Zeitweilig war Sansibar der weltweit größte Umschlagplatz für Sklaven: Bis zu fünfzigtausend Afrikaner aus dem Inland wurden auf dem Markt verkauft und nach Arabien, Persien, Indien und Mauritius verschleppt. Einer von ihnen war Sidi Mubarak Bombay.

Im modernen Farsi bedeutet Zangi immer noch Neger, und d'Herbelot schreibt, daß die ›Zenghis‹ jene seien, die von manchen Zingari[1] geheißen werden, also Ägypter und Bohemiens. Die Wissenschaftler haben bislang noch nicht erklären können, wieso die Araber, so reich an Nomenklatur, das persische Wort entlehnt haben. Diese Autoren haben wohl vergessen, daß die Perser, denen in letzter Zeit eine unüberwindliche Aversion gegen das Meer unterstellt wird, was eher auf die Galla und die Kaffern zutrifft, einst ein Volk von Seefahrern waren. […]
Ostafrika bewahrt die Traditionen zweier unterschiedlicher persischer Kolonialisierungen. Die erste ist jene der ›Emozaydiys‹ oder ›Emozeides‹ (Amm Zayd), die das Küstenland Ostafrikas erobert und kolonialisiert hat, von dem somalischen Berbera bis zu den Komoren und Madagaskar, beide inbegriffen. Eine zweite, spätere Emigrationswelle (etwa um 1000 n. Chr.) besetzte die südliche Sansibarküste, und die Ruinen der einst von der Shiraz-Dynastie errichteten Zivilisation sind noch an mehreren Orten entlang der Küste sichtbar.

Heute ist der Austausch über den Indischen Ozean nahezu eingeschlafen. Es segeln von Jahr zu Jahr weniger Daus, die Seefahrer sind von den Kreuzfahrigen ersetzt

[1] Mein gelehrter und erfahrener Freund Dr. R. S. Charnoch (The Peoples of Transsylvania. London, Trübner, 1870, S. 28) stimmt d'Herbelot zu und leitet die Rassenbezeichnung der Zigeuner von Zangi ab, daher die Czigány, Zingari, Cingani, Zingara, Cingati, Ciganos. Aber die Zangi waren und sind Neger, was die Zigeuner niemals waren.
Andererseits nennt Burton die Inder manchmal auch Neger, und da die Zigeuner höchst wahrscheinlich aus Indien stammen, wäre es durchaus denkbar, daß auch sie sich diesem Begriff unterzuordnen hatten.

worden, die einmal pro Woche in großen Gruppen aus dem Hafen und durch die steinerne Altstadt von Sansibar strömen, ihre aufdringlichen Ausrufe auf französisch, deutsch oder italienisch wie Spießruten, unter denen die Einheimischen hindurchzulaufen haben. Und einer wie Ali, redegewandt, dynamisch und mit seinen ›Tropical Tours‹ erfolgreich, wäre glücklich, würden die Europäer Sansibar nicht mit Simbabwe verwechseln und ihre Buchungen nicht nach jeder weiteren Katastrophenreportage im Fernsehen stornieren: ›In England neulich habe ich so viele Menschen getroffen, die keine Ahnung von Afrika haben, ich meine, nicht den blassesten Schimmer. Ich mußte ihnen auf der Landkarte zeigen, wo Sansibar überhaupt liegt. Die Weißen werfen immer noch ganz Afrika in einen Topf.‹ Die Sansibari selbst sind weiterhin erstaunlich kosmopolitisch, trotz moderner Reisehindernisse wie etwa Flugkosten und Visa. Eine Kellnerin schwärmt von der Schweiz, wo ihre Schwester lebt; ein Hansdampf in allen Gassen parliert in dem Französisch, das ihm sein Bruder beigebracht hat, der als Koch in Paris arbeitete, und ein Besoffener verfügt über ausreichend Urdukenntnisse, um von seinen Tagen als Drogenhändler in Pakistan zu berichten.

Die Araber, die es lieben, Etymologie mit Sagen und Legenden zu vermengen, erklären das Wort ›Zanzibar‹ mit dem Ausruf eines hocherfreuten Entdeckers: ›Zayn za'l barr!‹ (Wie schön ist dies Land!). Ähnliche Geschichten über das brasilianische Olinda oder das argentinische Buenos Aires sind wohlbekannt. ›El Sawáhil‹, die Küsten, offensichtlich der Plural von Sáhil,[1] wird

---

[1] Und von dort ist es nur noch ein Vokalsprung zu dem heutigen (Ki)Suaheli, das sowohl die Einwohner als auch die Sprache bezeichnet.

immer noch auf die 600 Meilen lange Küstenregion an-
gewandt. Andere leiten es von ›El Suhayl‹ ab, dem hell-
strahlenden, von einem Lichtkranz arabischer Mythen
umgebenen Canopus, der das Auge des Seemanns in der
südlichen Hemisphäre anzieht.

Zanzibar.
Band 2,
S. 125 ff.

Ich meine mich genau daran erinnern zu können, wann
ich mich in Sidi Mubarak Bombay verguckt habe. Ich
spazierte durch die Gassen der Altstadt von Sansibar,
die einem das Flanieren geradezu aufzwingen, sammelte
Augendrücke, da erblickte ich einen alten Mann, der
auf der steinernen Bank vor seinem Haus saß und mit
kindlicher Freude dem Rinnsal der vorbeisickernden
Ereignisse zusah. Er hatte eines jener merkwürdigen
Gesichter, die das Alter verschönert, bei dem die Falten
unter den weißen Haaren nicht wie Furchen, sondern wie
Ornamente wirken.
Wie wäre es, dachte ich mir im nächsten Augenblick,
wenn dieser Herr als junger Mann mit Burton durch das
Land gezogen wäre, wie wäre es, wenn ich ihn einladen
würde, die Hauptrede zum Jubiläum dieser Expedition
zu halten, wie wäre es, wenn ein Mann wie dieser zu
Wort kommen würde, mit einer Stimme, die bislang kein
Ohrenmerk gefunden hat. Ich blieb stehen und bat den
alten Mann um Erlaubnis. Mich neben ihn zu setzen.
Aber eigentlich bat ich ihn darum, seine Stimme zu
hören. Sie war so, wie ich sie mir nicht besser hätte aus-
denken können, opak und knörig. Der Erinnerung ebenso zugewandt wie dem Leben. Dieser Mann war tatsächlich Sidi Mubarak Bombay, der bislang ungewürdigte
Schaum auf dem Wellenkamm dieser Geschichte. Er
lebte im Malindi-Viertel, nahe der ältesten Moschee der
Stadt, der Bamhara Masjid. Die Architektur in diesem

Viertel ist nicht nur osmanisch geprägt. Offensichtlich hat manch ein Architekt die Türkei oder Marokko besucht oder stammte aus diesen Regionen und hat bestimme Stilelemente importiert und hier zu einem eklektischen ›sarazenischen‹ Stil verknüpft. Sidi lebte in einem typischen, äußerst funktionellen Omani-Haus. Der Innenhof sorgte für die Privatsphäre der Frauen; die Männer trafen sich draußen auf der Baraza, der steinernen Bank. Die Fenster waren wegen der vielen Räuber vergittert. Das Haupttor blieb meist offen, doch nur der linke Flügel, der rechte hingegen blieb geschlossen. So war der Einblick in den Innenhof nahezu verwehrt. Im Erdgeschoß befanden sich Empfangsraum, Küche, Waschraum, Lagerkammer, Bad und die Räume der Diener. Der erste Stock war das Wohngebiet der Familie; eine Galerie führte innen um die ganze Etage herum. Die Decken wurden von Mangrovenstämmen gestützt. Der alte Mann beklagte sich, daß die jüngere Generation, außerhalb der Tourismussaison nicht imstande, ausreichend Geld zu verdienen, die Holzbalken herausreißen und verscherbeln würde, ebenso die oberen, halbrunden Teile der berühmten Sansibari-Türen. Das Abendessen wurde früh eingenommen, nach dem Gebet zum Sonnenuntergang, aber noch vor dem letzten Gebet des Tages am späteren Abend. Danach wurden Besuche getätigt. Alkohol war verpönt, statt dessen wurden *miraa* oder *khat* gereicht. Der Großvater des alten Mannes hatte um 1880 als einer der ersten Suaheli ein Handelskontor eröffnet. Es gab enge Beziehungen zu den Indern, die über ein beachtliches Handelsnetz verfügten, einen Großteil des Kapitals zur Verfügung stellten und die lukrative Zollverwaltung kontrollierten. Wie gut paßte Sidi Mubarak Bombay da hinein, mit seinen Hindustani-Kenntnissen und all der

Erfahrung, die er auf vier großen Reisen erworben hatte, den Expeditionen von Burton und John Hanning Speke (1853 bis 1856), von James Augustus Grant und Speke (1860 bis 1862), von Henry Morton Stanley (1871) sowie der Afrikadurchquerung von Verney Lovett Cameron (1873). Um 1880 hatte er viel zu erzählen, und es gab gewiß ein interessiertes Publikum.

J. H. Speke

VON DEM GESEGNETEN SIDI

AUS BOMBAY

فسميت ملك الز نوج جميعها

Ein bemerkenswerter Agnostiker bei schönem Wetter.
RICHARD BURTON

Der Mensch hat nur ein Leben,
und Gott ist der Lenker von allem.
SIDI MUBARAK BOMBAY

Mein Begleiter [Speke] hatte sich Bombay anvertraut,
der zwar nichts richtig gut tat, aber auch selten
etwas schlecht erledigte.
RICHARD BURTON

Nur soviel ist aus den Berichten von Burton, Speke, Stanley und Cameron bekannt: Sidi Mubarak Bombay wurde als Yao geboren und wuchs am Nordufer des Malawi-Sees auf. Als er etwa zwölf Jahre alt war, umzingelte eine Truppe von Wasuaheli und Arabern sein Dorf und nahm einige der Einwohner, nach einem Streit über Schulden aus früheren Geschäften, gefangen, quasi als Kompensation. In Kilwa wurde er als Sklave an einen indischen Händler verkauft, der ihn nach Bombay und dann in die Provinz Kutch mitnahm, wo er ihm diente, bis der Händler starb und in seinem Testament Bombay die Freiheit schenkte. Zurück in Sansibar, heuerte er bei der Armee des Sultans an und wurde nach Chokwe versetzt.

Sidi Mubarak Bombay konnte hart arbeiten, er besaß Ausdauer und Geduld. Er konnte den ganzen Tag durchmarschieren, ohne zu ermüden, und er war ein lebhafter und gutgelaunter Begleiter. Zudem galt er als begnadeter Geschichtenerzähler. Er war die einzige Verbindung von John Hanning Speke zu Afrika, denn Hindustani, das sie mehr schlecht als recht beherrschten, war die einzige Sprache, die sie gemein hatten. Speke wurde ziemlich anhänglich, zumal Bombay ihm das Gefühl gab, der wahre Anführer der Expedition zu sein. Denn der kleine Mann, den man so leicht unterschätzen konnte, hatte früh erkannt, was Burton während der ganzen dreijährigen Reise nicht begriff, daß Speke sich als Rivale und nicht als Untergebener verstand, daß sein Ehrgeiz vom Haß auf denjenigen genährt wurde, dessen Freundschaft ihn erst an die Schwelle dieser glorreichen Möglichkeit gebracht hatte. Sie scheinen sich gut verstanden zu haben. Zwar mußte Speke Bombay mehrere Male eine Standpauke halten, weil letzterer besoffen war, aber er galt trotzdem als ›Seele und Erfolg der Expedition‹ (Speke).

Am Ende der zweiten Expedition (1860–1862), nachdem Speke den Ausfluß des Nils aus dem Nyanza-See[1] bei Jinja erreicht hatte, wurden sie in Khartum geehrt. Speke und sein Kompagnon James Grant erhielten neue Kleidung, Bombay bekam ihre alten, abgetragenen Klamotten. Sie hielten sich für großzügig, er war beleidigt ob dieses Geschenks. In Alexandria wurde ein Empfang für die Helden gegeben, natürlich nur für die Briten. Bombay und sein Freund Frij, der ebenfalls beide Expe-

---

[1] Auch Lolwe und Viktoria genannt.

ditionen miterlebt hatte, ließen sich nicht lumpen, sie becherten zuerst, dann erschienen sie, uneingeladen und beschwipst, bei der Feier.

Sidi Mubarak Bombay wurde von der Royal Geographical Society mit einer Silbermedaille geehrt.

Das Juwel der Gruppe ist jedoch ein gewisser Sidi Mubarak, der das Agnomen ›Bombay‹ angenommen hat.[1] Seine rußige Haut und seine Zähne, zugespitzt wie bei einem Reptil, offenbaren seine Herkunft aus Uhiao: Er ist ein typischer Vertreter der Sidis, entflohener Sklaven, die als Laskaren[2] und Kohletrimmer beschäftigt werden. Mit ihrem schallenden Gelächter, ihren Flachsereien und Grimassen, die sich mit gelegentlichen Tänzen und Gesängen abwechseln, tragen sie oftmals zur Unterhaltung der Passagiere auf ostindischen Dampfern bei. Bombay, in jungen Jahren in Kilwa verkauft, ein Vorgang, von dem er mit breitem Grinsen berichtet, wurde von einem Banyan[3] nach Kutch geschleppt, wo er zu einem Libertin wurde: liebevoll blickt er auf die Stunde seiner Adoption zurück und seufzt nach dem Tag, an dem ihm einige Dollars die Rückkehr ermöglichen werden. Sein Kopf ist ein Festmahl für die Phrenologie; ein hohes enges Kranium, mit gewölbtem und gerundetem Scheitelbein, eine fliehende Stirn sowie eine breite Schädelbasis mit voll ausgebildetem moralischem Bereich, jedoch einem Mangel an Refektiven und feinen Perzeptiven, sowie einer

---

[1] Nicht freiwillig: Sklaven mußten die Namen ihrer Herkunft ablegen und als neuen Beinamen den Ort ihrer Ankunft im Sklavendasein mit sich herumtragen.

[2] Aus dem Persischen, verwandt mit dem arabischen *askar* – Soldat.

[3] Eigentlich eine Subkaste von Händlern aus Gujarat, in Ostafrika aber generellere Bezeichnung für Inder, in meiner Jugendzeit in Kenia als *banyani* fast schon abfällig verwendet.

reichlich ausgeprägten Animalität. Sein Haar ist extrem wollig: seine funkelnden Augen liegen eng beieinander, und seine Lippen und sein breiter Mund stülpen sich nach vorn, insbesondere in seltenen Momenten des Zorns, wie bei einem Zynokephal.[1] Er arbeitet aus Prinzip und schuftet wie ein Pferd, wobei er unverblümt eingesteht, daß ihn nicht seine Liebe zu uns arbeiten läßt, sondern seine Pflicht gegenüber seinem Bauch.[2] Trotz eines verstauchten Knöchels und einer Gepäcklast, die im Mißverhältnis zu seinem zwergenhaften Körper steht, besteht er darauf, zwei Gewehre zu tragen, und nach einem Fußmarsch von 30 Kilometern wirkt er so frisch wie zu Beginn. Er kümmert sich überall um uns, verwaltet unsere Einkäufe, übermittelt alle unsere Nachrichten, und wenn er nicht gerade uns zu dienen hat, steht er jedem zur Verfügung. Da er ein wenig Hindustani spricht, empfindet er unbeschreibliche Verachtung für all die ›dschungligen Neger‹, die er nie zu verbergen sucht. Auf unserem Marsch zu den Seen war er der treue Diener und Übersetzer meines Begleiters und der einzige, mit dem sich dieser unterhalten konnte, und auf der zweiten Expedition von Hauptmann Speke und Hauptmann Grant wurde er befördert, die Wasuaheli zu befehligen. Fast jedes schwarze Hirn wäre von einem so raschen und schwindelerregenden Aufstieg überfordert gewesen: Sidi Mubarak Bombay jedoch nicht, und er hat sich entgegen meinen Erwartungen im Laufe der Zeit doch nicht als Versager erwiesen.[3]

[1] Antikes mythisches Zwitterwesen mit menschlichem Leib und dem Kopf eines Hundes.

[2] Ein gewitzter Mensch somit, was sich gewiß in dem Verhältnis zwischen Kranium und Okularium offenbarte.

[3] Das ist wohl das Höchste, was ein ›schwarzes Hirn‹ erreichen kann: den niedrigen Erwartungen des weißen Mannes nicht zu entsprechen.

Was waren Viktorianer und Wilhelminer doch für große Schädelfetischisten. Wer verreiste, ob als Entdecker, als Offizier oder als Verwalter, mußte versprechen, reichlich Skelette zurückzubringen. Der Schädel wurde zum beliebten Mitbringsel von einer Reise oder einem Aufenthalt in den Kolonien, so wie heute eine Schnitzerei. Die Lehranstalten der zivilisierten Welt sammelten mehr Knochen an als je ein Medizinmann. »Berliner Wissenschaftler hatten den in den Kolonien eingesetzten Offizieren ausführliche Anleitungen für die Sicherstellung oder wissenschaftliche Nutzbarmachung des erbeuteten Materials mitgegeben.«[1] Manch ein Schädel wurde zum Politikum, sozusagen zum Zankschädel. Im Artikel 246 des Versailler Vertrags wurde festgelegt, daß der ›Schädel des Sultans Makaua, der aus Deutsch-Ostafrika weggenommen und nach Deutschland gebracht wurde‹ zurückgegeben werden sollte.

Eine halbwegs genaue Kenntnis der Geschichte der Phrenologie dürfte ausreichen, jeden von seiner Wissenschaftsgläubigkeit zu kurieren. Die meisten gebildeten, forschenden, intelligenten Menschen des ausgehenden 19. Jahrhunderts waren in diese Disziplin aber geradezu vernarrt.

Meister der Schädelogie war der Berliner Arzt Rudolf Virchow, der seine Messungen auch an lebenden Objekten aus den durchreisenden menschlichen Zoos, die sich damals einer enormen Popularität erfreuten, durchführte. Virchow war ein wegweisender Pathologe, der sich am liebsten dem Studium von Skeletten, Schädeln und präparierten Körperteilen widmete. Die ›Deutsche Gesellschaft für Anthropologie, Ethnologie und Urgeschichte‹

[1] Baer/Schröter, S. 17.

übernahm eine Vorreiterrolle in der Schädelogie. 1889 wurde eine Verordnung erlassen, nach der landesweit alle Schädel dem Berliner Königlichen Museum für Völkerkunde und Naturkunde zu überlassen seien. Der Direktor der Afrika- und Ozeanien-Abteilung des Museums für Völkerkunde, Felix von Luschan, gründete auch die ›Gesellschaft für Rassenhygiene‹. Ostafrika wurde in der Folgezeit geradezu leer geschädelt. Die Expedition des Herzogs Adolf Friedrich zu Mecklenburg »war in den Jahren 1907 und 1908 mit über 650 Trägern, Köchen, Übersetzern und Soldaten unterwegs und wurde von einem knappen Dutzend weißer Reisenden begleitet. […] Die Expedition brachte nicht weniger als 1017 menschliche Schädel zurück nach Deutschland. Diese Sammlung ist fast vollständig erhalten; sie liegt heute im Keller eines Gebäudes der Berliner Charité.«[1] So reichhaltig waren die deutschen Laboratorien mit afrikanischen Skeletten bestückt, es entstanden in vielen ethnologischen Instituten ›Schädelmagazine‹. Das Fundament für eine Blütezeit deutscher Rassenkunde war gegossen. So konnte Professor August Hirth im Februar 1942 rückblickend nur einen Mangel ausmachen: »Es sind nahezu von allen Rassen und Völkern umfangreiche Schädelsammlungen vorhanden. Nur von den Juden stehen der Wissenschaft so wenig Schädel zur Verfügung.« Allerdings nahte Rettung an der Ostfront. Dort sollte die Feldgendarmerie Juden gefangennehmen und diese von Jungärzten oder Medizinstudenten vermessen und fotografieren lassen. »Nach dem danach herbeigeführten Tode des Juden, dessen Kopf nicht verletzt werden darf, trennt er den Kopf vom Rumpf und sendet ihn, in eine Konservierungs-

[1] Baer/Schröter, S. 21.

flüssigkeit gebettet, in eigens zu diesem Zweck geschaffenen und gut verschließbaren Blechbehältern zum Bestimmungsort.«[1]

---

[1] Baer/Schröter, S. 22.

AFRIKA VON AUSSEN

IST EUROPA VON INNEN

ꗞ ꗡ ꗇ ꖬ ꕞ ꕡ 5 ꕎ ꖷ ꗏ ꕔ ꔔ ꗞ ꕘ ꖸ ꕼ ꕞ ꖸꖸ

Tansania ist das Tor, das offensteht,
um die Seele Afrikas zu entdecken. [...]
Die Besatzer unterschätzten die dem Land inne-
wohnende Kraft. Tansania hat in seinem trägen Fluß
alle Besatzer immer wieder verschlungen.
ARTE: voyages voyages 2000

E s ist eine alte Behauptung, daß Afrika, der Kontinent, der zu einer Insel wurde, als im gesegneten Jahr 1869 die Zwillingsmeere vereint wurden,
trotz seiner strotzenden Gesundheit und seiner wunder-
samen Zeugungskräfte, von schlechter Proportion ist – ein
Rumpf ohne Glieder, eine monotone Masse von schmerz-
hafter Symmetrie. Dieser Masse mangelt es ebenso an
Widerspruch und Kontrast wie der uniform dunklen
Gesichtsfarbe ihrer Söhne und ihrer Fauna; Afrika ist ein
fester Körper, wie die Kakaofrucht, die es hervorbringt,
außen hart und schwer zu knacken, innen weich; ein
›Sonderfall auf Erden‹, der sich durch seine Wildheit vom
Rest der Welt selbst isoliert. Dies gilt besonders für das
intertropische Afrika.
   [...]

Die Neger und die Negroiden an diesen beiden un-
gastlichen Küsten, eine unterentwickelte und nicht zu

Zanzibar. entwickelnde Rasse – in diesem Punkt stehen sie im Ein-
Band 1, klang mit der sie umgebenden Fauna und Flora –, sind
S. 121
und 116 ff. die größte Hürde für die Erkundung Afrikas.[1]

[1] Mit anderen Worten:
Afrika wär' schon ein toller Feger,
gäb's da nicht die ollen Neger.

FUSS

SAFARI

LANG

UND

BREIT

UND

GRAD

ᚹᚷ᚛᚛᚛᚛❖ᛖᚾᚥᛒ5ᚠᚠᚥᛣᚤᛒᚢᚷᚹᛒ᚛᚛᚛᚛ᚷᛒᛒ

Unsere[1] Nach-Reise (oder Neo-Safari[2]) der ersten
Nilquellenexpedition von Richard Francis Burton
und John Hanning Speke, die von 1856 bis 1859
unternommen wurde, jener Forschungsreise also, die von
all den einschlägigen Expeditionen am wenigsten über
die Nilquellen in Erfahrung brachte, begann auf Land-

[1] Ich unternahm diese Reise zusammen mit meinem Freund Jörg, heute
stolzer Lodge-Betreiber in Nordtansania.

[2] a) Jeder Afrikanist, Afrikanologe und Afrikaphile, der etwas auf sich
hält, ist dem Ursprung dieses Wortes, das wohl von Richard Burton aus
dem Kisuaheli ins Englische eingeführt wurde als allgemeiner Begriff für
eine Reise durch das Innere Afrikas, schon einmal nachgegangen, und so
will auch ich – *with a little help from Burton* – eine Erklärung bieten: *Sifr*
im engeren Sinne des arabischen Wortes ist eine Schriftrolle, etwas, das
man beim Lesen aufrollt, entrollt. Somit bedeutet *safar* bildwörtlich ›das

karten. Auf der Afrikakarte, wo ich Tansania nicht suchen mußte; auf der Tansaniakarte, wo ich Bagamoyo als Ort des Aufbruchs und Ujiji als Zielhafen leicht ausmachen konnte. Aber das reichte natürlich nicht aus, um zu Fuß vom großen Meer im Osten zum großen See im Westen zu marschieren.

In dem ›Maps and Survey Office‹ in Daressalam, dem zentralen Landesvermessungsamt, wird das Land in Rechtecke in einem Maßstab von 1:250.000 und Quadrate in einem Maßstab von 1:500.000 unterteilt. Auf letzteren gewinnt die Reise an Konturen (Aufstiege und Abstiege etwa). Wenn auch an etwas veralteten Konturen; die meisten Detailkarten stammen aus dem Zeitraum von 1959 bis 1962, beruhen also auf kolonialer Vermessungsarbeit. Kurz bevor das Land in die Unabhängigkeit entlassen wurde, vermaß man es noch einmal genau,[1] ein Abschiedsgeschenk oder ein drohender Zuruf: wir haben euch erfaßt! Seitdem hat sich der Antrieb, Straßen, die geteert, Krankenhäuser, die gegründet, und Flughäfen, die angelegt worden sind, zu verzeichnen, in schläfrigen Grenzen gehalten. Wie wenig kartophile Ambition die meisten Tansanier an den Tag legen, belegt die Unterbringung dieses Amtes im ehemaligen deutschen Offizierskasino. In einem scheinbar seit der Errichtung vor gut einhundert Jahren kein einziges Mal renovierten Raum mit hoher Decke und einer Bühne, von der aus

Aufrollen der Erde unter den Füßen beim Reisen‹. *Sifr & safar,* lesen und rollen, reisen und schreiben.

b) ›Sie begeben sich auf eine KUNST SAFARI. Eine Safari ist eine Reise – ein Abenteuer des Sehens.‹ (The Museum of Modern Art, New York)

c) Es gibt sogar eine *Grammar Safari* für TOEFL.

[1] *To take a measure of something* drückt im Englischen schön aus, wie sich das Abmessen in die Bewertung hineinsteigert.

zum Tanz für das Parkett aufgespielt wurde, welches nun von den dicht nebeneinanderstehenden Aktenschränken zerkratzt ist, die offensichtlich unzählige Male hin und her geschoben worden sind. Auf alten Fotos in schief hängenden Rahmen stehen Offiziere der Kaiserlichen Schutztruppe in gestärkten, blütenweißen Uniformen stolz unter gewaltigen Sonnenschirmen neben ihren Damen, die den Saum ihrer weit ausladenden Gewänder mit der linken Hand hochhalten. Vor ihnen – in einigem Abstand, so als stünde dieser Vorgang in keinem kausalen Verhältnis zu ihrer Anwesenheit – marschiert eine Kompanie von Askaris[1] über die Straße, der Anführer hoch zu Roß. Dem Landesvermessungsamt mangelt es nicht an derartigen Memorabilien. Die Leuchttische verstauben hinter schweren Gardinen, und die anwesenden Kartographen stellen sich gegenseitig Urkunden in Schönschrift aus. Wir warten auf Sponsoren, sagt ein hilfsbereiter Angestellter, während er die geknickten Originale (auf Folie) zusammensucht, denn die Drucke der meisten von mir benötigten Karten sind längst vergriffen. Je weiter die Route, die wir mit unseren Fingern abschreiten, ins Landesinnere führt, je größer die Entfernung wird, die zu überwinden sein wird, desto umfassender wird die Verwunderung des Vermessers. Das wird dauern, entschuldigt er sich, und er meint nicht unsere Fußreise, sondern das Zusammensuchen der entsprechenden Ausschnittskarten in seinen vielen Schubladen. Während wir warten, treibt es andere Kunden herein. Die Europäer unter ihnen verlangen nach Karten von entlegenen Jagd-

---

[1] Auch wenn die Deutschen ihre Kolonien früh verloren haben, steht das Wort *askari*, das wie Safari und viele andere Wörter aus dem Arabischen ins Kisuaheli marschiert ist, im großen Duden-Wörterbuch: [arab. askari=Soldat], afrikanischer Soldat im ehemaligen Deutsch-Ostafrika.

gebieten, die Tansanier hingegen fordern Detailkarten von urbanen Zonen, von Stadterweiterungen, die allein regelmäßig aktualisiert werden. Die fotokopierten Karten, die der freundliche Mann uns schließlich mitgibt, erweisen sich im Laufe der Safari immer wieder als Fiktionen. Kein Wunder, wenn selbst in dem offiziellen Straßenatlas eine märchenhafte Asphaltverbindung durch hundert Kilometer nördliches Fabelland führt, nicht einmal besonders gut erfunden, denn sie verläuft direkt über den Gipfel eines immerhin 2858 Meter hohen Berges, gerade hinauf und steil hinab. In dieser Hinsicht ergeht es uns im Zeitalter von Satelliten manchmal nicht viel besser als vor hundertfünfzig Jahren Richard Burton. Zu seiner Zeit verschlechterte sich die Qualität der Karten aufgrund der Eitelkeit von ›Entdeckern‹ und dem Appetit von Eroberern.[1] Nicht nur ethnographisch, auch kartographisch wurde Afrika europäischen Bedürfnissen gemäß neu erfunden, was den fünfzehn Jahre nach Burton reisenden Henry Morton Stanley aufstöhnen ließ: »Alles, was wir seit den Tagen des alten Homer gesammelt haben, ist

---

[1] Wann wurde Afrika entdeckt? Nicht im 15. Jahrhundert, wie man heute noch in der Schule lernt. Herodot schreibt über eine phönizische Truppe im Dienste der ägyptischen Pharaonen, die im 6. Jahrhundert vor Christus wohl den gesamten Kontinent umsegelte (›sie hatten die Sonne zu ihrer Rechten‹). Der ganze Erdteil hieß damals Lybia. Ein Jahrhundert später versuchten Perser diese Leistung, unter Führung von Sataspes, einem Neffen von Darius, zu wiederholen. Sie mußten jedoch umkehren. Etwa um diese Zeit bemühten sich Siedler aus Karthago, neue Kolonien an der Küste entlang aufzubauen (60 Schiffe, 30.000 Männer und Frauen). Es scheint, sie kamen bis Kamerun. Last but not least: *Periplus des Erythräischen Meeres/Periplus maris Erythrai,* ein anonymer Text, datiert auf 130 bis 95 vor Christus, zweifellos eine Beschreibung Afrikas aus erster Hand, schildert eine Reise entlang der ostafrikanischen Küste, vermutlich bis zum Rufiji-Delta im heutigen Südtansania, und berichtet von lebhaftem Handel mit Zimt, duftendem Gummiharz, Elfenbein, Nashorn und Schildkrötenpanzer.

weggewischt. Wir verdanken unsere Ignoranz den heutigen Kartographen. Kaum haben wir ein natürliches Merkmal entdeckt, wird es in der nächsten Ausgabe der Karte wieder entfernt.«

Burtons Expedition verlief keineswegs durch unbekanntes Land, wie in der britischen und europäischen Presse bereitwillig angenommen wurde. Weite Teile der Route führten entlang einer Karawanenautobahn, die von einem arabischen Sklavenhändler zum ersten Mal abgesteckt worden war. Nur deswegen konnten die beiden Briten im Laufe ihrer drei Jahre dauernden Reise immer wieder überlebensnotwendige Güter mit anderen Karawanen tauschen, Geld erhalten und Post abschicken. Die Sklavenhändler haben Afrika aufgeschlitzt, wie den Bauch einer Schwangeren. Männer wie Burton und Speke sind diesen Blutweg entlanggegangen, sie haben von ihm profitiert.

Wir folgten dem arabischen Verkehrsweg, der etwa um 1825 von Sayf bin Said el Muameri bis zum Tanganjikasee erschlossen wurde. Das Vorhandensein eines ausgetretenen Pfades in Afrika hat Vorteile und Nachteile. Die Einheimischen sind Reisende gewohnt; sie sprechen ihnen nicht mehr auf Schritt und Tritt übernatürliche und verderbliche Kräfte zu, und sie erwarten auch nicht, abgesehen von den unerfreulichsten Stämmen, daß jedwedes Übel auf ihr Erscheinen folgt: Es ist nicht schwer, weitere Hilfskräfte anzustellen, und auch keineswegs unmöglich, Informationen über jene Regionen zu sammeln, die man nicht selbst aufsuchen kann. Andererseits hat der Umgang mit Sklavenhändlern die Gier entfacht und die Gastfreundschaft eingeschränkt: der Afrikaner hat sein ursprüngliches Ehrgefühl verloren und noch nicht

Sklaven

gelernt, es durch kommerzielle Ehrlichkeit zu ersetzen, und sein ganzer Einfallsreichtum gilt dem Ersinnen und Durchführen lächerlicher Dummheiten.

Doch dort, wo sich der Erforscher einen eigenen Weg bahnen muß – wie es bei Paul du Chaillu in Gabun und bei mir den Kongo hinauf der Fall war –, wo vorgegebenes Transitrecht nicht einmal gegen Bezahlung existiert, erweist sich das Abenteuer um einiges schwieriger und gefährlicher. Wir erleben dann den Afrikaner in seinem Element, ein Wilder par excellence, durch keinen Umgang mit der Außenwelt verändert, daheim im Kreise seiner Artgenossen, und reichhaltig mit all den Widersprüchen seiner Rasse ausgestattet. Seine Zweifel und seine Gelüste sind augenblicklich erregt. Sein Abscheu vor allem Neuen kämpft gegen sein Bestreben, das Bestmögliche herauszuschlagen; es existiert kein Vorbild für seine Forderungen, und folglich spürt er nicht, wie absurd diese sind. In seinen Augen ist die Karawane ein ›Doummoulafong‹, eine Sache, die seiner Lebenserhaltung dient, wie Mungo Parks zweite Expedition genannt wurde. [...] Die Kosten sind nicht einmal das größte Hindernis für den Erfolg solch außergewöhnlicher Expeditionen: der geringste Unfall mit einer Schußwaffe kann jegliches Vorankommen verhindern und das Leben der ganzen Mannschaft gefährden.

Die lästigste Besonderheit ausgetretener Pfade für weiße Reisende sind die exorbitanten Forderungen der schwarzen Häuptlinge. Sie wissen, daß ein Sklavenhändler, der über Gebühr ausgenommen wird, einen anderen, alternativen Reiseweg erschließen wird. Aber wenn sie zum ersten Mal einen Europäer erblicken, erwarten sie nicht – und wünschen es vielleicht auch nicht – ihn je wiederzusehen, und ihr einziges Ziel ist es, seine Großzügigkeit auszuloten, indem sie soviel wie nur möglich aus ihm herauspressen. Dies ist die schwerste Prüfung der Selbstbeherrschung, denn der Forscher weiß nur zu gut, daß seine Reise beendet ist, sobald seine Mittel erschöpft sind. Zwar erkennt der enttäuschte Häuptling das absolute Gesetz der Ökonomie an, doch er besteht äußerst empört auf seinem Recht, manchmal mittels Drohungen; und so verursacht er jede Menge Verzögerungen und Komplikationen. Der Einheimische, der die Karawane anführt, fürchtet sich vor Konsequenzen, vor allem in Zeiten des Kriegs oder der Dürre, der Hungersnot oder der Seuche, und willigt heimlich in die Forderungen ein, sofern er nicht offen handeln kann, und zahlt aus eigener Tasche, wenn nicht gar aus der allgemeinen Kasse. Der überanstrengte Reisende, schimpfend und tobend, sein Temperament mühsam in Zaum haltend, kann nicht jede Perlenschnur, jede Elle Stoff im Auge behalten; und eines Tages wird ihm berichtet, daß die Vorräte zur Neige gehen, und das gerade, da der interessanteste Teil seiner Reise bevorsteht, der nun, da es ihm an Mitteln mangelt, nicht angetreten werden kann.

Zanzibar. Band 2, S. 292 ff.

LEG AB

DIE LAST

DEINES HERZENS

ᛏᛘᚷᚁᚋᚲᛋᛉᚥᛏᚲ5ᚨᚠᛃᚹᚱ�429ᛐᛏᛒᛙᚴᛉᛃᚤᛘ

In Bagamoyo, auf dem Festland, einige Segelstunden von Sansibar entfernt, residiert ebenfalls deutsche Kolonialvergangenheit. Die mächtigeren Bauten stammen aus der Zeit, als dieses Örtchen Verwaltungssitz von Deutsch-Ostafrika war (1888–1891). Seitdem ist hier kaum investiert worden – die Briten wollten nicht, da sie nach dem Ersten Weltkrieg nur die treuhändische Verwaltung innehatten, und die unabhängige tansanische Regierung konnte nicht. Neben der Küstenpiste krümmt sich eine alte Moschee, an der als einziges Zugeständnis an die Moderne eine Neonröhre befestigt ist. Viele der Häuser sind verlassen, doch inmitten des Verfalls erhebt sich, dank eines schwedischen Restaurierungsprojekts, ein frischgestrichenes Haus mit blauen Fensterläden – es wirkt wie ein Mannequin unter lauter Obdachlosen. Zwischen den Ruinen rosten einige Karosserien, spielen Kinder Fußball. Momente der Bewegung haben Seltenheitswert: Eine Dau kitzelt den Wind, ein Mann erklettert eine Palme, Aktivisten der regierenden Partei üben feierlichen Gesang in einer Betonhütte, die so aussieht, als hätte der Architekt einen ›tropischen Stalinismus‹ zu kreieren versucht. An der arabisch anmutenden *boma,* dem Sitz der deutschen Kolonialverwaltung, hat der Zahn der Zeit genagt. Das Wellblechdach ist zur privaten Nutzung abgetragen worden, Teile der Fassade sind eingestürzt, riesige Steinbrocken versperren den Eingang, auf der Veranda im ersten Stock grasen einige Ziegen. Im hohen Gras davor steht ein Mann, eine volle Plastiktüte in der linken Hand. Er holt eine Menge Muscheln heraus, eine davon groß wie eine Honigmelone, und dann faltet er ein Taschentuchsäckchen auseinander, in dem Münzen klimpern. Zwischen seinen Fingern dreht er einige Stücke Küstengeschichte: Münzen aus Oman, anglo-indische Rupien, ›Zanzibari‹ sowie ›East African Shillings‹ und kaiserliche Heller,[1] mit dem Adler auf dem Avers, auf die er besonders stolz ist. Leider geht ihm die ehemalige deutsche Währung allmählich aus, er besitzt nur noch zwei dieser Geldstücke: einen halben und einen ganzen Heller. Er verlangt einen stolzen Preis für sie. Noch heute bedeutet *lette heller* auf Kisuaheli ›gib mir Geld‹.

Bagamoyo ist ein Ort der Anfänge und Ausgänge. Von hier starteten Livingstone, Burton, Speke, Stanley und Grant, hier kam 1874 der Leichnam von Livingstone an. Hier endete die Sklavenroute. Der Name stammt von *bwaga moyo* ab, was in etwa bedeutet ›wirf deine Sorgen ab‹ oder ›leg ab die Last deines Herzens‹. Zwar war

---

[1] Gelegentlich begegnet man in Tansania noch Methusalems, die den Vornamen ›Heller‹ tragen. So wie in Indien Kinder nach der Göttin des Reichtums, Lakshmi respektive Lakshman, benannt werden, sollte die numismatische Bezeichnung der weißen Herren dem Nachwuchs Geldsegen bringen. Der Heller stammt aus Schwäbisch-Hall, das in güldenen Zeiten ein lukratives Prägerecht sein eigen nannte, weswegen dieses teils barocke, teils romanische, teils gotisch-neugotische Städtchen in Nord-Württemberg früh zu einem Wohlstand kam, den es seitdem nicht mehr abgegeben hat.

dieser Ort für die Sklaven keine Endstation ihrer Leiden, sondern nur ein vorübergehendes Innehalten, ehe der Schmerz auf den Schiffen wieder einsetzte, aber wenn sie Bagamoyo erreichten, hatten sie sich mit ihrer Ausweglosigkeit abgefunden. In Kaole, drei Kilometer entfernt, steht eine Gedenktafel zu Ehren der Burton-Speke-Expedition. Die schönen Relieflettern sind verblichen, darum hat jemand unter ihnen im Stile ›schnell und billig‹ auf Plastik wiederholt: »Am 27. Juni 1857 brachen Burton und Speke von Kaole aus zu ihrer Expedition zum Tanganjikasee auf.« Mit einer Karawane, die eine halbe Meile lang war und aus dreizehn Soldaten des Sultans von Sansibar, fast hundert Trägern, dreißig Eseln und unzähligen Säcken voller Proviant und Tauschware bestand: 35 Pfund Perlen und Stoff genug um bei jedem Halt eine Elle verschenken zu können – *merikani* (ungebleichter Baumwollstoff aus den USA) und *kaniki* (indigogefärbter Stoff aus Indien).

A USRÜSTUNG 2000

ᚦᚢᛞ᛫᛫᛫⊕ᛂᚦᛁᚤᛜ5᛭ᚨᚦᚤᛈᚤᛗᛞ᛫ᚦᛒᛏᛦᚥᛁᚤᛙ

1 MacPac-Serengeti-Rucksack
1 Coleman-Zelt
1 Ajungilak-Sommer-Kompaktschlafsack
1 Baumwollinlett für den Schlafsack
1 Thermo-A-Rest-Isomatte
1 Paar Wanderschuhe
1 Paar Turnschuhe
1 ›reißfeste‹ lange Safarihose
1 leichte Sommerhose
1 kurze Hose
2 Hemden
4 T-Shirts
1 Packung Davidoff Mini-Zigarillos
1 Packung *beedis* aus Indien
1 windgeschützte Kerzenlaterne
1 Flasche Macallan (Single Malt Whisky)
2 Wegwerffeuerzeuge
1 Zippo-Feuerzeug
2 Packungen Vitamin- und Magnesiumtabletten
1 ledernes Notizbuch aus Udaipur, Indien
1 samtenes Notizbuch aus Yogyakarta, Indonesien
1 kleine Ganesh-Figur
1 Burton: *The Lake Regions of Central Africa*
1 Speke: *What led to the Discovery of the Source of the Nile*

1 BP-Karte von Tansania
2 Klarsichtfolien mit zugeschnittenen Karten
  im Maßstab von 1:50.000
5 Kugelschreiber
2 Bleistifte
1 Radiergummi
1 Spitzer
8 Batterien (1,5 V AA)
1 Antiflex-Flickkleber
1 Seife (Dove)
1 Sonnencreme (LSF 15)
1 internationaler Presseausweis
1 Sonnenbrille
1 Gletschersonnenbrille
1 SONY ›Professional Walkman‹ mit Kopfhörer
1 Sennheiser-Mikrofon
3 Musikkassetten
1 große Maglite mit Reizgassprüher im Griff
1 Mini-Maglite
1 Stirntaschenlampe
1 Leselicht
1 Autan-Mückenschutzmilch
1 kleine Dose Tigerbalsam
1 Tube Reisewaschmittel
1 Gummitrichter
1 Ohropax
1 Nähzeug
1 Fußpflegeset
1 Klebeband
1 Erste-Hilfe-Kasten

Abwerfen:

die Fussfesseln der Gewohnheit

die Lasten der Routine

die Sklaverei

des festen Heims

ᛒᚨᚾᚩᛞᛁᚠᚢᚱᚠᚢᛥᚢᛯᚦᚹᚱᛰᛒᚦᛞᛝᚠᛁᚾᛗ

Schon nach wenigen Kilometern werden wir von seinem Afrika verschluckt, das Romantiker als ›ursprünglich‹ bezeichnen würden. Zu beiden Seiten des Pfades sind dem Busch kleine Felder abgetrotzt, bestellt mit Maniok, Mais und Bananenstauden, und dazwischen Palmen in großer Zahl. Eine Schule, von einer protzigen, steinernen Tafel angekündigt, besteht aus einem halbgedeckten Haus ohne Fenster und Türen. Weder Kirchen noch Moscheen sind zu sehen, weder Kreuze um den Hals noch *buibui* um den Kopf. Die wenigen *dukas,* Bretterverschläge der örtlichen Krämer, präsentieren ein Minimalangebot: Kekse, Speiseöl, Salz, Zucker, Rasierklingen und die obligaten Coca-Colas. Gelegentlich werden Kokosnüsse und einige verschrumpelte Orangen zum Verkauf angeboten. Fisch liegt zum Trocknen aus. Jugendliche sitzen herum und starren auf ihre Turnschuhe, wenn sie welche besitzen, oder auf ihre nackten Füße. Der Lethargie entreißen sie eine Kaskade

von Begrüßungsformeln: *mambo*[1] *vipi – poa*[2] *– habari*[3] *–*
safi[4] *– za leo*[5] *– fresh!* Die Frage *natoka wapi?* – woher
kommt ihr? – können wir leicht beantworten; auf die
nächste Frage – wohin geht ihr? – fällt uns keine ver-
ständliche Antwort ein. Wenn wir bekennen, zu Fuß das
ganze Land durchwandern zu wollen, auf den Spuren
einer großen Gruppe von Menschen, die vor langer Zeit
diesen Weg gegangen ist, schütteln die Menschen den
Kopf, schnalzen mit der Zunge und rufen uns *mzungu*
hinterher, seit eh und je der gängige Begriff für den weißen Mann, in seiner wortwörtlichen Bedeutung ›jemand,
der herumirrt‹.

Am nächsten Morgen frühstücken wir in einer Teehütte
in Misue. Im Angebot Brot, *chapati, cake* und Bohneneintopf, den einige alte Männer bedächtig löffelnd zu
sich nehmen. Wir fragen, wie weit es noch nach Mlandizi sei. Fünf Kilometer, sagt der eine mampfend, zehn
Kilometer, murmelt ein anderer, und der Mann uns
gegenüber, seine gesellschaftliche Bedeutung ausgewiesen
durch einen khakifarbenen Safarianzug, feste schwarze
Schuhe und weiß-türkis gestreifte Socken, erklärt ver-
bindlich, es seien fünfzehn Kilometer. Entfernungen,
schrieb Burton, werden stets in den Stufen ›nicht weit‹,
›weit‹ und ›zu weit‹ angegeben. Als der Funktionär sieht,
wie ich mir einige Notizen mache, wird er mißtrauisch,
mit einem Frohlocken, als habe er endlich wieder einen
Lebensinhalt gefunden, und er beginnt mich auszufragen.

---

[1] Kisuaheli: Pluralform des weltberühmten, in jedem Afrikafilm vor-
kommenden *jambo* – Umstände, Angelegenheiten, Verhältnisse, Handlungen, Sachen, Dinge.
[2] Kisuaheli: Frisch.
[3] Kisuaheli: Wie geht es denn so?
[4] Kisuaheli: Toll, super, sauber.
[5] Kisuaheli: Und heute.

Schließlich verlangt er unsere Namen zu wissen, und zur Begründung erklärt er, er wolle sichergehen, daß wir Mlandizi sicher erreichten. Schließlich radelt er davon. Die alten Männer haben sich während des gesamten Gesprächs ausschließlich dem Bohneneintopf gewidmet.

Zu Mittag ruhen wir uns in einem unfertigen Gebäude aus, das aus fünfzehn betonierten Trägersäulen und einem Dach besteht, das durch alle Löcher fällt. Wir legen uns auf zwei der drei vorhandenen grob gezimmerten Bänke. Es ist schwer vorstellbar, daß wir nicht einmal zwei Tagesmärsche von der Küste entfernt sind.

Zuerst erblicken wir einen Getreidespeicher, dann einen Fußballplatz, dann ein kleines Elektrizitätswerk, dann den Asphaltstreifen, auf dem der Verkehr vorbeihuscht wie in einer parallelen Realität. Eine Trasse von anachronistischer Geschwindigkeit. Unwillig nähern wir uns der Zivilisation. Dort, wo unsere schlammige Piste, die alte Karawanenroute entlang dem Ruvu-Fluß, die wichtigste Landstraße Tansanias kreuzt, sitzen zwei Halbstarke, die große Mühe investiert haben, so auszusehen, als kämen sie aus Harlem, und aus ihrem Ghettoblaster leiert *lingala*-Musik.[1] Mlindizi ist ein Truckerort. Bretterverschläge bieten *chipsi* und *mayay* (Eier) an, manche etwas gegrilltes Huhn oder einen Fleischspieß. Geschäftszeilen auf beiden Straßenseiten. Ein Videoverleih. Daneben eine Reifenwerkstatt, die auch Autoersatzteile anbietet. Geschlossen ist nur die Apotheke samt Krankenstation. Dahinter einfache Pensionen, in denen einzig das Bierangebot stimmt (zehn verschiedene Sorten). Wir wählen

---

[1] Afrikaweit geliebte Popmusik aus dem Kongo (benannt nach der weitverbreiteten Sprache). Meine Eltern können bulgarische Volksmusik nicht hören, ich ertrage den Sound von *lingala* nicht, zu oft wurde diese Musik im Radio meiner Kindheit gespielt.

auf gut Glück das ›Iringa Guest House‹, geführt von einer am frühen Abend schon angetrunkenen Frau vom Volk der Ngoni, das vor etwa hundertfünfzig Jahren aus Südafrika nach Norden gezogen ist und einen Zulu-dialekt spricht. Auf dem Fensterbrett in unserem Zimmer liegen Kondome der Marke ›Salama‹ (Frieden) aus, mit freundlicher Empfehlung des Hauses. Und vor den Bars patrouillieren einige Damen der Nacht. Jemand hat diese Überlandverbindung ›Aids-Highway‹ getauft. Nein, nein, winkt John in unserer Bar ab. Das sei früher so gewesen. Aufgrund der Ansteckungsgefahr leiste er sich entlang der Route keine Freundinnen mehr. Dann erzählt er, in letzter Zeit sei der Glauben aufgekommen, man könne Aids heilen, wenn man mit einer Jungfrau schliefe. Ob er das glaube? Er sei sich nicht sicher, aber eine Jungfrau sei immer gut, obwohl, er selber sei ja nicht krank. Das war mein *pombe* (Bier), schreit einer im hinteren Grund der Bar. Dann fliegt ein Mann gegen die Theke. Ich verstehe, wieso der Ausschank mit einem Gitter geschützt ist. Die Männer trinken weiter, eine Frau zeigt sich an der Tür, als wollte sie kundtun, daß sie wieder verfügbar ist. Alkohol und Aids sind eine schlechte Mischung, weil der Besoffene gerne darauf besteht, kein Kondom zu benutzen. In Truckerorten wie diesem ist, laut einer holländischen Ärztin, die wir einige Tage später treffen, die Hälfte der Bevölkerung infiziert.

Wenn wir am Nachmittag nicht marschieren mußten, die abendliche Kost alle Mann gesättigt hatte und ein gewaltiger Mond erschien, der unsere Leute ebensosehr belebte wie die nachtaktiven Schakale, dann wurden die Trommeln eifrig geschlagen, es wurde in die Hände geklatscht, und der anschwellende Gesang rief die jungen

Männer und Frauen der umliegenden Dörfer zum Tanz zusammen. Wie die meisten Menschen von begrenztem Ehrgeiz erschlaffen die Afrikaner zwar rasch bei der Arbeit, sind aber nie zu müde, um zu tanzen und sich zu vergnügen, beides mit bemerkenswerter Gravität – bei keinen anderen Tätigkeiten legt der Ostafrikaner einen solchen Ernst an den Tag. Manchmal wirft sich einer von ihnen in die Pose eines heldenhaften Dorfnarren, wagt einen *pas seul*, an seinen Armen, Beinen und am Kopf sind Kuhhautstreifen befestigt, die er schüttelt und rüttelt, und dann stimmt einer aus dem Kreis der Männer einen Sologesang an, den die übrigen mit brummendem Chor untermalen. Die Tänzer trampeln und stampfen im Takt, und am Ende jeder Strophe vereinen sie sich zu einer Formation von solcher Präzision, daß hundert Paar Füße wie ein einziges klingen. Die Körper wiegen sich zur Musik, und die Verrenkungen werden anspruchsvoller, je mehr die Erregung steigt. Sie kauern sich nieder und recken den Hintern in die Höhe, sie verbiegen sich und richten sich wieder auf, halten inne und steigern ihren Gesang zur doppelten Lautstärke, bis die Gruppe mit ihren kreisenden Armen dem irren Reigen ägyptischer Derwische gleicht. Die Darbietung schließt oft mit einem Umzug, bei dem sich die Tänzer zusammendrängen, ein *galop infernal* gestikulierender Satyrn, denen alles Menschliche unbekannt scheint. Wird die Ausgelassenheit zu wild, erstirbt der Gesang, und alle werfen sich unter Geschrei und Gelächter auf die Erde, um wieder zu Atem und Kräften zu kommen. Die Graubärtigen blicken bewundernd und teilnahmsvoll vor sich hin, in Erinnerung der Tage, als sie selbst noch solcher Leistungen fähig waren. Statt eines ›Bravo‹ entfährt ihnen ein ›Wunderbar! Wunderbar!‹, und sie wundern sich, was den Weißen

zum Lachen bringt. Die Damen ziehen es vor, beim Tanz unter sich zu bleiben, und die unsrigen täten dies wohl auch, wenn durch ein Mißgeschick eine buchstabengetreue Schilderung dieser Ausschweifungen an ihr vornehmes Ohr dränge.

Mlindizi ist ein Ort, der durch das Warten gegliedert wird. Warten auf die Abfahrt eines *dala-dala*,[1] Warten auf die Ankunft eines Busses voller hungriger Passagiere. Warten auf eine jener seltenen, lukrativen Gelegenheiten. Auf die Weiterfahrt warten. Wer so viel warten muß, bewältigt das Warten mit aufmerksamer Schläfrigkeit. Wenn der Augenblick eintrifft, auf den man gewartet hat, muß alles schnell gehen. Plötzlich eine Explosion aus Schreien und Gesten, wie von einem Stromstoß verursacht. Ein Aufbrausen, Davonbrausen. Danach wieder Leben mit zur Neige gehenden Batterien.

Unser *dala-dala* ist ein zwanzigjähriger Land Rover, dessen Benzinzufuhr sichtbar über einen außen befestigten Kanister erfolgt. Auf der Ladefläche zwölf Erwachsene, vier Kinder und unzählige berstend volle Säcke. Wir sind eingestiegen, weil wir es eilig haben. In Mzenga sollen wir die Wildhüter treffen, die uns durch das Selous-Tierreservat geleiten werden. Die Zivilisation verschwindet, als der Fahrer in den zweiten Gang schaltet.

Eigentlich sollten die zwei Wildhüter in Mzenga, einer Bahnstation an der Tazara-Linie nach Sambia, dem Zug entsteigen, doch als sich der zweiminütige Wirbel um die örtlichen Orangen-, Erdnuß- und Holzkammhändler

---

[1] Kleine, überaus volle Sammelbusse, am Steuer äußerst waghalsige Fahrer, die das ganze Land vernetzen. Der Name kommt von dem ›Dollar‹, den man als Entgelt zu zahlen hat. In Kenia *matatu* genannt (auch der Titel einer legendären, einst von Holger Ehling gegründeten Zeitschrift über afrikanische Literatur und Kultur).

legt und der Zug wieder abgefahren ist, stehen wir allein vor dem kolossalen Bahnhofsgebäude, hoch wie zwei aufeinandergestapelte Lagerhallen, in das eine breite Treppe hinein- und auf der hinteren Seite nur ein überwachsener Pfad hinausführt. Die Chinesen, die in den siebziger Jahren des 20. Jahrhunderts diese vermeintlich volkswirtschaftlich wichtige Eisenbahnverbindung bauten, brachten ihre Blaupausen von zu Hause mit, und in China muß wohl selbst der provinziellste Bahnhof eine beachtliche Menschenschaft beherbergen können. Wir setzen uns in diesen Palast des irdischen Geduldens und überdenken unsere Möglichkeiten. Der nächste Zug kommt erst in drei Tagen. Wir treten wieder hinaus und starren die Gleise entlang in eine übertrieben geradlinige Zukunft – ein Junge fährt sein selbstgebasteltes Auto auf den Schienen spazieren –, als hinter uns ein Motorengeräusch ertönt. Eine gelbe Wartungslokomotive (von der Firma ›Schöma‹) rattert heran, darin ein weißer Mann mit weißem Bart und weißen, knielangen Strümpfen auf erhöhtem Sitz, an einem rötlichen Cocktail schlürfend. Es handelt sich gewiß um eine Mirage – John Huston auf seiner ganz eigenen ›African Queen‹. Eine Mirage allerdings, die das Wort an uns richtet:

– Wohin wollt ihr?

Wir erklären es ihm.

– Ich baue ein Camp im Selous. Ich nehme euch ein Stück mit. Steigt auf!

Bald sitzen auch wir erhöht und genießen den Blick über die Buschsavanne. Wir beraten uns mit unseren Karten und beschließen, an der Station Kidunda nahe der Reservatsgrenze auszusteigen und um das Wildgebiet herumzugehen. Kurz hinter dieser Station hält die gelbe Lok neben einem kleinen See; man reicht uns zum

Abschied zwei Coca-Colas und zwei Hühnchenschenkel. Als wir uns umsehen, entpuppt sich der See als wild beliebtes Wasserloch. Wir treten fast in pfannengroßen Büffelkot. Auf der anderen Uferseite trinkt eine Herde Impalas. Je mehr Boden wir absuchen, desto dichter wird das Netz aus warnenden Zeichen: unübersehbare Elefantenhaufen, Abdrücke von Löwentatzen sowie Spuren, die wir nicht zuordnen können. Wir verschlingen das Huhn, während wir in Gedanken ein Lagerfeuer entfachen, groß wie ein Schutzwall. Dann stellen wir die leeren Flaschen auf die Bohlen und sind gerade dabei, vorsichtig Wasser zu filtern, als das wohlbekannte Motorengeräusch erneut ertönt. Die gelbe Lokomotive rast im Rückwärtsgang auf uns zu, vorneweg ein Masai hinten auf dem Gepäckwaggon – das Abendlicht glitzert auf seiner Titansonnenbrille und seinen Zähnen. Auch die anderen Afrikaner, die aus den Fenstern lehnen, grinsen. John Huston schaut zu uns herab und sagt trocken: Wir haben zwar gegeneinander Krieg geführt, aber ich bringe es nicht übers Herz, euch hier draußen übernachten zu lassen. So eine Einladung kann man nicht ausschlagen. Nur Minuten später muß die Lokomotive abbremsen, weil ein Rudel Löwen sich nur schwerfällig von seinem Ruheplatz zwischen den Gleisen erhebt. Die Sonne rollt einen Hang der östlichen Uluguru-Berge hinab, der Lokomotivführer mustert uns wie aufgesammelte Irre.

Dies ist schockierend ungeeignetes Land für die Jagd, es gibt scheinbar nichts außer Elefanten, und die sind durch die fortwährende Jagd von den Hauptstraßen vertrieben worden; mir ist es nur gelungen, einige Antilopen und Perlhühner sowie ein Nilpferd nahe der Küste zu schießen […] es gibt buchstäblich nichts über dieses uninteressante Land zu schreiben [...] Nichts könnte stumpfsinniger sein als diese Gebiete, Dschungel, Steppen, alles ist gleich, die Menschen sind überall die gleichen, wahrlich das ganze Land ist ein riesige Landkarte des ewig Gleichen.[1]

Speke: Journal of the Discovery, S. 214

Wir sitzen hoch zu Lokomotive und rasen durch wildes, menschenleeres, scheinbar unberührtes Land. Dies ist einer der ›letzten Gärten Gottes‹.[2] Es war allerdings noch paradiesischer, ehe Abenteurer aus Europa und den USA phänomenale Abschußrekorde erzielten. Die Tagebücher des Berufsjägers J. A. Hunter zu Beginn des 20. Jahrhunderts prahlen mit 996 getöteten Nashörnern, mehr als der gesamte heutige Bestand beträgt. Der spätere Präsident Theodor Roosevelt[3] schoß aus einem dahintuckernden Zug in die Herden der Savanne, ohne sich darum zu kümmern, was er traf. Captain Richard Meinertzhagen, dessen Tagebücher sich wie die Buchhaltung eines Metzgermeisters lesen, verzeichnete an einem einzigen Tag den Abschuß von mehr Tieren,[4] als manche Nationalparks heute ihr eigen nennen. Damals schien der Tierreichtum Afrikas unerschöpflich zu sein. Nachdem die ersten ›Entdecker‹ (das Getötete ist endgültig entdeckt) die

[1] Interessant: Das Land wird gleich als Landkarte gesehen.

[2] Oder, in der berühmten Formulierung von Bernhard Grzimek: ›Der Reisende muß den Eindruck haben, als fahre er durch ein grünes, fruchtbares Eden.‹

[3] Der ironischerweise seinen niedlichen Spitznamen bekam, weil er sich weigerte, einen kleinen Schwarzbären abzuschießen.

[4] Ein Bedürfnis, das offensichtlich fortbesteht, siehe Videospiele wie *African Safari Trophy Hunter*. Virtuelle Elefanten, Nashörner, Krokodile, Löwen und andere wilde Tiere sind totzuschießen, Treffer werden mit Trophäen belohnt. Das Spiel wurde von Wizardworks entwickelt, berühmt für ein ähnliches Produkt namens *Deer Hunting*. Wizardworks gehört zu GT Interactive, einer der weltweit größten Softwarefirmen mit Sitz in New York.

Fauna erlegt hatten, begann die nächste Generation, voller Scham und Sentimentalität, sich um den Naturschutz zu kümmern. Zoologen aus der nördlichen Hemisphäre fühlten sich auserwählt, riesige Gebiete von der Größe etwa der Serengeti nicht nur vor ihren blutrünstigen Artgenossen zu schützen, sondern vor den Afrikanern selbst, die seit Jahrtausenden im Einklang mit der Natur gelebt hatten.[1] Die Kolonialregierungen beschlossen, geschützte Rückzugsgebiete für das Wild zu errichten. Die Nationalparks und Tierreservate Afrikas sind durch und durch *white man's country,* geprägt von einer Fiktion der Unberührtheit. Der sehr einflußreiche Bernhard Grzimek brachte es auf den Punkt: »Um seinen Zweck zu erfüllen, muß ein Nationalpark eine ursprüngliche Wildnis bleiben. Kein Mensch, auch kein Eingeborener, darf darin leben.« Was im Klartext bedeutete, daß Grzimek und Konsorten in die Zeit vor Adam und Eva zurückgehen

---

[1] Folgende Worte von Baba Mhlanga aus Zimbabwe könnten auch von einem Ältesten in Tansania stammen: »Unsere wilden Tiere sind gefährdet. Die Weißen kamen zur Jagd, töteten viele Tiere auf einmal, nahmen nur das Elfenbein mit, ließen das Fleisch verrotten. So jagen wir nicht. Unsere Pfeile können die Tiere nicht ausrotten. Das können nur Menschen mit Maschinengewehren. Denn wir jagten immer nur ein Tier und ließen die anderen entkommen, damit wir auch an einem zukünftigen Tag jagen konnten. Unsere Vorfahren verboten den Handel mit Wildfleisch. Wenn du ein wildes Tier getötet hast, war das ein Geschenk der Erde. Es war eine Gabe der Vorfahren und des Schöpfers. Wenn du großzügig warst, hast du ein Stück des erlegten Tieres deinem Nachbarn geschenkt. Dann lächelte dein Herz, und die Herzen deiner Vorfahren lächelten auch, und du konntest an einem weiteren Tag erfolgreich jagen. Nun sagt uns die Regierung, wir sollten die Tiere schonen, nur die töten, die unsere Felder zerstören oder Menschen töten. Aber so war es schon immer. Jetzt töten wir einen Elefanten, verkaufen ihn und bauen eine Schule. Das hilft jedem. Das Tier ist unser Tier. Wir sind nicht wie jene, die Tiere töten, um sie im Reservat zurückzulassen. Ein solches Verhalten gegenüber Tieren haben die Vorfahren uns nicht beigebracht.« (Zitiert nach Hove/Trojanow.)

wollten. Die Viehhirten wurden gewaltsam vertrieben, etwa die Masai aus dem Ngorongoro-Krater, damit ›es so natürlich wie möglich aussieht‹. Nur konnte die Wildnis nicht in diesem künstlichen Urzustand bleiben, denn wie sollten die Reservate finanziert werden, wenn nicht durch Tourismus. Lodges und Hotels wurden errichtet, Pisten-straßen gezogen, Wasserlöcher gebohrt, Landebahnen planiert, Wälder abgeholzt um Zeltplätze mit Brennmate-rial zu versorgen. In wenigen Jahren hatte man mehr Schaden angerichtet, als es die Nomaden je vermocht hätten. Darin liegt Crux und Tragik des afrikanischen Edens: Die natürlichen Einwohner wurden vertrieben, um für jene Platz zu machen, die sich von dieser Natur schon längst entfremdet hatten. Wirtschaftlich war die Entwicklung ein Erfolg. In Kenia wurde der Tourismus zur wichtigsten Deviseneinnahmequelle. Und in Tansa-nia hat sich der Tourismus bedächtig, aber beständig zu einem der wichtigsten Wirtschaftszweige entwickelt. Safariveranstalter verdienten hervorragend, ebenso eine kleine einheimische Elite. Wer aber von diesem Geschäft überhaupt nicht profitierte, waren die von ihrem an-gestammten Land Vertriebenen. Die Weidegründe außer-halb der Parks verödeten aufgrund der nun unvermeid-lichen Überweidung. Das Land konnte die Menschen nicht mehr ernähren. Die Konflikte waren programmiert.

Sowohl der Finger am Abzug als auch die schützende Hand ignorierten die Tatsache, daß in Afrika auch Men-schen lebten, die sowohl angestammte Rechte als auch althergebrachtes Wissen besaßen. Die Weißen erfanden eine menschenfreie Ursprünglichkeit, in der sie ihre zivi-lisationsmüden Sinne reinigen konnten. Kein anderer Kontinent bietet so viele Möglichkeiten, die Wildnis als Themenpark, als historisches Museum, neu zu konzipieren. Die Geschichte des Selous-Reservats, mit einer Ausdehnung von der Fläche der Schweiz das zweitgrößte Naturschutzgebiet der Welt, spiegelt diese Anverwandlung wider. Schon 1905 wurde die Region um den Rufiji-Fluß zum kaiserlichen Jagdschutzgebiet erklärt, ein Geschenk von Wilhelm II. an seine Gemahlin, weswegen der einheimische Volksmund noch Jahrzehnte später von der *shamba ya bibi* – ›dem Garten (sic!) der Frau‹ sprach. Bereits in den zwanziger Jahren wurde ein Tierreservat errichtet – und seitdem mehrfach erweitert –, benannt nach dem britischen Großwildjäger (sic!) Frederick Courtenay Selous, dem *safari guide* von Berühmtheiten wie Teddy Roosevelt. Heute ist das Reservat ein Paradies für Hobbyjäger, die Tausende und Zehntausende von Dollar für die Lizenz zum Töten zahlen. Anhand eines Abschußmenüs entscheiden sie, ob sie eher einen preiswerten Büffel oder für den Preis eines gehobenen Mittelklassewagens den König der Tiere erlegen wollen. Angesichts einer mageren Besucherzahl von rund sechstausend Fototouristen im Jahr hängt das wirtschaftliche Überleben des Reservats gänzlich von den etwa zweihundertfünfzig Besuchsjägern ab, die zudem dafür sorgen, daß der Tierbestand nicht überhand nimmt. Die Verwaltung des Reservats entschädigt die Bauern der Umgebung für die Zerstörungen, die Elefanten, Nilpferde und Büffel in ihren Feldern anrichten, indem sie die professionellen Jagdveranstalter verpflichtet, den Dörfern fünfundzwanzig Prozent von ihren jährlichen Einnahmen abzugeben.

Aber im Reservat selbst haben Afrikaner – abgesehen von einigen Wildhütern und Kellnern, wie jene, denen uns John Huston nach Ankunft in seiner Bea-Bea-Lodge vorstellt – nichts verloren. Wir seien Fachmänner für Innenarchitektur, extra angereist, um bei der Gestaltung der gerade fertiggestellten Nobelhütten zu helfen. Wir speisen zu Abend am offenen Lagerfeuer, beobachtet von einem gelblichen Löwenaugenpaar. Unser Gastgeber erzählt mit leuchtenden Augen von einem Löwenrudel, das eine Antilope in der Rezeption gerissen habe, von einer Speikobra, die auf dem Plumpsklo seinem Vorarbeiter in die Augen gespuckt habe, von den orangefunkelnden Augen einer Hyäne neben dem Tischbein. Wir erfuhren zum ersten Mal, daß das Nashorn zweihundert Menschen tötet, daß ganze Armeen von Elefanten nachts die Lager überfallen, daß die Hyäne mehr Schaden anrichtet als der bengalische Tiger.[1] Am nächsten Tag plazieren wir schwere viktorianische Möbel, hängen Gardinen und Moskitonetze auf. John Huston schwebt in einem bodenlangen Nachthemd über sein Buschgrundstück mit Aussicht. Er ist Millionär, wie wir später erfahren werden, der sich eine Jungenphantasie verwirklicht. Das Camp wird seit Jahren gebaut und umgebaut. Es muß nicht fertig werden, vielleicht soll es das überhaupt nicht, denn dann müßte John Huston seine Lodge mit Touristen teilen und könnte nicht zu Mittag im Nachtgewand Campari mit frischgepreßtem Orangensaft trinken, während seine afrikanischen Angestellten ihn voller Reverenz behandeln, wie sie nur einem Gott oder einem Geldgeber erwiesen wird, in leicht geduckter Haltung jedem seiner Wünsche entsprechen und jede seiner Launen erdulden.

Nachdem wir uns Übernachtung und Frühstück verdient haben, begleitet uns für einen Nachmittag der Wildhüter, der diesem Camp zugeteilt ist und der sein unlukratives Schicksal mit konstant schlechter Laune quittiert, zu Fuß durch das Reservat. Wir sind noch keine Stunde gewandert, da fallen wir beinahe in einen überwachsenen Schützengraben. Zwischen der Jagdepoche

---

[1] Richard Burton, frei aus dem Gedächtnis zitiert.

und der Tierschutzära legten die Europäer in diesen Breiten auch noch ein kriegerisches Intermezzo ein. Die Schützengräben stammen aus dem Ersten Weltkrieg, als der strategisch geschickte Generaloberst Paul von Lettow-Vorbeck vier Jahre lang mit den weit überlegenen britischen Streitkräften Löwe-und-Zwergantilope spielte. An seiner Seite eine Handvoll deutscher Offiziere und Tausende von treuen Askaris – einer der ersten Stellvertreterkriege. Es war ein Wettstreit unter Gentlemen. Am Abend formulierte man am Lagerfeuer Noten gegenseitiger Wertschätzung (›Ein raffiniertes Ablenkungsmanöver, mein lieber Smuts!‹). Die Gräben sind überwachsen, und es läßt sich nicht erkennen, wieso es gerade an diesem Ort inmitten nervöser Wildschweine zu einem Stellungskampf kam. In einem der Gräben finden wir eine Kanonenhülse, fabriziert 1886 in Dortmund. Wenig später stehen wir einem alten Elefanten gegenüber. Mein Begleiter wünscht mich vor dem Dickhäuter zu fotografieren, und er wartet, daß dieser näher tritt. Der Bulle hat eine überwältigende körperliche Präsenz. Er ist zwanzig Meter entfernt, als ich den Rückzug antrete – gutes Foto hin oder her – und langsam im Rückwärtsgang zurückweiche. Fast trete ich dabei auf das halbwegs gepflegte Grab von Frederick Selous, der hier an einem heißen Januartag des Jahres 1917 von einer herumschwirrenden Kugel in den Kopf getroffen wurde. Auch Europäer vergehen, aber sie hinterlassen Spuren ihres Wahns.

Der anglo-afrikanische Reisende ist in dieser Etappe des 19. Jahrhunderts ein überarbeiteter Experte. Früher begnügte sich die lesende Öffentlichkeit mit ein paar trockenen Details bloßer Entdeckung und war von der Erwähnung einiger Breiten- und Längengrade sowie Höhenangaben begeistert. Doch in letzter Zeit ist die

Latte, wie auch bei anderen Betätigungen, höher gelegt worden. Während er soundso viele Meilen *per diem* zu marschieren und soundso viele Stunden *per noctem* zu wachen hat, wird von dem Reisenden, der sein eigener General, Adjutant, Quartiermeister und Korpsintendant ist, erwartet, daß er währenddessen vermißt und beobachtet, meteorologische und trigonometrische Daten verzeichnet, Vögel und wilde Tiere schießt und präpariert, geologische Proben und Theorien ebenso sammelt wie politische und kommerzielle Informationen, zuvörderst natürlich über Baumwolle, die in den Kinderschuhen steckende Lehre der Anthropologie weiterentwickelt, alles in einem umfassenden und lesbaren Tagebuch niederlegt und skizziert – Notizen allein genügen nicht mehr – und lange Berichte abschickt, die verhindern, daß die Royal Geographical Society während ihrer Abendsitzung in ein Nickerchen fällt. Es ist richtig, darin stimme ich überein, hohe Maßstäbe schaffen zu wollen, die sicherstellen, daß wertvolle Forschungsarbeit geleistet wird, aber es sollte sorgsam zwischen Expeditionen und gewöhnlichen Reisen unterschieden werden und ein dicker Strich das Machbare von dem Unmöglichen trennen. Vor dem Aufbruch zu einer Reise, als ich äußerst beschäftigt war, bat mich ein begeisterungsfähiger Herr, ich möge reichlich Käfer sammeln, und ein zweiter schickte mir Anleitungen für die Konservierung von Muscheln. Ein merkwürdiger Physiker fühlte sich zur Beschwerde bemüßigt, daß ich in Mekka keinen Sextanten benutzt hätte, und ein anderer klagte, ich hätte die Wassertiefe in Harar nicht gemessen. Es wurde allgemein behauptet, daß meine bescheidenen geographischen Studien über die Region der Großen Seen wertlos gewesen wären, weil ich ›lediglich‹ für die Beschreibungen des Landes verantwortlich zeichnete, die Erfassung der Längen- und Breitengrade aber das Werk eines anderen gewesen war. Eine üble Augenentzündung im Sind und ein angemessener Respekt für Augen, die die Arbeit von vier Paaren übernehmen müssen, brachten mich 1849 zu dem Entschluß, nie wieder einen Sextanten oder Zirkel zu benutzen, es sei denn in höchster Not.

[...]

Afrikanische Expeditionen sind Feldzüge im kleinen Maßstab, bei denen der Reisende sämtliche Schwierigkeiten, Nöte und Gefahren der primitiven Kriegsführung überwinden muß. Er muß seine Männer ernähren, drillen und im Gebrauch von Schußwaffen unterweisen, er muß ebenso die Karawane anführen wie das Barometer studieren und die Mondentfernung messen. Doch die Missionare und jene, die das Land am besten kennen, billigten keineswegs, daß wir in den Usambara-Bergen Beobachtungen anstellten. Der Anblick eines merkwürdigen Instruments läßt die Barbaren glauben, daß der Fremde die Sonne auf die Erde stürzen und den Regen ausbleiben läßt, die Pest ausbrütet oder das Land verhext; und der blendende Glanz der Messinginstrumente weckt wilde Begierden. Die Durchführung derartiger Unternehmungen ist manchmal unmöglich, und oft, wie etwa in Nordafrika, sind sie wahrlich nicht zu empfehlen. Das Klima und die *petite santé,* ganz zu schweigen von Katarrh und Dschungelfieber berauben einen Mann seiner Energie ebenso wie seiner Gesundheit: er kann nicht, selbst wenn er denn wollte, Muscheln und Käfer sammeln, wenn die geringsten geodätischen Anstrengungen, wie diese Seiten zeigen werden, oftmals schlecht enden.

Zanzibar.
Band 2,
S. 122 ff.

Seit Stunden suchen wir eine verlassene Kautschukplantage. Ein alter Mann hat uns auf der Dorfpiste von Gomero angesprochen. Ob wir nicht Interesse an der Besichtigung einer Plantage hätten, die vor knapp hundert Jahren einem Deutschen gehört habe. Sie liege nicht weit entfernt, er könne uns hinführen. Wir begehen den Fehler, unsere Rucksäcke mitzuschleppen. Der Pfad umrankt einen Nutzwald, doch das versprochene Landgut bleibt verschollen. Nach zwei Stunden fragen wir uns, ob sich der *mzee*[1] verirrt hat oder ob er uns anflunkert. Die ausladenden Kronen haben sich zu einem tiefgrünen Dach verschränkt, gehalten von grauen Baumpfeilern. Wir verstummen und treten behutsamer auf, als seien wir in einem heiligen Hain. Der alte Herr windet sich durch das Dickicht, um unseren ungeduldigen Nachfragen auszuweichen. Plötzlich vernehmen wir Stimmen hinter uns. Sie holen rasch auf. Fünf Männer in bunten, frischen Polohemden und mit höchst unpassenden Büroschuhen an den Füßen tauchen auf. Sie heißen uns barsch halten und stellen sich als Vertreter der Dorfregierung von Gomero vor, unter der Führung ihres ersten Vorsitzenden, Bwana Juma Mbande. Kurz mahnen sie den alten Mann ab, der keine Widerrede zu leisten vermag. Dann werden wir davon in Kenntnis gesetzt, daß wir gegen das Gesetz verstoßen hätten, weil wir es versäumten, uns bei der dörflichen Verwaltung anzumelden. Erfahren im Umgang mit schlüpfrigen Gesetzen entschuldigen wir uns wortreich, was uns jedoch nicht die Verhaftung erspart, der wir uns, nach einem kurzen Sitzstreik, schließlich fügen. Ich weigere mich, meinen Rucksack zu tragen. Da es eine Entscheidung der Dorfregierung sei, uns nach Gomero zurückzugeleiten, argumentiere ich, müsse die Dorfregierung den Rücktransport des Gepäcks übernehmen. Der stellvertretende Vorsitzende flucht leise über die dreißig Kilo, die ich ihm auf die Schulter hieve.

---

[1] Kisuaheli: Alter Mann, Respektsbekundung (beispielhafte Verwendung: ›Kaum war ich vierzig Jahre alt, wurde ich schon mit *mzee* angesprochen…‹).

Zurück im Dorf, werden wir in einem düsteren Raum voller Schaulustiger von einen jungen, klapprigen Mann ohne Schneidezähne linkisch begrüßt.

– Wir sind gastfreundlich in Tansania, aber Fremde müssen sich an unsere Gesetze halten!

Wir stimmen ihm heftigst zu.

Telangwa Sareva, Sekretär des Gomero-Bezirks, in Nebenberufung Lehrer, deklamiert weiter, sein Gesicht mal versteinert, die Augen zusammengekniffen, mal verzieht sich sein Kinn, als sei ein zentrales Scharnier gebrochen, und seine Stimme schwankt zwischen der eines Dozenten, eines Polizisten und eines älteren Bruders – die reinste Karikatur eines Volkskommissars.

– Was habt ihr im Busch gesucht?

Wir versuchen ihm den Zweck unserer Reise zu erläutern.

– Ihr müßt euch ausweisen, damit wir überprüfen können, ob ihr wirklich diejenigen seid, die ihr vorgegeben habt, gewesen zu sein!

Mit dieser gewundenen Formulierung scheint ihm die Puste ausgegangen zu sein, zumal der amtliche Visumstempel der tansanischen Regierung sowie der offizielle Brief von der deutschen Botschaft Machtworte sprechen. Kleinlaut über seinen Schreibtisch zusammengesunken, platzt ein letzter Schrei aus Telangwa Sareva heraus:

– Habt ihr noch Fragen? Die werden euch beantwortet werden. Da könnt ihr Gift drauf nehmen.

Wir schultern unsere Rucksäcke. Erst jetzt fällt mir auf, daß die Beine unseres Inquisitors wackeln. Seine Zunge kriecht heran.

– Mein Freund, bitte, kaufe mir was zu trinken.

Es scheint, als sei die beständigste Hinterlassenschaft von Kolonialisten und Kommunisten in Afrika die Errichtung weitverzweigter Verwaltungs- und Parteiapparate mit einem breiten Sortiment pompöser Posten mit parasitärer Garantie. Beim Parteivorsitzenden von Kinole in den Uluguru-Bergen rochen die Wahlkampfgelder aus dem Mund. Wie alle Funktionäre, denen wir bislang begegnet sind – sie stellen sich stolz vor, kaum hat man im einzigen Teehaus des Dorfes Platz genommen –, ist er schon vor Einbruch der Dunkelheit besoffen, was seinem hochgestochenen Redestil keineswegs schadet, nur der Verständlichkeit.

Doch ganz so modern sind derlei Strukturen auch wieder nicht: Die Wazaramo-Häuptlinge sind nur dann mächtig, wenn sie durch ihren Reichtum oder ihre persönlichen Qualitäten den Respekt ihrer aufmüpfigen republikanischen Untertanen gewinnen. Es gibt ganze fünf Klassen innerhalb dieses vererbten Herrschaftsstandes. Der P'hazi ist der Vorsteher des Dorfes, und der Mwene Goha ist sein erster Berater, und unter diesen beiden walten drei Ältestenstände, die kinyongoni, die chúma und die káwámbwá. Der Vorsteher muß – es sei denn, er zählt zu den ungewöhnlich einflußreichen – das von Reisenden erpreßte Schutzgeld mit seinen ›Ministern‹ teilen. [...] Einer der Häuptlinge hatte den etwas seltsamen Namen Chomwi la Mtu Mku Wambele oder Der Vorsteher Großer Mann des Vorrangs; diese kleinen Jugurthas verkleiden die Macht eines Landjunkers mit einem kaiserlichem Titel. Sein erlauchtes Prinzip war es, sich niemals nüchtern in der Öffentlichkeit zu zeigen. [...] Der P'hazi füllt normalerweise ein ganzes kleines Dorf mit seinen Ehefrauen und den jeweiligen Familien; auch besitzt er große Anwesen und beaufsichtigt persönlich die Arbeit seiner Sklaventruppen. Er darf seine Untertanen nur bei zwei Vergehen als Sklaven verkaufen – bei ugoni,

Ehebruch, und bei ucháwi, Schwarzer Magie. Letztere Handlung wird meist mit dem Scheiterhaufen bestraft; in manchen Landesteilen bezeugen alle paar Meilen Aschehäufchen, mit einigen angekokelten und geschwärzten menschlichen Knochen und halbverglühten Holzkohlestücken darin, die Tragödien, die sich an diesen Stellen abgespielt haben müssen. Man kann sich diese Dramen nicht ohne ein Gefühl des Grauens vorstellen; hier und dort, in unmittelbarer Nähe zu den größeren Kreisen, wo der Vater und die Mutter verbrannt wurden, zeigt ein kleines Häufchen, daß ein unglückliches Kind ihr schreckliches Schicksal geteilt hat, damit es später nicht in die verwerflichen Fußstapfen der Eltern tritt. [...] Die Macht der Verurteilung liegt gänzlich in den Händen des Mgangas, des Medizinmanns, der eine Probe durch kochendes Wasser namens bága oder kyápo durchführt. Wenn die eingetauchte Hand irgendwelche Wunden aufzeigt, ist das Vergehen bewiesen, und das Urteil wird zur sofortigen Vollstreckung ausgestellt. [...]

Das Verhältnis von Führern zu Untertanen scheint in einem umgekehrten Verhältnis zur Notwendigkeit zu stehen. Jeder Distrikt hat einen P'hazi, an seiner Seite einen Minister sowie untergeordnete Häuptlinge. Sie verwenden ihre Macht ausschließlich, um ihre eigenen Dörfer zu tyrannisieren und gelegentlich eine kleine Entführung zu organisieren. Mit Hilfe der Sklaverei und der Schwarzen Magie gestalten sie das Leben ihrer Untertanen so unsicher wie möglich: keiner, vor allem in fort-geschrittenerem Alter, ist vor dem plötzlichen Tod durch Verbrennen sicher...

The Lake Regions, S. 92 ff.

IM LETZTEN BERGREGENWALD ENTDECKEN AUCH WIR ETWAS, BEVOR WIR UNS TROTZ GPS VERLAUFEN

ᛈᛯᚦᚋᛁᚦᚦᚺᚩᛂᚻᛁᛃᛏᚳᛂᛃᚠᛃᛂᚹᛦᚦᛃᛈᛂᚻᚼᛃᚦᚾᚦᚵᛃᛃ

Nachdem wir unseren Kocher repariert haben, der für alle Eventualitäten gerüstet war, nicht aber für die schlechte tansanische Gasqualität, durchschreiten wir ein schmales Band von dichtbesiedeltem Land südlich des Uluguru-Gebirges. Nicht immer können wir den Funktionären ausweichen; manchmal müssen wir sie auf ein Bier einladen. *I'm Mr Mikogo – they call me amigo!* Der Dorfvorsteher hat ein schickes Hemd und eine hohe Meinung von den Deutschen, die ein Wildnutzungsprojekt fördern, das für die Dörfer der Umgebung überlebenswichtig ist. Oft werden die Felder der hiesigen Bauern von Büffel- oder Elefantenherden zertrampelt. Tiere, die sich trotz aller Anstrengungen nicht in den Park zurücktreiben lassen, dürfen geschossen werden. Das Fell und das Fleisch werden verkauft, die Einnahmen für Gemeinzwecke verwendet. Zum Abschied warnt er uns vor den Dieben in Dutumi.[1] Deswegen marschieren wir in die Nacht hinein, bis wir Matombo erreichen. Von hier aus werden wir unsere erste Gebirgsüberquerung in Angriff nehmen.

[1] Auch bei Burton hat Dutumi einen schlechten Ruf. Der üble Leumund scheint erstaunlich hartnäckig zu sein.

Uluguru, eines der ältesten Waldgebiete Afrikas – es stammt aus der Zeit von Gondwana –, weist mit über zweitausend Pflanzen- und Baumarten eine phänomenale Biodiversität auf. Botaniker nennen es ›das Galapagos Ostafrikas‹. Der Bergregenwald verteidigt sich noch, weit oben, dort, wo meist Wolken residieren, doch die menschliche Besiedlung setzt ihm zu, so wie Geheimratsecken einem einst prächtigen Schopf.

Es war wahrhaft herrlich, diesem milchigen Dunst, den feuchten Schwaden, den durchdringenden Regenschauern, diesen klebrigen Nebelfetzen, den allgegenwärtigen fauligen Gerüchen, dem naßkalten Dampf, der aus dem Erdinnern zu entweichen scheint, und der glühenden und lähmenden Hitze zu entrinnen; herrlich, diesem grausamen Klima des Flußtales zu entkommen, hinauf in die bekömmliche, reine Bergluft, mild und heilsam, kühl und belebend, hinauf, dem klaren, blauen Himmel entgegen, unter dem die üppig bewaldeten Hochlandkämme mit nie gesehenen Grüntönen prunken. Anstelle der behäbigen Mangroven, der trostlosen Dschungelwälder und des monotonen Graslandes erhoben sich mächtige, frei stehende Bäume, unter denen besonders anmutig die hohen Tamarinden herausragten, und der topfebene Sumpf, durchzogen von einem Netz aus Flußrinnen, Wasserlöchern und Tümpeln, wich einem wohltuenden Wechsel von steilen Felsstufen und sanften Hügeln. Die Strahlen der großen Äquatorsonne – und nirgendwo erschienen mir Sonne und Mond jemals so riesig – tanzten fröhlich auf den Blöcken und Kieseln aus rotem, gelbem und blendendweißem Quarz, und in der steifen Seebrise wiegten sich die Baumwipfel, in deren zauberhaftem Lianengeflecht Holzäpfel hingen, so groß wie Melonen, während die Kletterpflanzen, die wie Weinranken über die knotigen Stämme krochen, sich eng an das gastliche, graubraune Holz schmiegten. Schnatternde Affen spielten zwischen den Samenkapseln Verstecken, während die Leguane mit ihren bemalten Schuppenpanzern hervorkamen, um sich auf besonnten Kuppen zu wärmen. Aufgescheucht aus ihren Horsten, krächzten weißbrüstige Raben, Tauben gurrten in dem dichten Geäst, und Falken schwebten hoch am durchsichtigen Himmelszelt. Die Feldgrille zirpte zikadengleich im schattigen Busch, und ringsum, aus der Luft, von der Erde, den ganzen Tag lang, sprach das Brummen, das *Lake Regions,* Surren, das ständige Musizieren der Insekten von der S. 124 ff. Lebenslust der Natur.

Die Höhenlage einer Gegend kann man in Ostafrika an der Zahl der Missionen ablesen. Die Glaubensboten zog es ins Hochland, die Seelenrettung der Bergbauern genoß oberste Priorität. Die Ebenen hingegen, wo Viehhüter in einer Umwelt leben, die der alt- und neutestamentarischen viel mehr entspricht, mieden sie. Die heiligen Väter errichteten ihre Kirchen auf Anhöhen und ließen gerade Alleen zu ihnen hinaufführen, so daß die Gläubigen auf dem schönen und etwas beschwerlichen Weg zum Gottesdienst die Verheißung im Blick behielten. Sie wurden belohnt mit einem schönen Ausblick, einer angenehmen Brise und dank der fruchtbaren Erde mit einem gesegneten Reichtum an Obst und Gemüse. Der Glaube wird gepflanzt, wo er gedeihen kann. Dabei war der Aufwand, die Materialien auf Karren sowie auf den Rücken von Konvertiten und Eseln bergan zu befördern, enorm, und noch heute ist eine Anreise angesichts der schlechten Pisten anstrengend. Die Moscheen hingegen harren in den heißen Ebenen aus. Die Höhe ist der

Unterschied zwischen einer gelenkten und einer eher ungeplanten Missionstätigkeit.

An den Uluguru-Hängen befinden sich drei Missionen: Matombo (1889), Tegetero (1940) und Tawa (1957). Letztere besteht aus einer gewaltigen Kirche, die etwa tausend Gläubige fassen kann, mit dem größten Wellblechdach, das ich je gesehen habe. Sanfte Stimmen ziehen uns hinein. Eine kleine Gruppe von Frauen singt ohne einen Chorleiter vor dem Altar, über ihnen sind zwischen den Säulen Schnüre gespannt, an denen Stoffetzen in unterschiedlichen Farben hängen, ähnlich tibetischen Gebetsfahnen. Ansonsten ist das Gotteshaus schmucklos, abgesehen von etlichen traditionellen Instrumenten in einigen der Nischen. Ich würde die Frauen gerne fragen, wieso die Stoffstücke von den Schnüren hängen, aber sie singen weiter, und der beträchtliche Aufstieg, der uns erwartet, treibt uns weiter.

Der Weg ist steil, und wir spüren, wie die Schwerkraft die Rucksäcke in die Ebene zieht. Wir werden überholt von einem jungen Mann, der einen Kasten Coca-Cola auf dem Kopf balanciert, und von einem anderen, der in beiden Händen Plastiktüten voller Zeitungen trägt – die herauslugenden Schlagzeilen sind in griechischer Schrift. Wir zermartern uns den Kopf, wohin die Zeitungen wohl gebracht werden. Zu einer der Missionen? Keine von ihnen ist orthodox. Zu einem griechischen Plantagenbesitzer? Nein, denn hier oben gibt es keine kommerziellen Farmen. Die Lösung: die Zeitungen werden nicht gelesen, sondern zum Verpacken benutzt, und sie stammen aus Daressalam, aus dem Büro der Mediterranean Shipping Co., der größten Reederei in der Hauptstadt, fest in griechischer Hand.

Die Aufnahme in Tegetero ist weniger herzerwärmend. Der Pfarrer schilt uns, weil wir die Kirche betreten hatten, ohne um Erlaubnis zu bitten. Ich erinnere ihn daran, daß es sich um das Haus Gottes handele, und er erinnert mich daran, daß er den Hausherrn vertrete. Die Umgebung seiner Kirche ist von gärtnerischer Ordnung. Zwischen den Bauten blühen Blumenbeete, führen gefegte Wege, gesäumt von ordentlich aneinandergereihten und manchmal geweißelten Steinen. Die Schule und das Hospital sind in Reinheit getüncht. Die Residenz des Pastors, der alle zwei Jahre von der katholischen Kirchenverwaltung ausgewechselt wird, ist ein wahrhaftiges Chalet, und als ich mich umschaue, erliege ich für einige Augenblicke der Täuschung, mich in einem Kurort zu befinden. Im Vergleich zu dem Gewusel des Busches, an das wir uns gewöhnt haben, herrscht hier salbungsvolle Übersicht,[1] verwandt dem Lichte, mit dem das Christentum in die heidnische Düsternis dringt.

Nur wenige Kilometer weiter werden wir vom Urwald verschluckt. Irgendwann verwächst der Pfad mit den Pflanzen. Wir wissen nicht weiter, und das GPS kann uns nicht helfen, weil das Satellitensignal nicht durch das dichte Blätterdach dringt. Wir schlagen uns durch den Dschungel, als einzige Orientierung der Bergkamm, auf dem wir uns befinden. Als wir zur Vergewisserung

[1] 1684 behauptete der britische Theologe Thomas Burnet, die Welt wäre wahrlich heilig, wenn das Land ganz flach, die Ozeane von geometrischer Form und die Sterne von regelmäßigem Muster wären. Da die Sterne sich noch nicht ordnen lassen, wird der eigene Garten den Gesetzen der Geometrie angeglichen – sollte Gott vorbeifliegen, wird er sofort erkennen, wer hier das Zepter schwingt. Der nächste Schritt muß folgerichtig dazu führen, daß der Mensch fliegt. Thomas Burnet hat eine Gleichung aufgestellt, die, logisch zu Ende gerechnet, Gott aus dem Koordinatensystem entfernt.

einen Blick auf eine unserer Karten werfen wollen, stellen wir fest, daß sie aus meinem Rucksack herausgefallen sind. Urwald – (Karten+ GPS) = Panik. Wir müssen denselben Weg zurückgehen, doch wo ist der Weg? Als wir nach einer Stunde der Ungewißheit die Karten auf dem Boden liegen sehen, spüre ich mit einer überraschenden Zuversicht, daß wir wohlbehalten aus dem Urwald herausfinden werden. Es dunkelt. Wir schlagen mit der kleinen Machete eine Lichtung, die gerade genug Platz bietet, unsere zwei Zelte aufzuschlagen. Aus dem Zelt tritt man ohne Übergang ins Flechtwerk. Die Geräusche sind so unbekannt, ich sammele sie fast die ganze Nacht hindurch. Am nächsten Morgen erzählt Jörg erregt, er habe beim Pinkeln einen Affen in den Wipfeln gesehen, einen Affen, den er keiner ihm bekannten Primatenart zuordnen könne.[1] Wir irren den Vormittag durch den Urwald, bis wir fast unvermittelt aus der Baumdichte treten und an einem Abgrund stehen. Wir können weit über gerodetes Land blicken, und tief unten, kaum größer als ein Pünktchen, schuftet einsam ein Bauer. Wir beschließen, ihn als neues Ziel zu nehmen.

---

[1] Einige Jahre später erfahren wir durch einen Artikel in der Fachzeitschrift *Science*, daß nicht weit von Uluguru entfernt eine neue Affenart gefunden worden ist, der Rungwecebus kipunji, der – kaum entdeckt – sogleich auf die rote Liste der vom Aussterben bedrohten Tierarten gesetzt wurde.

DAS ALPHABET DES BUSCHES

ODER EINSCHULUNG MIT MASAI

�ᵗᵗ ᵗᵗᵗ ᵗᵗᵗᵗᵗᵗᵗᵗ

Wir stehen am Rand der wildreichen Savannen-
landschaft des Mikumi[1]-Nationalparks (3200
Quadratkilometer groß), Teil desselben Öko-
systems wie das Selous-Reservat. Dieses Mal befinden
wir uns in Obhut eines Masai, der für die einzige Lodge
im Mikumi arbeitet, und zweier Wildhüter, die wir von
ihrem Quartier abgeholt haben. Ausnahmsweise müssen
wir unser Rucksäcke nicht tragen, denn Frank, der Be-
treiber der Lodge, ein Bonvivant mit großem Herz, wird
das Gepäck zum Campingplatz bringen lassen.

In Begleitung der Wildhüter geht mir früh am Tag das
eigene Analphabetentum auf. Ehe sie mich in das fremde
Zeichensystem eingeführt haben, so behutsam wie man
einen Abc-Schützen das Alphabet lehrt, erscheint mir die
Savanne als Kanevas aus Grün- und Brauntönen, ein Ge-
webe aus Unverständlichem und Unsichtbarem. Zuerst
nehmen wir die Abdrücke im Sand durch: schräg nebeneinander stehende Pavianfüße, die Mangustengrübchen
in Dreierformation, die pfeilartigen Striche der Vögel.
Danach kümmern wir uns um die Spuren im Matsch:
büffeltief und -rund, elefantentellergroß. Lernhöhepunkt

[1] Kisuaheli: Borassus-Palme.

ist der Kot: die schwarzen Perlen der Zwergantilopen; die haarigen Würste der Zibetkatzen, die Ratten und Hasen samt Fell fressen, die kreidebleichen Ausscheidungen der Hyänen, die auch Knochen zerbeißen und verwerten. Nach einer ersten Pause, im Schatten einer einseitig blühenden Tamarinde, sind die Sonderzeichen an der Reihe: Sandlöcher – die Badewannen der Zebras, *kopjes* (Granitfelsen) – die Aussichtsposten der Löwen. Derart geschult, können wir unsere erste Geschichte von der dichtbeschriebenen Savanne ablesen: Schleifspuren im Sand, neben ihnen Tatzenabdrücke einer Raubkatze. Für einen Löwen zu klein. Ein Leopard also, der in der Nacht eine Springantilope erlegt und dann in ein sicheres Versteck geschleppt hat. So weit, so gewöhnlich. Wären nicht in der Nähe weitere Abdrücke erkennbar, Pfoten von Wildhunden, gerissene Jäger und berüchtigte Mundräuber. Die Handlung gewinnt an Fahrt. Geknickte Zweige, blutbeschmierte Blätter, Fellbüschel. Der Leopard hat die Gazelle weitergeschleift, keinen passenden Baum gefunden, ein Stück Fleisch abgerissen, bevor die Wildhunde ihn umzingelten, ihm die Beute abspenstig machten und diese untereinander aufteilten. Und wenn man bedenkt, wie unspektakulär die Geschichte begann. Einer der beiden Wildhüter lächelt wie ein zufriedener Lehrer, und ich strahle wie ein Streber.

Der Busch ist voller versteckter Zeichen, die der europäische Besucher meist übersieht. Statt dessen verfängt er sich in seinen mitgeführten Phantasien. Die Elefanten tragen Hosen in Übergröße, die über ihre X-Beine rutschen, die Zebras werfen einem Stofftierblicke zu, die Schwänze der Warzenschweine ragen in die Höhe wie Antennen. Die Paviane warten auf das Kommando zum Affentanz. Ich bin erstaunt, wie viele verniedlichende

Visionen durch meine Phantasie geistern. In den Schriften von Richard Burton, John Hanning Speke und anderen frühen Reisenden sind sie nicht existent. Heute muß unsereiner wochenlang schwitzen, unzählige Dornenstiche erleiden und manch eine Nacht inmitten aufdringlicher und in ihrer Unverständlichkeit bedrohlicher Geräusche durchwachen, ehe er seine Walt-Disney-Konditionierung überwindet.

Selten ist die Entstehung eines Klischees so eindeutig zeitlich zu fixieren: Mit der Verfilmung von *Jenseits von Afrika*[1] hat sich das westliche Bild der Safari schlagartig geändert. Buchungen für luxuriöse, exklusive Camps schnellten in der Hauptsaison 1986 in Kenia so sehr in die Höhe, daß sich die Safari-Industrie umgehend anpassen mußte. Der Safari-Stil wurde gepflegt, jedes Camp besorgte sich einen Romantik garantierenden *white hunter*. Die Safari ist zum Opfer einer kitschigen Stilisierung geworden. Bei Hemingway war die Safari eine Selbstprüfung mit ungewissem Ausgang, bei Sydney Pollack ist Afrika eine luxusgezähmte Erregung. Die Wildnis ist medial domestiziert worden.

Wer weiß, an welchen Phantasien sich die tansanischen Behörden ergötzen, die Nostalgie nach unberührter Natur ist ihnen offensichtlich ungeläufig, sonst hätten sie kaum die Zeltplätze im Mikumi-Nationalpark neben der Eisenbahnlinie und der Schnellstraße angelegt. Man hat kaum Zeit, sich in der Illusion der zivilisationsabgewandten Einsamkeit zu wiegen, da wird man durch das Rattern einer Diesellok oder den Strahl von Fernlichtern aufgeschreckt. Immerhin ergeht es dem Camper erheblich

---

[1] Die ursprüngliche deutsche Übersetzung des Buches von Isak Dinesen (Karen ›Tania‹ Blixen) hieß *Afrika. Dunkel lockende Welt* – der Hollywood-Film hat den dunklen Teil überbelichtet.

besser als den eleganten Giraffen mit ihren Mannequin-
beinen, die beim Überqueren der Schnellstraße regelmäßig totgefahren werden.

Junge Tansanier erhalten selten Einführungen in die
Geheimnisse der Wildnis. Sie sitzen in überfüllten Klas-
senzimmern, in die es mal hineinregnet, mal hineinstaubt,
und warten auf den Lehrer, der in die Distrikthauptstadt
gefahren ist, um sein Gehalt abzuholen. Er kehrt nach
einer Woche zurück, weil die dortige Behörde die Aus-
zahlung erst vorbereiten muß. Ihm bleibt nichts anderes
übrig, als sich auf eigene Kosten irgendwo einzuquartie-
ren und in Kaschemmen und Garküchen zu essen. Nach
seiner Pensionierung sitzt der Lehrer am Straßenrand,
verkauft Limonade und Erdnüsse. Aber keine Zigaretten,
denn er gehört der Pfingstkirche an. Für jedes seiner
vierunddreißig Dienstjahre weiß er von einer Verschlech-
terung zu berichten. Die jüngeren Kollegen sind mangelhaft ausgebildet und ungenügend motiviert, dafür haben
sie, quasi als Kompensation, statt einer zeitgleich mehrere
Klassen zu unterrichten. Viele Stunden fallen aus, der
Unterricht findet sporadisch statt. Ende der siebziger
Jahre des letzten Jahrhunderts verzeichnete Tansania
eine bemerkenswert niedrige Analphabetenrate von unter
20 Prozent, eine innerhalb Afrikas herausragende Leistung. Heute budgetiert der von neoliberalen Ideologien
gegängelte Staat zuwenig Geld für die Schulen, viele
Eltern können sich die steigenden Schulgelder nicht
mehr leisten, oder sie halten wenig von einer staatlichen
Erziehung, die zur Entfremdung von der bäuerlichen
Lebensweise führt und als Alternative in den meisten
Fällen nur Arbeitslosigkeit bereithält. Das Analphabetentum wächst wieder an. Zudem häufen sich die Fälle von

vergewaltigten und mißhandelten Schülerinnen. Der Pensionär Stanislaus Chandeo zelebriert bei seiner Klage die traurigen Modulationen eines altmodischen Englisch. Seine Rente sei gering, *it is quite not enough,* und von der Zukunft erwarte er nicht mehr, als daß gelegentlich ein durstiger Mensch des Weges komme. Das Wort Entwicklung nimmt er so selten in den Mund wie Thanatos etwas zu essen.

KILOSA UND KIDETE UND WEITER UND WEITER

ᛒᛒ ᛒᛒ ᛒᛒᛒ ᛒᛒ ᛒᛒᛒᛒᛒ ᛒ ᛒᛒ ᛒᛒᛒᛒᛒᛒ ᛒᛒᛒ ᛒᛒ ᛒᛒᛒ

Wie wunderbar ist es, nach einigen Tagen des Marschierens ein kleines Städtchens zu betreten, schon nach wenigen hundert Metern eine Pension zu erblicken (›L'Inn Zodiaque‹), durstig die Tür aufzureißen und von einer Stimme begrüßt zu werden, die man seit einiger Zeit nicht mehr vernommen hat, eine helltönende Stimme, begleitet von Instrumenten aus einem anderen Kontinent.

– Wieso spielen Sie Lata Mangeshkar, frage ich perplex.

– Wieso kennen Sie Lata Mangeshkar, fragt der Mann hinter der Theke.

Pheroze Nata ist einer von drei verbliebenen Indern in Kilosa, die beiden anderen handeln mit Holz respektive Coca-Cola. Pherozes Vater ist 1906 als Junge von Jamnagar in Gujarat nach Saranda in Ostafrika ausgewandert, damals eine wichtige Versorgungsstation für den deutschen Eisenbahnbau. Wie viele andere Inder hat er die Kommerzialisierung im Land vorangetrieben. Sein Sohn ist in Kilosa hängengeblieben, obwohl seine Schwester nach Kanada ausgewandert und sein älterer Bruder nach Daressalam gezogen ist.

– Hier ist mein Zuhause, ich möchte nirgendwo anders hin.

Und dann stellt er mir eine Frage über Stella Artois, die ich nicht beantworten kann. Belgisches Bier ist eine seiner Leidenschaften. Inzwischen singt Pankaj Udhas, und Pheroze zieht sich hinter eines der schweren, hölzernen, vom Jugendstil angehauchten Möbel zurück. Es ist ein stiller, einsamer Nachmittag. Von einem Kalender lächelt mich Rani Mukherjee an, andere Wände sind mit Guinness-Schildern tapeziert. Die eine Ecke der Theke wird von einer japanischen Puppe besetzt, die andere von einem Blechteller – *Souvenir from East Africa* –, und in der Mitte steht eine Plastikschüssel voll gewürzter Kichererbsen. Als Pheroze zurückkommt, hat er sich ein beigefarbenes Baumwollhemd über sein Sportsman-T-Shirt gezogen – die grellrote Schrift der Zigarettenmarke schimmert durch.

Es ist keineswegs so, daß Kilosa keine architektonischen Reize zu bieten hätte. Die breite hölzerne Veranda im ersten Stock von Pherozes Haus könnte aus Indien importiert sein, so wie eine Reihe von herrschaftlichen Häusern an der Hauptstraße indische Fassaden trägt, die einzigen prächtigen Bauten, die es mit dem alten deutschen Bahnhofshotel aufnehmen können, das heute zur Hälfte von der Post und zur anderen Hälfte von der Polizei benutzt wird. Die Eigentümer der Stadtvillen haben ihre Namen in den Türstock eingekerbt: Jivraj Hamir 1953, Jamat Khana 1953, Karim Janmahomed 1956. Mit Sisalanbau hatten sie einst Großes vor. Doch die Agavefasern wurden gleich zweimal verschmäht. Zuerst zugunsten von Nylon, und dann unterlag Sisal einem überlegenen, synthetischen Ersatzstoff, nachdem führende europäische Autohersteller mit ihrem Beschluß, Sisal als Dämmstoff zu verwenden, einen zweiten, kurzlebigen Boom verursacht hatten.

Die Diaspora in Kilosa schrumpft. Jeden Abend sitzen die drei Inder in abgerissenen Sesseln mit billigem Stoffüberzug in einem massiv behölzerten Nebenraum des ›L'Inn Zodiaque‹ zusammen, essen Huhn mit *chipsi* und starren auf das verschwommene Bild eines im Persischen Golf spielenden Kriegsfilms. Sie sind von einer Sanftheit, die jenen zu eigen ist, die es aufgegeben haben, einen Abdruck hinterlassen zu wollen. Sie sind übriggeblieben, wie ein unvollständiges Chutney-Rezept, wie ein altes Lied von Lata Mangeshkar, das sie nur noch mitsummen können. Sie sind bemüht, nicht aufzufallen, und sind doch so auffällig wie an Land geschwemmte Wale.

In dem Tal zwischen Kilosa und Kidete bricht das Leben vom Fluß her auf, frisch und grün, um alsbald in die Höhe zu schießen, zu ranker Adoleszenz mit prächtigem Baumhaar auszuwachsen, bevor es an den stark geneigten Hängen altert, stacheliger, geduckter, ergrauter, zunehmend einsiedlerischer, talwärts das Leben überblickend. Der Kamm ist völlig kahl.

An den steilen Erhöhungen erheben sich die dornigen Aloe- und Kaktusgewächse des ariden Somalilands, *Lake Regions,* unten hingegen befindet sich die Miniatur der maritimen S. 148 Lagunen, Buchten und Sümpfe des grünen Sansibar.

Wir halten auf einer Brücke, von Krupp vor neunzig Jahren hergestellt, und blicken aus dieser erhöhten Position auf die Landschaft. Die Farben des späten Nachmittags schmiegen sich an die Landschaft wie samtene Liebesgaben. Der Anblick hallt in mir nach wie in einem tiefen Eichenfaß. Burton versagt sich solch idyllische

Momente. Er ist mitten in der Landschaft, im Schlamm, im dornigen Busch, umgeben von Feuchtigkeit oder Hitze. Erst wenn die Zivilisation einen entfremdet, und sei es durch eine Brücke oder eine Trasse, idealisiert man die Natur mit romantischen Beschreibungen.

Nach einer weiteren Biegung im Tal verlieren die Hänge ihre spärlichen Laubbäume und sind auf einmal nur noch mit Kakteen und Aloen bewachsen. Wenige Minuten später setzt die Wüste ein. Parakuya-Masai mit großen Rinder- und Ziegenherden ziehen sich zurück, sobald sie uns von weitem über den sandigen Boden stapfen sehen.

Einzelne ausladende Baobabs, an denen schon Burton vorbeigegegangen ist.

Früher Schlaf ohne Überzelt. Kalt, aber der volle Mond fällt mir in den offenen Mund.

AUFSTIEG UND WORTDÜRRE

ᛏᛞ᛬ᛏᛏ᛬ᚬᚾᚤᚿᛋᚵᚠᛏᚥᚤᚱᛤᛜᛏᛏᛒᛇᚠᛡᚤᚿ

Da am Montag in Kibakwe Markttag ist, schieben wir unseren Aufbruch hinaus. Windhosen fegen durch die Hauptstraße; wir sitzen in einem *hoteli*, trinken einen schwer gezuckerten Milchtee nach dem anderen und beobachten, wie das Städtchen durchgerüttelt wird. Der Parteisekretär des Ortes tritt mit der Bitte an uns heran, wir möchten uns in das Gästebuch eintragen. Als ich unter ›Absicht des Besuchs‹ *tourist & thinker* niederschreibe, lacht er verlegen und fragt mich, *is thinker your ideal name?*

Der gewundene Pfad bergan beginnt am Ende der Hauptstraße. Wir werden bei unserem Aufstieg von Hunderten von Menschen begleitet, die am Nachmittag siebenhundert Höhenmeter erklimmen müssen, um nach Hause zu gelangen. Wir keuchen einem Lutheraner hinterher, dessen Plastiktüte Medizin für die kirchliche Apotheke auf dem Plateau enthält. Der Pfad ist steil, steinig und rutschig. Unvorstellbar, wie die Kranken Burton und Speke sich hier hinaufgequält haben.

Am 10. September wappneten wir uns innerlich gegen die Härten des Aufstiegs, die uns beim ›Schrecklichen Paß‹ erwarten würden. Mein Gefährte war so schwach, daß ihn zwei oder drei Helfer unterstützen mußten, ich war weitaus weniger angegriffen und benötigte lediglich einen. Wir umrundeten an zwei Stellen riesige Felswände, an deren Fuß grünes Gras wuchs und frisches Wasser zum Tränken der Esel einlud. Wir aber hielten nicht inne, durchquerten einen Dschungelabschnitt und sahen uns einem steilen Anstieg gegenüber, der aus lockerer, weißer Erde und Steingeröll bestand. Hoch oben am Hang entdeckten wir durcheinanderwuselnde Wanyamwezi-Träger, die mehr Ähnlichkeit mit kletternden Pavianen als mit Menschen hatten. Die mitgeführten Esel strauchelten alle paar Yards. Als wir uns langsam empormühten, durch Hustenanfälle, Durst oder Müdigkeit zur häufigen Rast gezwungen, erschallten laute »sayhah« oder Kriegsschreie, und dann schwärmten ameisengleich Bogenschützen und Speerkämpfer im Gänsemarsch die Hügelpfade hinab.

[...]

Nach sechs Stunden, unterbrochen von vielen Ruhepausen, erreichten wir dank unserer unentbehrlichen Helfer endlich den Gipfel des ›Schrecklichen Passes‹. Dort ließen wir uns inmitten duftender Blumen und blühender Sträucher nieder – Flora, die dem Bergtau zu verdanken ist –, um wieder zu Atem und zu Kräften zu kommen. Mein Begleiter war kaum fähig, Antworten von sich zu geben, er hatte den Aufstieg mechanisch und beinahe in komatösem Zustand bewältigt. Der Gipfelblick war unvergleichlich, überwältigend, ein Eindruck, der sicherlich auch den bestandenen Härten und Unbilden zu verdanken war. Gigantische Steinblöcke, riesige Felsen und imposante Findlinge beherrschten die karge Bergvegetation; waldige Täler, deren tief gelegene Ausläufer schwärzlich schimmerten, waren auszumachen, und in weiter Ferne so nah lag das gelbbraune Becken des Inenge. Riesige Dörfer lagerten an den Ufern, zarte Linien saftigen Grases bezeugten die Wasserläufe, vor-

Das Land der Nyamwezi

überziehende Wolken warfen ihre Schattenflecke auf die Idylle, und schwarze Areale bezeichneten die Stellen, an denen vor kurzem das Gras abgebrannt worden war. Die Sonnenstrahlen vergoldeten den Baldachin aus dickem Rauch, der über der nahen Ebene hing, und im dunstigen Hintergrund waren die azurfarbenen Umrisse der Bergwand zu erkennen, die wir am Vortage erklommen hatten.

Lake Regions,
S. 156 ff.

Der Ausblick ist überwältigend. Man sieht weiter, als die Vorstellung trägt, über einen mageren Erdkörper – die Rippen treten unter der gelbbraunen Haut hervor –, auf den Mtera-Stausee, über den Fufu-Steilhang, der sich eben wie eine gelöste Gleichung über dem Flachland erhebt, und über die gesamte Ugogo-Ebene bis nach Kilematinde. Wir kampieren am Abhang, neben einer flachen Steinplatte, auf die ich mich mit Stift und Notizbuch setze, doch es fallen mir keine Worte ein, um der Überwältigung Herr zu werden. Burton hat all dies schon beschrieben, tröste ich mich. Wir träumen uns in den Abgrund, bis uns die Dämmerung die Erlaubnis zum Müßiggang entzieht.

DER ALTE ENGLISCHE KLUB

VON DODOMA[1]

𐤘𐤘𐤘𐤘𐤘𐤘𐤘𐤘𐤘𐤘𐤘𐤘𐤘𐤘𐤘𐤘𐤘𐤘𐤘𐤘𐤘𐤘𐤘𐤘𐤘𐤘𐤘𐤘

Durch die Bar geht es in einen Saal. Auf der Bühne sitzt ein Mann, den Hut tief über das Gesicht gezogen, die Beine auf zwei Stühlen ausgestreckt. Wir, die einzigen Gäste, entdecken einen kleinen Raum neben dem Saal. In diesen Raum müssen sich einst englische Kolonialbeamten mit ihren gesamten Memorabilien eingerichtet haben: in der Mitte ein ausgewachsener Snooker-Tisch, darüber eine tiefhängende Lampe mit gedämpftem Licht, an der Wand erhöhte Sitzbänke – oder eher Throne – aus massivem Holz. Aber die Engländer sind schon vor langer Zeit abgereist. Auf dem Tisch – der grüne Filz ist an mehreren Stellen aufgeschlitzt – erhebt sich ein Abfallhaufen. Die Hälfte der Kugeln fehlt, ebenso die Queues. An der Wand Schuhabdrücke, als seien Tänzer die Wand hochgelaufen, um bestimmte Schrittkombinationen für alle sichtbar zu erklären. Und hinter der Tür lehnen saitenlose Gitarren an der Wand. Gerade weil eine Partie unmöglich erscheint, fühlen wir uns zwanghaft genötigt, einen Weg ins Spiel zu improvisieren. Wir räumen den Abfall weg, versuchen, die Schlitze glattzustreichen, und begeben uns auf die Suche nach einem

[1] Die künstlich angelegte, zentral gelegene Hauptstadt Dodoma lag nicht auf unserer Route, aber wir sehnten uns nach Dusche, Bett und Bier.

möglichen Queueersatz. Zuerst bedienen wir uns eines Besenstiels, bis ein engagierter Kellner uns die entschirmte Stange eines Sonnenschutzes bringt, mit dem es sich noch zuversichtlicher stoßen läßt. Der Klub zieht während des ganzen Abends keine weiteren Gäste an. Gelegentlich schaut einer der Kellner in unserem Raum vorbei und betrachtet das Treiben mit ausdrucksloser Selbstverständlichkeit, als würden jeden Abend weiße Männer mit Besenstielen oder Sonnenschirmstangen in dem zur Rumpelkammer verkommenen *billiards room* spielen. Der Mann auf der Bühne schläft weiter. Die Bardamen mustern uns zum Abschied mit gelangweilter Lust, so als wären sie bereit, auf ein aufforderndes Zeichen hin mit uns zu kommen.

Das verdammt heisse Land

der Ugogo

ꞏꞏꞏ

Es fällt schwer, sich wieder in die Verdammnis der ›Wüste‹ zu begeben. Die Wanderung durch die trockene Savanne in Zentraltansania könnte von einem weitgereisten Satan als Höllenpein ersonnen worden sein. Um zehn Uhr flackert die Sonne auf. Die stacheligen Härchen des Büffelgrases bohren sich in die Beine, die Tsetsefliegen stechen in jedem unachtsamen Moment durch den dicksten Stoff. Um elf Uhr lodert die Sonne. Wir zählen unsere Schritte, bis zum nächsten Baobab, bis zum nächsten Abwischen des Schweißes, bis zum nächsten Schluck aus der Wasserflasche. Schlechte Erinnerungen überlagern alle anderen Gedanken. Wir durchqueren ausgetrocknete Flüsse, die auf den Karten blau eingezeichnet sind. Eines der Flußbette hat sich zwanzig Meter tief in den lehmigen Boden gegraben, bis zum granitweißen Grund, der sich von den rostroten Seitenwänden absetzt. Um zwölf Uhr brennt die Sonne lichterloh. Die wenigen grüngelben Büsche wirken wie Profiteure im Land des Hungers. Die Miombo-Bäume, die fast ohne Wasser auskommen, bieten das Skelett eines Schattens. Das nächste Dorf wirkt verlassen, nur ein pfeifender Wind ist zu hören. Wie das Totendorf von Juan Rulfo. Hier nicht an Geister zu glauben wäre lebensfremd. Wir laufen schweigend weiter über die aufgeplatzte Erde. Wir begegnen einem alten Mann.

– Gibt es hier irgendwo *chai?*

– *Hamna.*

– Gibt es hier irgendwo *chapati?*

– *Hamna.*

– Gibt es hier irgendwo ein *hoteli?*

– *Hamna.* Hier gibt es nur *pombe.*[1]

Am Ausgang des Dorfes steht wenigstens eine kleine *duka,* die warme Cola verkauft. Während ich mir die wunden Füße massiere, fährt ein Land Rover vor, darin der örtliche Parlamentsabgeordnete mit seiner Entourage. Alle rücken zusammen, um uns ein Stück mitzunehmen. Professor Mwaga, der so aussieht wie Sam Nujoma, hat vor etwa zwei Jahrzehnten in München Betriebswirtschaft studiert. Wir fahren auf einer schlechten Piste durch Orte, die keinen Strom haben, keine gesicherte Wasserzufuhr, keine Schulen, keine Krankenhäuser. Ich würde den professoralen Politiker gerne zur Rede stellen, aber seine Gastfreundschaft lähmt mich. Ich starre aus dem Fenster und wünsche mir mit aggressiver Sehnsucht, irgendwo anders zu sein. Der Ort, an dem wir übernachten, hat ein Kino, der Fernseher wird von einem kleinen Generator angetrieben. An diesem Abend wird *Y2K* gezeigt, ein Katastrophenfilm über das Computerchaos, das von der Jahrhundertwende verursacht wird. Mitten im Film fällt der Generator aus.

Tag um Tag, die Landschaft ist so monoton, wir beginnen sie zu hassen. Wir wissen nicht, wie wir Staub und Hitze entrinnen sollen. Die Öde dringt in uns ein. Ich fühle mich Burton näher als je zuvor. Bei ihm verendeten die Maulesel, erkrankten die Expeditionsteil-

[1] Selbstgebrautes Bier.

nehmer, desertierten die Träger. Jeder Tag wurde zu einer Willensprobe. Uns geht das Wasser aus. Nicht für lange, aber lange genug, um die ersten Tropfen aus dem Brunnen eines Apothekers anzubeten. Als das perlende, reine Wasser aus dem Rohr schießt und wir unsere Trinkbeutel füllen, haben wir das Gefühl, allen Reichtum dieser Welt in den Händen zu halten. Zuvor verspürten wir eine Ahnung von der Ohnmacht der Dürreopfer, wenn der letzte Brunnen versiegt, der letzte Tümpel verdunstet ist. Ich sah mich als Hutzelmännlein, die Lippen rissig wie der Boden, eine einsame Akazie im Blick, apathisch auf den Tod wartend. Im nächsten Dorf erfahren wir, daß Menschen aus Wassermangel ihre Dörfer verlassen haben. Die Wolkendecke ist schwer von falschen Versprechen. Selbst die Baobabs mit ihren verrunzelten Stämmen mißfallen mir. Wir geben die Nachwanderung vorläufig auf.

Der Zug, der den Westen mit dem Osten verbindet, fährt auf der Trasse der Ostafrikanischen Mittellandbahn, einer großartigen technischen Leistung der deutschen Kolonialzeit, die bis zum heutigen Tag das infrastrukturelle Rückgrat Zentraltansanias bildet. Gefördert mit insgesamt 111 Millionen Reichsmark, wurden zwischen 1905 und 1914 1250 Kilometer Schienen durch unerschlossenes Gelände verlegt. Guterhaltene Bahnhofsgebäude im preußisch-wilhelminischen Stil und solide Brückenpfeiler von Krupp bezeugen, daß im fernen Afrika für die halbe Ewigkeit gebaut wurde. Unser Zug hält lange in Saranda. Das gewaltige Bahnhofsgebäude ist laut dem Vorsteher aufgrund von Erdbebenschäden schon ›abgeschrieben‹, aber daß ein neues erbaut werden würde, sei ›unwahrscheinlich‹. Das Essensangebot entlang des Gleises überfordert uns. Natürlich die obligaten *chipsi* und *mayay* (Eier), aber auch Pilaw, *mchichi* (Spinat), *maragwe* (Bohnen), *nyamo choma* (Fleischspieße), Kartoffeleintopf mit Lammfleisch und kleine, gegrillte Fische. Eine Gruppe blinder Musiker, berühmt entlang der Bahnlinie, spielt auf. Von Saranda führt eine schnurgerade Piste zum alten deutschen Fort nach Kilematinde und zur Mission in Manyoni nebenan, wo Jörg vor Monaten unser Schlauchboot deponiert hat, mit dem wir hinter Tabora den Malagarasi-Fluß hinabfahren wollen.

TABORA, EINST KAZEH:

RAST NACH ALL DER HAST

ᐩᐩᐩᐩᐩᐩᐩᐩᐩᐩᐩᐩᐩᐩᐩᐩᐩᐩᐩᐩᐩᐩᐩᐩᐩᐩᐩᐩᐩᐩᐩᐩᐩ

N achdem unsere Schritte wochenlang im Sand eingesackt sind, erscheint uns das staubige und trokkene Städtchen Tabora wie eine Oase. Araber aus dem Jemen servieren Eiscreme, Inder aus Gujarat verkaufen Schokolade, und in den afrikanischen Kneipen fließt das Bier. Ein riesiger Wassertank auf dem Hügel Kazeh (dem früheren Namen des Ortes) setzt die Stadt von den Problemen des Umlandes ab. Doch bald holt uns die Kakophonie der Zivilisation ein: Zu jedem Bier dröhnen kongolesische Rumbarhythmen aus drei unterschiedlichen Ecken, auf der Veranda der Pizzeria schrillen Abendnachrichten, auf der Terrasse des Bahnhofshotels demoliert Sylvester Stallone Kulissen. Am nächsten Tag setzt der Kater ein, und wir beginnen, unsere in der Stille knirschenden Schritte zu vermissen.

Tabora war auf der Karawanenautobahn die bedeutendste Raststätte. Ab 1825 entstand hier ein Handelszentrum, es wurden Krals und Lagerplätze eingerichtet, Verbindungen nach Süden und Norden geknüpft. Die ansässigen Nyamwezi, die aus eigenem Antrieb seit Jahrzehnten mit den Küstenvölkern handelten, wurden als geschickte und zuverlässige Träger schwerer Lasten zum ersten berufsspezialisierten Volk Ostafrikas. In Tabora wurden die nötigen Arbeitskräfte angeheuert. Damals passierten alle vierzehn Tage Karawanen die Ortschaft. Als Richard Burton hier sechs Wochen rastete, regierte Chief Saidi Fundikira I. von seinem Sitz im nahe gelegenen Ititemya aus. Im Jahre 1858 war er, vom Alter und guten Leben fettleibig geworden, schon schwer krank. Wie üblich wurden seine Verwandten der Schwarzen Magie *(uchawi)* beschuldigt. Ein Weissager wurde gerufen. Er brach einem Truthahn das Genick und schnitt ihn auf, um das Innere zu inspizieren. Schwarze Stellen oder Flecken um die Flügel herum entlarvten den Verrat der Kinder; am Rückgrat sprachen sie die Mutter und Großmutter schuldig; der Schwanz deutete auf eine Verfehlung der Ehefrau, die Schenkel denunzierten die Konkubinen, und die Füße die anderen Sklaven. […] Die Verurteilung ist der sichere und sofortige Tod.

Lake Regions, S. 300 ff.

Sein direkter Nachfahre, der heute achtzigjährige Chief Fundikira III. (er mußte 1962 wie alle Häuptlinge in Tansania abdanken), wurde knapp ein Jahrhundert später in das erste Parlament des unabhängigen Landes berufen und zum Justizminister ernannt. Nach einer illustren Karriere als Krypto-Oppositioneller in der Hauptstadt (laut eigenen Aussagen) sitzt er heute entspannt und selbstzufrieden auf der geschlossenen Veranda seines Hauses in Tabora. Die erste Stunde unseres Gesprächs vertreibt er mit einer Aufzählung aller Journalisten und Wissenschaftler, die ihn schon aufgesucht haben. Nachdem er derart entschieden seinen Ruhm unterstrichen hat, wendet er sich der zweiten Priorität zu, dem Geld.

– Wir Chiefs sind heute arm, sehr arm. Wir können unsere alten Königssitze nicht erhalten. Deswegen bitten wir Besucher um eine Spende, die in einen Fonds fließt, der uns bei der Renovierung helfen soll. Überhaupt sollten die Deutschen uns mehr Geld geben, sie haben uns schließlich ausgebeutet.[1]

Der Königssitz in Itetemya außerhalb von Tabora erweist sich als ziemlich neues Gebäude (1926 errichtet), in dem die Insignien der Macht verstaubt und von Spinnweben überzogen neben leeren Coca-Cola-Flaschen und anderem Müll liegen. Die Verwandten des Königs sitzen vor dem Haus wie Tussaud'sche Wachsfiguren, gänzlich unbeleckt von den Restaurierungsambitionen ihres ehemaligen Herrschers. Zwei riesige Trommeln – die königlichen Trommeln – liegen seitlings auf dem Boden, von Termiten löchrig gefressen. Wir sprechen über die Gerichtsverhandlungen, die einst von den Trommeln eröffnet wurden.

– Früher gab es im Gericht nur ein Eilverfahren. Der Angeklagte wurde verurteilt und gleich darauf exekutiert. Auch ich habe zu Gericht gesessen, aber zu meiner Zeit durften wir nur geringfügigere Fälle verhandeln, Ehebruch etwa, oder Diebstahl. Unser größter Fehler war, daß wir unsere Tradition verleugnet und unkritisch alles Neue übernommen haben, denn wir Chiefs waren die Hüter dieser Tradition.

Nachdem wir Chief Fundikira vor der Ruine sitzend zurückgelassen haben, voller Sehnsucht nach der Zeit als er über Ehebruch richten durfte, erzählt uns ein aufgeweckter Taxifahrer, daß die Tradition der Magie und Hexerei keineswegs verschwunden sei.

– Selbst die Jungen glauben, daß alte Frauen mit roten Haaren oder solche, die sich grob oder grausam verhalten, als Hexen verurteilt werden müssen. Fast jeden Monat haben wir in dieser Gegend einen Fall von Lynchjustiz.

[1] Tansania war jahrelang der meistbegünstigte Rezipient westdeutscher Entwicklungshilfe in Afrika.

Eine Untersuchung des Innenministeriums bestätigt seine Horrorgeschichten. Zwischen 1994 und 1998 seien etwa 5000 Menschen wegen des Verdachts der Schwarzen Magie umgebracht worden, die meisten in Zentraltansania.

Einige Wochen später versuchte ich in Daressalam die wahre Geschichte des Chief Fundikira zu recherchieren. Die chronologische Aufstellung der Unyanyembe-Herrscher (Titel: *Ntemi*) war wenig ergiebig:

... – ...	Mpepo?
... – ...	Mputa?
... – ...	Katwanga?
... – ...	Kabundi
... – ...	Nsonso Nsemamilundi
... – ...	Mgalula
... – ...	Manywa
... – ...	Swetu I.
... –1859	Saidi Fundikira I.
1859–1860	Manywa Msabila Kimagulu
1860–1876	Kiyungi Mkasiwa
1876–11. Jan 1893	Isike »mwana Kiyungi«
1893–1899	Bibi Nyaso
1917–1929	Saidi Mgalula Fundikira II.
19.. –1957	Ipuli
1957–9. Dec 1962	Abdallahi Saidi Fundikira III.

Es gab einen Politiker namens Abdullah Fundikira, der für einige Zeit die Union for Multiparty Democracy (UMD) anführte, und einen Chief Z. S. Fundikira, Präsident der Tanganyika Branch of the Royal Society for the Prevention of Cruelty to Animals, der 1960 die Albert-Schweitzer-Medaille verliehen bekam. Ich war noch verwirrter als zuvor und wäre es geblieben, hätte ich nicht zufällig in einer Bar eine nette Frau kennengelernt, die voller Empörung ausgiebig Auskunft erteilte, als sie von meinem Gespräch mit dem Chief in Tabora hörte. Der eigentliche Chief Fundikira, ein hochgeachteter Mann, sei vor zwei Jahren gestorben, worauf sein jüngerer Bruder sich den Titel einverleibt habe und derart ausgezeichnet einen Weg in die Politik suche, aber dieser Mann sei ›ein Nichtsnutz, keiner mag ihn, er redet nur, er ist gar kein Fundikira …‹. Auf meinen verständnislosen Blick hin, beschloß sie, noch weiter auszuholen. Der eigentliche Chief Fundikira, also derjenige, der bei der Abschaffung der *chiefdoms* der rechtmäßige Thronsasse war, lebe heute in Kanada (zwischendurch sprach sie auch von London), habe viele Kinder und Enkel und sei ›sehr, sehr alt‹. Er übertrug seinem Bruder die Ehre, das repräsentative, wenn auch mit keinerlei Machtbefugnissen ausgestattete Oberhaupt zu sein, jenem Mann also, der vor zwei Jahren gestorben sei. Der Fundikira, der mich empfing, müsse als Hochstapler betrachtet werden, auf jeden Fall als Emporkömmling, und es sei zu vermuten, daß die Häuser in Daressalam, die er in einem Nebensatz erwähnt hatte, nicht ihm gehörten, sondern entweder dem noch im Ausland lebenden ehemaligen Chief oder den Erben des vor zwei Jahren verstorbenen Bruders. Ob aber seine Geschichte über die Berufung durch Nyerere zum Justizminister stimmt, das konnte mir die Dame nicht beantworten und auch meine weitere Recherche nicht klären. Nichts davon hätte Richard Burton überrascht, der schon den Ahnherrn Saidi Fundikira I. als feisten, gierigen und brutalen Nichtsnutz porträtiert, mit dem er einige unangenehme Begegnungen hatte, denn Burton blieb wochenlang in Tabora zurück, während Speke allein mit Sidi Mubarak Bombay und einigen Trägern den Weg in den Norden nahm und schließlich auf den Viktoriasee stieß, eine ›Entdeckung‹, die das köchelnde Zerwürfnis zwischen den beiden endgültig zum Sieden brachte.

Während der Abwesenheit meines Gefährten war ich vor allem damit beschäftigt, Proben der mannigfaltigen Dialekte zu sammeln, aus denen die große Sprachfamilie des südlichen Afrikas besteht. Nach einigen Monaten sporadischen Studiums hatte ich Kisuaheli gelernt, die Küstensprache, wie der Name schon sagt, die *lingua franca* der gesamten Region. Sie ist äußerst nützlich, weil sie am weitesten verbreitet ist und zudem den Zugang zu verwandten Sprachen erleichtert, so wie das Hindustani zum Bengali oder zum Maharatti. Das größte Hindernis ist der Mangel an Lehrern und Büchern – Kisuaheli ist keine geschriebene Sprache, und die wenigen vorhandenen europäischen Publikationen ersparten mir nicht die Mühe, zuerst eine Grammatik zu entwerfen und ein Vokabular zusammenzustellen. Said bin Salim, unser arabischer Führer, obschon bei den Wasuaheli geboren und aufgewachsen, beherrschte die Sprache nur mangelhaft, und angesichts seiner ungewöhnlichen Talentlosigkeit erwies sich der Unterricht für ihn so mühselig wie für mich unbefriedigend. Mein bester Lehrmeister war mein Gastgeber, Snay bin Amir, der bei seiner ostafrikanischen Sprachenkenntnis auf die arabische Grammatik und Syntax Rückgriff nehmen konnte. Mit Hilfe von einigen Händlern, Trägern und anderen willigen Sklaven sammelte ich etwa 1500 Wörter der drei wichtigsten Dialekte entlang dieser Route, neben Kisuaheli noch Kizaramo – welches das Kikhutu einschließt – und Kinyamwezi. In Kazeh traf ich auf eine Gruppe gefangener Wilder, mit deren Unterstützung ich mich an die langwierige Arbeit machte, Beispiele niederzuschreiben. Bei den Sprachen von geringerer Bedeutung beschränkte ich mich auf die Zahlwörter, die den besten Test unabhängiger Herkunft bieten, da es sich bei ihnen meist um einfache Wortbildungen handelt. Die Arbeit war selten vergnüglich. Die Wilden begriffen oft nicht die geheimnisvollen Hintergründe meiner Erkundigungen, wenn ich sie nach den Begriffen für eins, zwei und drei fragte. Manchmal sprangen sie auf und rannten davon, oder sie blieben schweigend sitzen, vermuteten vielleicht, ich mache mich über sie lustig. Selten konnte ich ihnen eine erste Zahl entlocken, ohne daß sie eine halbe Stunde hin und her kauderwelschten:

»Hör zu, mein Bruder, in der Sprache der Küste sagen wir eins, zwei, drei, vier, fünf«, und ich zählte, um die Verständigung zu erleichtern, an den Fingern ab.

»Hu! Hu!« erwiderte der Wilde, »wir sagen Finger.«

»Aber nein, darum geht's nicht. Dieser weiße Mann will von dir wissen, wie du eins, zwei, drei sagst.«

»Eins, zwei, drei was? Schafe oder Ziegen oder Frauen?« entgegnete er, wobei er sich der Zahlen auf Kisawahili bediente.

»Aber nein, eins, zwei, drei Schafe in deiner eigenen Sprache, der Sprache der Wapoka.«

»Ha! Was will der weiße Mann mit den Schafen der Wapoka.«

Lake Regions,
S. 406 ff.

IN ABWEICHUNG DES BEISPIELS
DER VORREISE AUF EINEM SCHLAUCH-
BOOT DEN MALAGARASI HINAB

ᛘᛥᛉ·ᛦᛚᛏᛂᛦᛈᛂ5ᛝᛕᛂᛦᚹᛦᛳᛈᛋᛗᛏᛞᛥᚷᛝᛉ

An der Bahnstation Malagarasi sitzen wir auf der Treppe vor dem ehemaligen ›Speisehaus‹, hören, wie drinnen die Fledermäuse flattern, warten auf das Morgengrauen, um unser Schlauchboot zu Wasser zu lassen und das letzte Stück zum Tanganjikasee zu paddeln. Zwei Männer fiedeln und singen sich die schnurgeraden Gleise entlang, eiligen Schrittes und voller Ernst, als seien sie auf dem Weg zu einer wichtigen Verabredung. Mit den ersten Gockelschreien entschlüpfen der Dunkelheit zwei Kohlekräne aus deutsch-kolonialer Zeit und die Schemen dreier Figuren. In einem Brunnen plätschert es, und aus dem ›Speisehaus‹ tritt ein verschlafener Mann, der uns einlädt, sogleich jedoch bekundet, er könne uns nichts anbieten, denn der Tee sei ihm ausgegangen. Ein smarter Bahnangestellter hält an und bietet uns den Gepäckträger seines Fahrrads zum Transport des Bootssackes an. Wie einst der Rattenfänger zu Hameln ziehen wir alle Kinder und Jugendlichen des Ortes hinter uns her. ›Schaut euch diese Weißen an‹, doziert Mr. Eisenbahn am Fluß vor den Schaulustigen, die aufmerksam beobachten, wie wir neben einer einstigen Kaianlage und einer noch genutzten Werkstatt das Boot auseinanderfalten und aufpumpen. ›Mal fliegen sie wie ein Vogel, mal schwimmen sie wie ein Fisch, mal rasen sie durch die Steppe wie ein junger Büffel, dem Rauch aus den Ohren quillt. Diese Weißen!‹ Worauf ein Zungenschnalzen die Runde macht, vielleicht aufgrund der bekömmlichen Weisheit seiner Äußerung, vielleicht weil unser Boot seine volle, beachtliche Größe erreicht hat.

Am ersten Tag können wir unser Boot mangels Übung nur im Zickzack vorwärts bewegen. Entlang dem Fluß hochgewachsene Borassus-Palmen, die laut im Wind knistern. Zu beiden Seiten eine hohe Böschung. Das Wasser fließt langsam dahin. Wir kampieren an einer Flußbiegung. Nachts hören wir Paviane, Hyänen, Vögel, die zwischen den Zelten staksen oder hüpfen, sowie ein Grunzen und Stampfen, das wir nicht zuordnen können, bis wir am nächsten Tag die tiefen Fußspuren und etwas später mitten im Fluß die Augen und die Stirn eines Nilpferdes erblicken. Der gemütliche Teil der Bootsfahrt ist vorbei. Von nun an paddeln wir vorsichtig am Ufer entlang. Doch dann raschelt es laut in der rechten Böschung, und wir sehen den Kopf eines Krokodils, das ins Wasser gleitet. Vor unseren gebannten Augen wird der dunkle, fast schwarze Körper eines alten Krokodils sichtbar. Kaum ist der Schwanz im Wasser verschwunden, glättet sich die Oberfläche, als hätten wir das Monster nur geträumt. Die Ruhe erschreckt uns mehr als der Anblick des Tieres, und wir klatschen mit den Paddeln auf das Wasser und rudern hektisch weiter.

Es sind Vögel in der Luft, über dem Wasser und auf dem Wasser, auf Ästen und Zweigen. Ein Eisvogel, der sich senkrecht ins Wasser stürzt und genauso senkrecht wieder hochschießt, in seinem Schnabel ein zappelnder

Fisch. Ibisse auf Felsgestein mitten im Fluß. Gigantische Reiher, die wie eine Iljuschin abheben und wie Ikarus fliegen; junge Milane, die zirkelgenau kreisen; zehn gesellige Pelikane wie zu einer Gartenparty versammelt, ein jeder den Schnabel nach unten haltend und den Kopf nach links gedreht. Ein großer Vogel mit weißem Kopf, weißer Brust, weißen Flügeln. Die Vegetation wird dichter, vielfältiger. Wo der Sindi in den Malagarasi fließt, ist das erste von vielen Binnendeltas entstanden, ein weitverzweigtes Flußsystem, mit Inseln, Seitenarmen und unzähligen Felsen im Flußbett. Palmen über uns versperren die Sicht auf den Himmel, umgefallene Bäume den Flußweg. Das Gestrüpp wuchert immer näher heran. Wir haben Schwierigkeiten, einen Weg über die gelegentlich knapp unter der Wasseroberfläche befindlichen Steine zu finden.

Die Landschaft wirkt gänzlich unberührt von Menschenhand. Es ist, als würde uns der Fluß in die Zeit vor der ersten Sünde treiben, als wären wir auf ›einer Reise in die frühesten Anfänge der Welt, als die Vegetation auf Erden wucherte und die großen Bäume Könige waren. Ein leerer Strom, eine gewaltige Stille, ein undurchdringlicher Wald‹.[1] Der Flußlauf wird bald wieder enger, so eng, daß wir festsitzen. Wir rutschen aus, fallen ins Wasser, bleiben dort. Über uns eine feuchte, dichte, grüne Masse; um die Beine herum glibberig-kalter Sumpf. Während ich versuche, quer liegende Äste zur Seite zu schieben, schneiden Dornen durch die ledernen Handschuhe ins Fleisch, und ich fluche über die Mühsal, und auf einmal trifft mich der unerwartete Gedanke, daß ich in diesem Moment nirgendwo lieber wäre als hier. Worauf

[1] Joseph Conrad: *Herz der Finsternis*.

ein morscher Baum bricht und ein Ast mir auf den Schädel donnert. Wir schieben das Boot durch das Gebüsch, als plötzlich vor uns, keine fünf Meter entfernt, wie durch ein Fenster ein gewaltiger, dunkler Pavian zu sehen ist, der über den Fluß springt – durch die Lautlosigkeit zur Zeitlupe verzögert. Ihm folgt eine Pavianmutter, an die sich ein Kleines krallt, einige andere Jungtiere und dahinter Pavian um Pavian, eine vielzählige Horde, die, ohne uns anzublicken, ohne das leiseste Knacken zu verursachen, mit großer Dringlichkeit durch die umrankte Öffnung huscht. Wir schauen gebannt zu und fühlen uns nebensächlich.

Am nächsten Tag werden wir nachlässig. Wir lassen das Boot treiben, schießen Fotos. Ich hole mein Tonbandgerät heraus, mache einige Aufnahmen, verstaue es in der linken Hemdtasche, während wir auf einige Felsen im Fluß zutreiben, das Wasser fließt schneller, wir prallen auf einige Steine, schießen an einem einsamen Fischer vorbei, der erste Mensch seit Tagen, ein aufgeweckter, fröhlicher, junger Mann, der seine Netze an der kleinen Stromschnelle auswirft. Wir winken ihm noch zu, da sind wir schon mitten in einer Stromschnelle, spüren, wie wir fallen, können einem großen Stein im Strudel nicht ausweichen. Das Boot bockt sich auf, und wir stürzen ins Wasser, können das Boot aber noch am Kentern hindern. Im tosenden Wasser habe ich nur den Gedanken, das Boot festzuhalten, damit es uns nicht entwischt. Ich sehe Jörg vor mir, seine Kameratasche hochhaltend wie ein Kellner sein Tablett. Ich werde hin und her geworfen und mir ist zum Lachen zumute, während ich mich am Boot festkralle. Wir bringen das Boot ans Land, retten Hut, Paddel und eine Plastiktüte mit Wanderschuhen. Doch meine linke Hemdtasche ist leer, der Walkman liegt auf dem Grund des Malagarasi. Ebenso fehlt das zweite Paddel, das wir auch später nicht finden werden, im Gegensatz zu meiner linken Sandale, die etwa einen Kilometer weiter flußabwärts am Ufer liegt. Wir trocknen alles in der Mittagssonne und brechen am Nachmittag wieder auf. Mit lediglich einem Paddel läßt sich das Boot nur schwer steuern. Wieder verlieren wir uns in einem weitverzweigten Binnendelta, aus dem wir schließlich herausfinden, und wieder fahren wir eine Stromschnelle falsch an, verwickeln uns im Gezweig eines tiefliegenden Asts, der mich fast vom Boot reißt, kollidieren deswegen mit einem Felsblock, der das Boot endgültig zum Kentern bringt. Ich werde fortgeschwemmt, kann mich nirgendwo halten, werde über eine weitere Stromschnelle geschleudert, stoße mit dem Kopf an einen Stein, greife verzweifelt nach dem Paddel. Schließlich finden wir eine ruhige Bucht am Ufer. Diesmal haben wir den Becher verloren, mit dem wir bislang Wasser geschöpft haben. Aber viel schlimmer ist die Entdeckung, daß der angeblich wasserdichte Sack, in dem ich mein Notizbuch sowie mein mit vielen Notizen versehenes Exemplar von Burtons *The Lake Regions of Central Africa* aufbewahrt habe, etwas Wasser durchgelassen hat und beide Bücher naß sind, ebenso die Streichhölzer, die in meiner Jackentasche waren. Da auch das Zippo am Abend zuvor seinen Geist aufgegeben hat, wissen wir nicht, ob es Feuer und somit warmes Essen geben wird. Jörg repariert das Zippo, und es funktioniert eine Flamme lang, das Lagerfeuer ist entzündet, dann springt der Zündstein heraus und rollt unauffindbar ins Gestrüpp. Ich verbringe fast die ganze Nacht damit, mein Notizbuch Seite um Seite zu trocknen, als würde ich Steaks grillen, und lobe dabei innerlich immer wieder das aus alten Kleidern hergestellte indische

Papier, das hervorragend trocknet und der Schrift ihre Leserlichkeit beläßt.

Wir stehen spät auf, in dem sicheren Gefühl nur noch ein halbes Tagespaddeln von unserem Ziel Uvinza entfernt zu sein. Zum ersten Mal sehen wir den *African darter*[1] im Wasser. Nur der Schnabel ragt heraus, wie ein Periskop. Plötzlich kommt er aus dem Wasser heraus, klatschnaß, und seine ersten Flügelschläge ziehen ihn eher herab als hinauf, doch dann streift er die schwere Nässe ab und katapultiert sich steinwurfweit durch die Luft, bevor er wieder ins Wasser plumpst. Entmutigt setzt er sich auf einen Felsbrocken und breitet seine Schwingen zum Trocknen aus. Wir gelangen wieder in ein wunderschönes Binnendelta, schöner als das Okavango-Delta, doch wir bleiben stecken, der Seitenarm, den wir wählen, ist von einem umgefallenen Baumstamm versperrt, dann von Dickicht überwachsen. Wir rutschen immer wieder auf den glatten Steinen aus, jeder Zeh tut weh. Dornen stechen in Arme und Schultern, wir müssen uns an dornenübersäten Ästen festhalten. Und immer wieder von allen Seiten nicht zuzuordnendes Rascheln im Unterholz. Wir schieben das Boot zurück, eine weite Strecke, über den matschigen Grund, bei dem man nicht sieht, wo man hintritt, und treffen am Ort der letzten Verzweigung auf einen Fischer aus Uvinza, der uns einen kleinen Seitenkanal zeigt, den nur ein Einheimischer nicht übersehen würde, und jener führt tatsächlich zu einem wasserreicheren Seitenarm. Der Mann trägt ein Holzfällerhemd und zeichnet den Weg mit einem Stock präzise wie ein Navigator auf einen glitschigen Stein. Wir glauben uns weiterhin in der Wildnis, als zwei Frauen auftauchen, in

[1] Der afrikanische Schlangenhalsvogel (Anhinga rufa).

der Hand die *pangas* für die Feldarbeit, eine der beiden hochschwanger. Mühsam tasten sie sich durch die Furt. Am Oberlauf, sagen sie und zeigen in die Richtung, aus der wir kommen, gebe es sehr viele Krokodile. Dort sei es gefährlich.

Wir brechen durch das letzte Gebüsch, der Fluß breitet sich vor uns aus, und bald schon treiben wir auf einem breiten, stillen Strom dahin, zu beiden Seiten Felder und Gehöfte. Wir begegnen einem Mann im Einbaum, schick mit einem rosafarbenen Hemd und einem blauen Fez bekleidet, der uns fröhlich Fisch anbietet und zu Radioklängen entpaddelt. Die Wildnis wird von AƂBA gehäutet und zum Gerben in unsere Erinnerung gehängt.

Wir sehen die ersten Häuser von Uvinza, jubeln, belohnen uns mit einem spontan herausgeschrienen Radiokommentar, der uns als Sieger einer Regatta begrüßt; das Wasser ist ruhig, wir paddeln gemütlich parallel zur Bahnlinie. Die Gleise winden sich um einen Hügel. Zu unserer Linken eine Saline, 1904 von der Firma Gottorp aufgebaut, die mit dem Bau der Eisenbahn zum profitabelsten Unternehmen in Deutsch-Ostafrika reüssierte. Damals wurde das Salz mit dem Schiff ›Hedwig von Wissmann‹, dem ersten Dampfer auf dem Tanganjikasee, in den Kongo gebracht. Heute ist das Dach der Fabrik eingefallen, trotzdem pafft es eifrig aus dieser Halbruine inmitten einer zauberhaften Flußlandschaft. Wir gehen bei einer Badestelle an Land und ziehen abermals rattenfängergleich alle Kinder des Städtchens an, die uns mit ungeschütztem Staunen beobachten, vor allem als das Boot Luft ausposaunt und zusammensackt, bis es zur Größe einer Plastiktüte zusammengefaltet werden kann. Aus einem vollbepackten Boot wird im Nu ein tragbarer Rucksack.

In Uvinza nehmen wir alle Mahlzeiten im ›Manchester Inn‹ zu uns. Wieder nur *chipsi* und *mayay*, aber wir verzehren alles mit großer Lust. Wir beobachten die Menschen mit gewachsener Neugier. Ein fliegender Händler kommt am Nachmittag herein. Er zeichnet sich durch ein gepflegtes Understatement im Verkaufsstil aus. Er stellt seinen Bastkorb ab, lehnt müde gegen einen Holzpfeiler auf der Terrasse und wartet einen Wunsch ab. Er reicht einer potentiellen Kundin zögernd die zwei Nagellacke, die er in seinem Sortiment hat. Er lehnt sich wieder zurück und sagt: ›Wenn Sie unbedingt möchten, dürfen Sie etwas kaufen. Aber machen Sie es mir bitte nicht zu schwer.‹ Dann gähnt er, ein wenig nur, um sicherzugehen, daß er sich nicht überanstrengt. Ich stelle mir einen internationalen Wettkampf der fliegenden Händler vor und das Erstaunen der arabischen und indischen Teilnehmer ob des minimalistischen Stils ihrer tansanischen Kollegen. Beim Abendessen sitzt am Nebentisch eine größere Gruppe von Rotkreuzmitarbeitern und läßt sich das Bier schmecken. Nur der Chef schlürft an einer Cola. Der einzige englische Satz, der fällt, lautet: *One more for the road*. Es dauert noch lange, bis sie sich auf die Straße wagen.

KEIN AUFSCHLUSS ÜBER DIE FRAGE,
WER DIE NICHT VORHANDENEN
NILQUELLEN ENTDECKT HAT

𐤀𐤁𐤂𐤃𐤄𐤅𐤆𐤇𐤈𐤉𐤊𐤋𐤌𐤍𐤎𐤏𐤐𐤑𐤒𐤓𐤔𐤕

Meinem Gefährten war schließlich Erfolg beschieden, sein Abstecher hatte ihn zu dem nördlichen Wasser geführt, dessen Dimensionen, wie er fand, unsere blühendsten Phantasien übertrafen. Wir hatten kaum gefrühstückt, als er mir die aufregende Tatsache eröffnete, daß er die Quelle des Weißen Nils entdeckt habe. Womöglich mußte es sich dabei um eine Eingebung handeln: In dem Augenblick, als er den Nyanza erblickte, fiel von ihm jeder Zweifel ab, daß – in seinen Worten – aus dem »See zu meinen Füßen jener interessante Fluß entsprang, der Gegenstand so vieler Spekulationen und das Ziel so vieler Forscher gewesen ist«. Des glücklichen Entdeckers Überzeugung war stark, seine Gründe waren schwach – fielen in jene Kategorie, für welche die Zofe Lucetta ein Beispiel gibt, als sie ihre Neigungen für den »anmutvollen« Proteus rechtfertigt:

> *Kein andrer ist's als eines Weibes Grund;*
> *Er scheint mir so, nur weil er mir so scheint.*[1]

---

[1] Aus Shakespeares *Die beiden Veroneser*, wobei ich nicht nachgeprüft habe, ob Dick Burton den Barden an dieser Stelle verbessert hat.

Wahrscheinlich entsprangen seine Nilquellen in seinem Kopf, wie seine Mondberge sich unter seinen Händen erhoben.

Das Hauptargument zugunsten des Sees, der das große Reservoir des Weißen Flusses darstellen sollte, lautete, daß der »gemeine Mann« an seinem Südufer nichts über seine nördliche Ausdehnung wisse. »Als ich mich nach der Länge des Sees erkundigte, wandte der Mann – der größte Reisende des Dorfes – seinen Blick nach Norden und fing an, in dieser Richtung mit dem Kopf zu zeigen, wobei er in einem fort seine ausgestreckte Rechte schwenkte und mit den Fingern schnippte, eifrig bemüht, auf etwas Unermeßliches zu weisen. Niemand wisse es genau, fügte er hinzu, aber er denke, der See erstrecke sich bis ans Ende der Welt.« Mächtig beeindruckt von dieser wissenschaftlich signifikanten Information, ortete mein Gefährte das nördliche Ufer zwischen 4° und 5° nördlicher Breite. Demgegenüber hatte die ägyptische Expedition im Auftrag von Mohammed Ali Pascha vor etwa zwanzig Jahren auf der Suche nach den Quellen 3° 2″ nördlicher Breite erreicht und hätte somit fünfzig Meilen über den Nyanza-See segeln müssen. Aus den Informationen, welche sie an Ort und Stelle sammelte, schloß jene Expedition, die unerreichbaren Brunnen müßten sich eine Monatsreise entfernt – oder 300 bis 350 Meilen südöstlich – an den Nordhängen des Mount Kenya befinden. Auf seinem Rückweg zur Küste wurde meinem Gefährten, wie er uns berichtet, von einem »respektablen Swahili-Händler« versichert, »daß er vor einigen Jahren während seiner Geschäftsreisen im Norden und Westen des Sees öfter Berichte vernommen habe, wonach auf den nördlichen Ausläufern des Sees große Schiffe verkehrten, die Sextanten benützten und ein

Logbuch führten, ganz wie man es bei der Hochseeschiff-
fahrt zu tun pflegt«. [...]

Es verleiht zweifellos ein Gefühl von Befriedigung,
einem bewundernden Publikum aus Staatsmännern,
Kirchenleuten, Missionaren, Geschäftsleuten und ganz
besonders Geographen die »Lösung eines Problems« zu
präsentieren, »das seit vielen tausend Jahren als das erstrangige geographische Desiderat galt und dessen Ent-
wirrung den Ehrgeiz aller Herrschergeschlechter seit Beginn der Zeiten anstachelte«. Aber wie viele Male sind
nicht seit den Tagen eines gewissen Claudius Ptolemäus
die Quellen des Weißen Nils nach ebendieser Manier
entdeckt und wiederentdeckt worden? Was zu jener Zeit
meine skeptische Haltung verstärkte, waren die hand-
festen Ungenauigkeiten der geographischen und anderer
Details, die mein Gefährte zurückgebracht hatte. Wie
hätte es aber auch anders sein können! Bombay, nachdem er das rudimentäre Hindustani seines Meisters mißverstanden hatte, übersetzte dessen Frage einem weitgereisten Afrikaner falsch ins Kisawahili, welcher sie
seinerseits wiederum in einer noch abenteuerlicheren
Mundart dem nächsten befragten Barbaren übermittelte.
Auf solchen Hinundherreisereien erleiden Wörter oftmals
schwere Unfälle. [...]

Diese Meinungsverschiedenheiten erwiesen sich stärker als unsere Partnerschaft. Nach einigen Tagen war mir
klargeworden, daß sich zum Thema des Sees, des Nils
und seiner Trouvaille ganz allgemein kein Wort äußern
ließ, das ihn nicht kränkte. Daher wurde die Angelegenheit gemäß einem stillschweigenden Übereinkommen
gemieden, und ich wäre darauf nie zurückgekommen,
hätte mein Gefährte nicht die Expedition mit einer Behauptung blamiert, die kein Geograph akzeptieren kann

und die so schwach und fadenscheinig ist, daß bisher kein anderer Geograph sich die Mühe machte, zu widersprechen.

Lake Regions, S. 40 ff.

In dieser Nacht träume ich, so intensiv wie schon lange nicht mehr. Ich stehe inmitten einer weiten Ebene, einer fruchtbareren Steppe als jener, die wir zuletzt durchquert hatten, ohne nach etwas Ausschau zu halten, aber offenen Auges. Ich erblicke einen Menschen, der – obwohl sehr weit entfernt – sich mir zu nähern scheint. Eine Stimme, ähnlich der eines Butlers oder Sportreporters, sagt: Das ist er, Richard Burton. Er kommt näher. Er ist nackt, völlig nackt, Narben am ganzen Körper, völlig glattrasiert und vor Öl glänzend. Und er läuft so, wie die Kenianer aus dem Hochland laufen, die Kalenjin und die Pokot, mit langen, federnden Schritten, von der Unebenheit der Landschaft gänzlich unbeeindruckt. Und die Stimme ruft aus: Fang ihn. Fang ihn. Das ist lächerlich, denke ich, doch nicht mitten in einer unbekannten, endlosen Steppe. Ich bin nicht auf dem Rugbyplatz von Kenton College in Kileleshwa, Nairobi, es ist nicht jener Trainingstag, an dem die Mannschaft für das erste Spiel der Saison aufgestellt werden soll und von den sechzehn Schülern einer herausgenommen werden muß, und seit Tagen weiß ich, daß es mich treffen wird, so wie ich jetzt in meinem Traum keinen Zweifel hege, daß diese Aufforderung, Burton zu fangen, rechtens, aber auch vergebens ist. Ich stelle mich breitbeinig hin, ich beuge die Knie, ich bereite mich vor, ihn festzuhalten, ihn zu Fall zu bringen. Und die Stimme feuert mich an: *Tackle him. Tackle him.* Er fliegt auf mich zu, und ich bin mir sicher, daß es ihm gelingen wird, an mir vorbeizulaufen. Als ich ihn umklammere, gleite ich an seinem eingeölten Körper ab, ich versuche instinktiv, nach seinem Haar zu greifen, aber er hat auch kein Haar, ich versuche ihm zu folgen, aber er ist zu schnell, viel zu schnell. Halt an, Richard, beruhige dich, du bist bei Verstand, Richard, du mußt dir keine Sorgen machen, du bist bei vollem Verstand. Hör mir mal zu. Aber er ist schon entschwunden.

DAMALS UND HEUTE,

UJIJI UND KIGOMA,

UND DIE LETZTE ALLEE

FÜHRT ZUM SEE

ᐺᐤᐪᐪᐤᐦᐤᐪᐪᐤᐤᐤ5ᐧᐤᐤᐤᐤᐪᐤᐤᐤᐤᐤᐤᐤᐤᐤᐤᐤᐤ

Als die Expedition von Richard Burton 1856 aufbrach, herrschten im Inland Dürre, Hungersnot und Kriege. Als wir uns im Juli 2000 auf den Weg machten, waren im Inland die großen Regenfälle ausgefallen, ein Minister forderte die Bevölkerung auf, sich das Essen vernünftig einzuteilen, um Hungersnöten vorzubeugen (selbst in sehr fruchtbaren Regionen wie etwa im Distrikt Morogoro drohten Nahrungsmittelengpässe), und in den benachbarten Ländern Kongo und Burundi herrschte Bürgerkrieg. In den letzten sechs Monaten war die Zahl der in Nordwesttansania angekommenen Flüchtlinge auf mehr als eine halbe Million angestiegen, die Menschen wurden auf neun überfüllte Lager verteilt. Was also, drängte sich die Frage auf, hat sich in den letzten hundertfünfzig Jahren geändert? Wenn ich frustriert bin, pflege ich zu sagen, hier hat sich seit Burton und Speke nichts mehr geändert, gab uns Marion Roche, die Leiterin der UNHCR in Kigoma, zuständig für die Flüchtlingslager, zur Antwort. Nach Jahrzehnten des Kolonialismus, Sozialismus und Neoliberalismus scheint sich die

Lage des einfachen Bauern jedenfalls kaum verbessert zu haben. Nirgendwo trafen wir auf Stromversorgung, auf fließendes Wasser, auf akzeptable Krankenhäuser oder Schulen. Die Behauptung mag den Leser in seinen vorgefaßten Meinungen, was die primitiven Zustände in Zentralafrika und die erbärmliche Verfassung der schwarzen und negroiden Sklavenmassen angeht, vor den Kopf stoßen. Aber es trifft nichtsdestoweniger zu, daß die Lebensumstände des Afrikaners in diesen Regionen jenen der unglücklichen Bevölkerung Britisch-Indiens überlegen sind, daß er sich besser kleidet, besser ernährt und besser wohnt. In Gebieten, in denen wenig Gefahr droht, Opfer des Sklavenhandels zu werden, kann sogar ein Vergleich seiner Lebensbedingungen mit jenen der bäuerlichen Bevölkerung in den reichsten Ländern Europas zu seinen Gunsten ausfallen.[1]

Der Afrikaner erhebt sich bei Tagesanbruch von der Rinderhaut seines Nachtlagers. Die Hütte ist kühl und behaglich tagsüber, doch nachts verleiht ihr der verriegelte Eingang etwas Enges, Ungemütliches. Während der letzten Stunde vor Sonnenaufgang, der kältesten Tageszeit, facht er gewöhnlich ein Feuer an und unterhält sich mit seinem ständigen Gefährten, der Pfeife. Scheint die Sonne kräftig genug, schiebt er den Rohrvorhang der Tür beiseite und begibt sich nach draußen, um sich in den Morgenstrahlen zu baden. Die Dörfer sind stark bevölkert, und die dicht aneinandergereihten Häuser erlauben es den Bewohnern, mit Blick auf den Hauptplatz dazuhocken, miteinander zu plaudern und zu schwatzen, ohne sich von der Stelle zu rühren. Etwa um sieben Uhr, wenn ein Teil des Taus auf dem Gras verdunstet ist,

---

[1] Selbst die Idee eines solchen Vergleichs würde heute absurd wirken.

treiben die älteren Burschen die Schafe und Rinder mit lauten Schreien und schallendem Stockeinsatz auf die Weide. Sie kehren erst zurück, wenn die Sonne am westlichen Horizont versinkt. Um acht Uhr abends begeben sich jene unter ihnen, welche über Mehl oder Getreide verfügen, zur Stärkung in ihre Hütten, und wer nichts hat, gesellt sich zu einem Freund. Vom frühen Abend an wird, wenn es sich beschaffen läßt, Bier getrunken. Nachdem er gegessen hat, macht sich der Afrikaner, die Pfeife in der Hand, auf zur Iwanza – dem Dorfhaus. Hier, in der Gesellschaft des eigenen Geschlechts, verbringt er den größeren Teil seiner Zeit, plaudernd und lachend, rauchend oder auch entspannt vor sich hin dösend. Gelegentlich nimmt er an einer Spielrunde teil. Wie unter Barbaren allenthalben, ist Spielen eine Passion. Das geläufigste Spiel ist unser »Kopf oder Zahl«, der Einsatz ein flacher Stein, eine kreisrunde Scheibe aus rohem Zinn oder der Boden eines zerbrochenen Topfes. Die etwas Zivilisierteren haben das »Bao« der Küste gelernt, eine Art Backgammon. Viele unter den Wanyamwezi sahen sich durch diese Leidenschaft gezwungen, sich selber in die Sklaverei zu verkaufen: Nachdem sie ihre Güter durchgebracht haben, setzen sie hierzulande sogar ihre betagten Mütter gegen eine andere alte Frau, eine Kuh oder zwei Ziegen. Wie leicht vorzustellen, hören die Streitereien nie auf, doch innerhalb der Dorfgemeinschaft werden sie fast immer auf unblutige Weise geschlichtet. Andere suchen sich anstelle des Spiels irgendeine Aufgabe, welche die Hände beschäftigt, aber dem Rest des Körpers und dem Hirn Ruhe gönnt, da es sich Asiaten und Afrikaner ja mit Vorliebe gemütlich machen. Sie schnitzen an einem Holzstück herum, umwickeln ihre Pfeifen mit Draht, worin sie es alle zu wahrer Meisterschaft gebracht haben, rasieren sich gegenseitig das Haupt, zupfen sich Barthaare, Augenbrauen und Wimpern aus und pflegen ihre Waffen.

Soweit sie nicht anderweitig beschäftigt sind, begeben sich die Afrikaner um ein Uhr mittags in ihre Hütten, wo ihnen die Frauen das Hauptgericht, die letzte Mahlzeit des Tages, zubereitet haben. Bei ihrem übermächtigen Hang zur Geselligkeit ziehen die Männer allerdings oft die Iwanza als Speisesaal vor, wo sich der männliche Nachwuchs, die Verwandten und Freunde zur wichtigsten der vierundzwanzig Stunden zusammenfinden. Für den Wilden ist das Essen sein ein und alles im Leben – dem Essen gilt am Tag sein erster Gedanke, vom Essen träumt er des Nachts. Der zivilisierte Europäer, dem Hunger und Durst unbekannt sind, der jedem Anflug von Appetit sofort mit allen Mitteln zu Leibe rückt, macht sich kaum eine Vorstellung davon, in welchem Maße die Seele des wilden Artgenossen vom Magen beherrscht wird. Für den Weißen ist er kaum zu begreifen, dieser Zustand geistiger Absorption, der Heißhunger, mit dem das menschliche Tier über dem Rumpf einer alten Ziege lauert, die Seligkeit bei der Durchführung jedes Handgriffs während der *Lake Regions,* Zubereitung und das eifersüchtige Auge, das mißgünstig *S. 461 ff.* auf jeden blickt, der besser lebt.

Am letzten Tag folgen wir einem Pfad durch ein fruchtbares Quellgebiet und versinken dahinter beim letzten Anstieg ein letztes Mal im Sand. Dann sehen wir den See, endlos wie ein Meer, der Strand von Palmen gesäumt, das Wasser wie blau angestrichen. *Nichts könnte pittoresker sein, als dieser erste Blick auf den Tanganjikasee,* schreibt Richard Burton nach dem eineinhalbjährigen Marsch, *wie er im Schoß der Berge liegt und sich im* tropischen Sonnenschein aalt [...] Wahrlich eine Offenbarung für Seele und Augen! Ich vergaß alle Mühen, alle Gefahren und die Ungewißheit der Rückkehr und fühlte mich bereit, ein Zweifaches des Erlebten zu ertragen; die gesamte Mannschaft schien mein Glück zu teilen.

Lake Regions, S. 307

Und auch wir, nur zwei Monate unterwegs und weder erkrankt noch in wirkliche Gefahr geraten, verspüren Euphorie, während wir die spektakulärste Allee Ostafrikas entlangschreiten – ein mehrere Kilometer langer Bestand von alten Mangobäumen, vor knapp zwei Jahrhunderten von arabischen Sklavenhändlern gepflanzt –, die nach Ujiji hineinführt. Vor uns schleicht ein alter Mann in braunem Mantel langsam die Allee hinab, sein Bart über die Brust ausgebreitet wie die Baumwurzeln über dem Boden. Der Greis weicht Männern im besten Alter, die sich im Schatten des sonntäglichen Palavers ausruhen. Die Männer weichen Frauen, die Bananen, Maniok, Papaya und Erdnüsse verkaufen, und die Frauen weichen Jungs, die zwischen den Bäumen hin und her rennen, als würde die Allee die Grenze ihrer Möglichkeiten festlegen. Am Ende der Allee trainieren Schüler den Kurzpaß, vor Torpfosten, die den See einrahmen, und weder die Orgelübungen in der katholischen Kirche noch der göttliche Ruf zum nachmittäglichen Gebet können die friedliche Stimmung stören. Der See schimmert, auf dem Strand leuchten die Fischerboote, die Wellen murmeln, und ein letztes Mal verglüht die untergehende Sonne mit dem Auge einer Hyäne.

Tanganjikasee

ABRECHNUNG

ᛨᛒ᛭ᚬᛂᚥᛏᛲᛯ5ᚠᚣᚥᛃᚤᚢᛥ᛬ᛒ᛭ᚠᚢᚤᛸ

Bald schon erschienen zwei Artikel im ›Blackwood's
Magazine‹ (Sept. – Okt. 1859), die einen tiefen
Bruch zwischen meinem verstorbenen Begleiter[1]
und mir verursachten. Sie enthielten Sinnlosigkeiten, die
jedem Leser auffallen mußten. Ein Hufeisen oder eine
Perücke des Lordkanzlers, etwa 6000 Fuß hoch und
180 Meilen tief, wurde über den Äquator hinaus verlängert und mit Gravität ›Mountains of the Moon‹ genannt.
Der Nyanza-See, etwa 120 Meilen weiter nördlich positioniert, als wir ihn aufgrund unserer Informationen von
den Arabern festgelegt hatten, gab eines der wichtigsten
Elemente unserer Arbeit der Lächerlichkeit preis. Auch
konnte ich nicht einsehen, wieso mein Begleiter das Recht
haben sollte, Landschaften, die wir gemeinsam erforscht
hatten, mit Namen wie ›Speke Channel‹ und ›Burton
Point‹ zu belegen.

Es war keineswegs eine »winzige Frage der Etikette
unter Entdeckern«, wie ein Rezensent großzügig den Fall
beschrieb, die mich Hauptmann Spekes übereilte Publi-
kation seines Berichtes übelnehmen ließ: auch wenn die
Vielköpfigen solchen Angelegenheiten keine besondere

---

[1] John Hanning Speke starb am Vormittag des 15. September 1864, an
dem Tag, an dem er zum ersten Mal öffentlich mit Richard Burton über
die Nilquellen debattieren sollte, durch einen Jagdunfall, der von manchen
als Selbstmord gewertet wurde.

Bedeutung beimessen mögen, kann ein Mann, der sein Leben für eine große Entdeckung aufs Spiel gesetzt hat, nicht still und zahm dasitzen, während sie zunichte gemacht wird. Meine Ansicht über den Erhalt der einheimischen Nomenklatur steht seit langem fest: Ich teile weiterhin die Überzeugung des verstorbenen ehrenwerten Mr. Macqueen, daß »nichts absurder sein könnte, als englische Namen irgendeiner Gegend, besonders aber Orten in dem abgelegenen Inneren Afrikas, aufzuzwingen«. Dies wird, so glaube ich, von keiner anderen Nation getan. Was ist das für ein Unsinn, einen Teil des Nyanza-Sees Bengal Archipel zu nennen; und eine stehende Pfütze, die nur während der Regenzeit Wasser enthält bzw. in die der See überläuft, ›Jordan‹ zu taufen, ein Name, der nie zuvor in der Geographie vernommen worden ist.

The Nile Basin, S. 109 ff.

Sitzung

DER ROYAL GEOGRAPHICAL SOCIETY

AM 13. JUNI 1859

• • •   — — — —   • — •   • •   • • — •   —

Eröffnungsvortrag des neuen Präsidenten Earl of Ripon:[1] Ein jeder, der die Berichte heute vernimmt, wird spüren, daß hier überaus wertvolle und wichtige Informationen gesammelt worden sind – Informationen, die nicht nur aus geographischer Sicht von Bedeutung sind, sondern auch, weil sie keinen geringen Einfluß auf kommerzielle und industrielle Fragen haben. Ich denke, wir sollten niemals aus den Augen verlieren, welche Bedeutung die Anstrengungen der Society für die Industrie, die Manufaktur und den Handel dieses Landes haben.

[1] Der Earl, mit vollständigem Namen George Frederick Samuel Robinson, 1st Marquess of, 2nd Earl of Ripon, Viscount Goderich of Nocton, wurde für diese visionären Worte belohnt, indem ein Wasserfall nach ihm benannt wurde. Die Ripon Falls befanden sich dort, wo der Nil aus dem Viktoriasee fließt, doch diese Wasserfälle sind von einer Staumauer überschwemmt worden, und der Earl ist in Vergessenheit geraten.

• • •   — — — —   • — •   • •   • • — •   —

NORD-
AMERIKA

*Auch die neugierde erschöpft
sich irgendwann,
wenn auch unerwarteterweise
just bei den mormonen*

· · · — — — ·— · · ·—· —

Der Weg nach Salt Lake City führt über Las Vegas.
Die USA sind so aufregend zu ertragen, weil jedes
Extrem mit einem anderen aufgewogen werden
kann. Las Vegas ist wie geschaffen für einen Neonschrift-
zug. Das schnittige L, A, E und V; das kurze LAS gefolgt
von zwei knackigen Silben, die mit einem weiteren wohl-
gerundeten S enden. Las Vegas ist ein Künstlername.
Wenn man auf den Strip einfährt, hat man das Gefühl,
das Paradies lade ein zum Tag der offenen Tür. Das Vergnügen in Vegas ist demokratisch, ja geradezu egalitär.
Gewiß, es gibt Séparées und *private player rooms*, Stretch-
limousinen und Suiten, aber die meisten Angebote sind
für alle zugänglich, ein jeder kann sich kleiden, wie er
mag. Ich habe ein Zimmer im ›The Venetian‹ reserviert,

vor allem, weil ich mir vorstellte, auch Burton hätte sich für diese Wüstenschimäre entschieden. *Benvenuto* in dem mit Abstand schönsten Venedig außerhalb von Venezia. Ein Canaletto Grande mit Miniatur-Rialto-Brücken und authentischen Gondeln fließt durch das Hotel, die Gondolieri staken an der Piazza di San Marco vorbei, während sie geübt italienische Opernarien schmettern, auch wenn sie selbst aus Nebraska stammen. Akrobaten wechseln sich mit Karnevalsprozessionen ab. Restaurants mit klingenden Namen wie ›Valentino‹ und ›Zefferino‹ fliegen die Ingredienzien für die feinen Gerichte angeblich aus dem Mutterland ein. Die Filiale des Guggenheim Hermitage Museums zeigt Originalgemälde von Peter Paul Rubens, die Tapeten ahmen Caravaggio nach. Und die Wasserfontäne in der Lobby sammelt alle dem Glück hinterhergeworfenen Münzen für die ›Adelson Clinic for Drug Abuse and Treatment‹ in Las Vegas. Das Hotel verdoppelt den Spendenbetrag aus eigenem Antrieb. Der Himmel über Canale und Piazza ist ein künstlicher; ›The Venetian‹ ist ein verbessertes Venedig, weil es hier nie nachtet. Der Tagesrhythmus ist abgeschafft worden. Der Spieler soll nicht wahrnehmen, daß es sechs Uhr am Morgen ist, daß ein Tag endet und ein weiterer beginnt. Die Tage sollen ineinander zu einer einzigen Ausschweifung verschmelzen, einem Marathon des Zockens.

Während ich mich im ›Caesar's Palace‹ für zwei Dutzend Dollar an dem berühmten Buffet ergötze, auf dem sich Krabben und Garnelen aufhäufen, als sei der Ozean saubergefegt worden, lese ich die lokale Zeitung. Die Stadtverwaltung hat am Vortag entschieden, daß jeder, der in der Öffentlichkeit Essen an Obdachlose ausgibt, tausend Dollar Strafe zahlen oder ein halbes Jahr Haftstrafe absitzen soll. Die Begründung: Das Los der Obdachlosen soll verbessert werden. Zwölftausend Menschen sind von diesem Dekret betroffen;[1] ihre Zahl hat sich innerhalb eines Jahrzehnts verdoppelt. Und da die Stadtverwaltung keine sozialen Programme anbietet, werden die Obdachlosen täglich von Freiwilligen in den Parks der Stadt ernährt. Der Bürgermeister, der den unwahrscheinlichen Namen Oscar Goodman trägt, hat vor kurzem im Wahlkampf erklärt, die beste Art mit Clochards umzugehen, wäre, sie in den Pazifischen Ozean zu treiben. Doch an diesem Vorhaben hindert ihn die dazwischen liegende Wüste.

Mr. Smith führte uns in ein Farmhaus, das sich mit halbem Dach gegen die Kälte wehrte, holte den Whiskey, nach dem sich unsere Seelen sehnten, gab einem jeden von uns einen Pfirsich, damit wir auch schön brav wären, und setzte uns schließlich ein vorzügliches Beefsteak vor. Bevor wir uns schlafen legten, hörten wir eine Reihe von ›Schießereigeschichten‹. Wo eine Leiche ist, pflegen die Perser zu sagen, da werden auch Geier sein. Nuggetfunde ziehen scharenweise Rechtsgeier von weit her an – Anwälte und Richter. Da die wertvollsten Claims meist für ein Butterbrot abgegeben werden, sucht man für gewöhnlich einen Fehler in der Übertragungsurkunde, und ein Großteil des Vermögens landet in den Hosentaschen jener gerissenen Professionellen, die zur Hälfte an den Profiten beteiligt sind. Folglich sammelt sich in solchen Orten üblicherweise eine Menge gewissenloser Talente. Ein ehrenwerter Richter hatte einen Kellner erdolcht und einen Senator erschossen; ein anderer, dem das Schießeisen recht locker sitzt, hatte in einer Saison einen Mann

[1] Das oberste bundesstaatliche Gericht hat dieses Gesetz in der Folgezeit kassiert.

getötet und einen anderen verletzt. Meine Informanten erklärten, daß in Carson City ein toter Mann zum Frühstück die Norm sei; abgesehen von den Unfällen, die unachtsame oder friedensstiftende Beteiligte erleiden, schätzten sie die jährliche Quote auf 50 Morde. In einem merkwürdigen Anfall von Lebhaftigkeit entlädt ein angetrunkener Gentleman seinen Revolver in den vollen Tanzsaal, und wenn eine Schießerei *(shyooting)* in einem der dünnwandigen Blockhäuser beginnt, weichen die Unbeteiligten den Kugeln aus, indem sie in ihre Betten springen. Während meiner drei Tage in Carson City hörte ich von drei Morden. Der Zocker, auch Profispieler genannt, in den Oststaaten außergewöhnlich friedfertig, weil er das Aufsehen eines Streits fürchtet, muß sich hier als Kämpfer beweisen. Eine merkwürdige Geschichte illustriert, wie die Ziele der Justiz vereitelt werden können, wenn ein beliebter Stadtgenosse betroffen ist. Ein Mann war des Mordes an seinem Erzfeind angeklagt, nachdem er ihn auf offener Straße erschossen hatte, nicht ohne zuvor die Passanten gewarnt zu haben: ›Bückt euch, damit ich diesen Hundesohn niederstrecken kann.‹ Der Staatsanwalt bewies *malice prepense;* der Verteidiger plädierte, sein Klient sei *rectus in curia* gewesen und habe daher offensichtlich nicht einen Menschen, sondern einen Hund gemeint, und der Richter unterschrieb den Freispruch.

The City of Saints, S. 493 f.

Wenn man aus dem Süden ins Mormonenland kommt, erreicht man noch vor Salt Lake City das Städtchen Provo.[1] Sonntags ist alles geschlossen. Keine Autos auf

---

[1] Provo oder Provaux war der Name eines kanadischen Trappers und Händlers, der in vergangenen Zeiten mit achtzig Mann eintausend Indianer besiegte und im Augenblick des Sieges getötet wurde. (*The City of Saints,* S. 333.) Was für ein Timing beim Martyrium!

den Straßen, auch keine Fußgänger. Hier wird der Ruhe-tag noch ernst genommen. Nachdem ich eine Weile auf und ab gefahren bin, beginne ich an der Existenz von Menschen zu zweifeln. Doch hier leben hunderttausend Einwohner, und sie haben sich hinter einer Ordnung und Reinheit verschanzt, die das kleinstädtische Dekor in dem Film *The Truman Show* schlampig aussehen lassen. Jeder Vorgarten ist so präzise gesetzt wie ein Gottesbeweis. Provo ist eine der ältesten Mormonensiedlungen in Utah und Sitz der Brigham Young University, benannt nach jenem Propheten, der die Mormonen über alle Ebenen und Berge in dieses gelobte Land führte und der im Jahre 1860 Richard Burton empfing, dem nachgesagt wird, das erste objektive Buch über die Mormonen geschrieben zu haben.

Die Kirche Jesu Christi der Heiligen der Letzten Tage – so der offizielle Name der Mormonen – ist die schnellst-wachsende Religion in der westlichen Hemisphäre (welt-weit schon mehr als elf Millionen Mitglieder), was zum einen daran liegt, daß Empfängnisverhütung verpönt ist, denn der Gläubige hat die heilige Pflicht, möglichst viele Kinder in die Welt zu setzen, weswegen Utah County die höchste Geburtenrate der USA verzeichnet, zum anderen an den Anstrengungen der dreißigtausend jungen Männer und Frauen, die jährlich in die weite Welt hinausziehen, um zu bekehren. Jeder gute Mormone begibt sich für zwei Jahre in den Missionsdienst, er bezahlt alles selbst und muß hingehen, wohin die Gemeinschaft ihn schickt. Er darf nur Kirchenschriften lesen, nur mormonische Musik hören. Jede Ablenkung – wie etwa Kino, Fern-sehen oder Zeitungen – ist verboten. Er sollte mindestens zwei Seelen im Verlauf seines Einsatzes erretten.

Salt Lake City

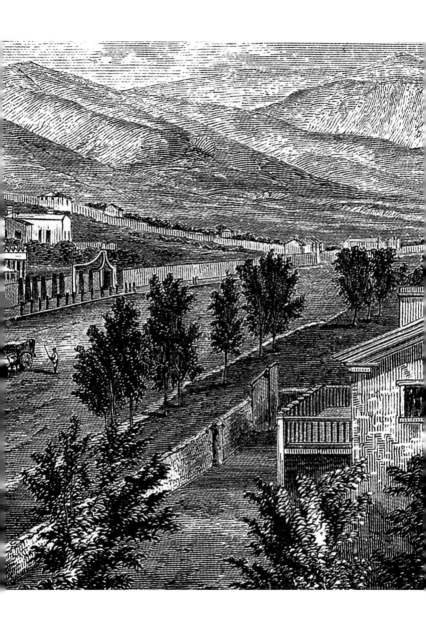

Der Älteste T. B. H. Stenhouse ist von Geburt Schotte und hat die üblichen Phasen des Neophythen (larva), des Missionars (pupa) und des hochentwickelten Heiligen[1] (imago) durchlaufen. Madame stammt aus Jersey, spricht exzellentes Französisch und Englisch ohne Nasalisierung oder *cantalenation* und beweist einen sehr kultivierten Geist. Sie hatte ihren Ehemann auf einer propagandistischen Tour in die Schweiz und nach Italien begleitet, wo er als Präsident der Missionen für drei Jahre ein ›eifriger und treuer Arbeiter für das große Werk der letzten Fügung‹ war. 1846, im Alter von einundzwanzig Jahren, wurde er zum Heiligen; er lebte das übliche Leben der Armut und Entbehrung, gründete die Southampton-Konferenz, konvertierte nebst anderen großen Leistungen einen Rechtsanwalt und verbreitete den Glauben erfolgreich in Schottland sowie in England.

The City of Saints, S. 223 f.

Das Heilige Buch dieser Kirche ist das *Buch Mormon.* Der erste Prophet,[2] ein charismatischer Mann namens Joseph Smith, mußte sich mit göttlichen, goldenen, aber auf altägyptisch geschriebenen Tafeln auseinandersetzen, die ihm von einem Engel namens Moroni überreicht worden waren. Eine Übersetzung gelang, doch die erste Fassung ging durch das Verschulden eines Nachbarn namens Martin Harris verloren ... der Rest der abenteuerlichen Offenbarungsgeschichte hat Jon Krakauer hervorragend in seinem *Mord im Auftrag Gottes* zusammengefaßt. Wer der Ansicht ist, die Bibel oder der Koran

---

[1] Jeder Gläubige wird zum Heiligen.

[2] Auf den ersten Propheten folgen viele weitere, denn die Mormonen glauben an eine Kontinuität der Offenbarung, weswegen jeder Führer der Kirche als Prophet gilt, auch wenn er nach dem Prinzip der Seniorität ernannt wird. Göttliche Offenbarungen reihen sich aneinander wie ein Gebetskranz, daraus erneuert sich die Wahrheit und Autorität des Glaubens.

enthalte verwirrende oder gar verwirrte Abschnitte, der wird an den Phantasmagorien des *Buchs Mormon* verzweifeln. Die große Anziehungskraft dieser Offenbarung liegt weder in ihrer dramaturgischen Stringenz noch in ihrer sprachlichen Kraft, sondern vielmehr in ihrer amerikanischen Identität. Die Kämpfe und Konflikte sind überwiegend auf dem nordamerikanischen Kontinent angesiedelt. In einer der Schlüsselstellen taucht Jesus unmittelbar nach seiner Auferstehung in der Neuen Welt auf, um Seinem auserwählten Volk die frohe Botschaft zu überbringen. Joseph Smith war der erste durch und durch amerikanische Prophet, und er empfing die Offenbarung, daß der Garten Eden in Amerika gelegen habe.[1] Und wenn die Zeit für die Rückkehr von Jesus auf Erden gekommen sein wird, dann wird man ihn in Amerika erwarten dürfen. Mit der Kirche Jesu Christi der Heiligen der Letzten Tage hat das Christentum eine regionale synkretistische Adaption an die Neue Welt erfahren. Um so merkwürdiger der expansionistische Drang nach Europa.

Richard Burton hätte Gefallen an der ironischen Wendung gefunden, daß einer seiner mormonischen Bekannten, Wilford Woodruff, als amtierender Prophet am 26. September 1890, weniger als einen Monat bevor Burton in Triest verstarb, per göttlichem Willen das Ende der Polygamie[2] verkündete, die Burton in seinem Buch so eifrig verteidigt, mit Hinweisen auf andere Hochkulturen und mit moralrelativistischen Argumenten. Es ist prickelnd, durch die Verlautbarungen der mormonischen Propheten dem wankelmütigen Willen Gottes folgen zu dürfen. 1978 etwa beschloß ein geläuterter, allmächti-

---

[1] Mein Eindruck in Las Vegas hatte mich also nicht getäuscht.
[2] Die Polygamie wird im Abschnitt 132 der *Lehre und Bündnisse* des Propheten Joseph Smith festgeschrieben.

ger Gott, kein Rassist mehr zu sein, und erlaubte seiner Kirche Schwarze aufzunehmen.

Daß ich jemanden in Utah kenne, verdanke ich einer gezwirbelten Fügung. Mein Onkel in Sofia hatte zeitweise mormonische Nachbarn, und diese erhielten Besuch von einem amerikanischen Bruder, der sich mit meinem Onkel zwar nicht unterhalten konnte, aber sie kamen sich beim Füttern der herrenlosen Hunde näher, und beim Abschied überreichte der Heilige meinem Onkel seine Visitenkarte, die für letzteren etwa so wertvoll war wie eine Konzertkarte für den 30. Februar. Doch William Gibson aus Salem ist zutiefst freundlich, als sich der unbekannte Neffe bei ihm meldet. Wir sprechen viel über Bulgarien, das den Heiligen, der zum ersten Mal außerhalb der USA reiste, beeindruckt und bedrückt hatte, und dann über Richard Burton, der ihm als einer der wenigen Außenstehenden, die vorurteilsfrei über die Kirche berichteten, ein Begriff war.

Burton war doch ein Leben lang auf der Suche nach Gold, sagte Gibson, da erzähle ich dir eine Geschichte, die sich hier abspielte und ihm gewaltig gefallen hätte. Es gab einen Mann namens Koyle, der war ein wahrer Prophet, meiner Meinung nach, obwohl manche ihn für verrückt erklärten, der hat alles vorhergesagt, was in seiner Zeit an Katastrophen passiert ist, sogar den großen Börsenkrach, dem ist auch Moroni erschienen und hat ihm einen Berg gezeigt, wo Gold begraben liegt.

– Viel Gold, frage ich neugierig, so als ob ich mir überlege, eine Konzession zu erwerben.

– Ganze Kavernen voller Gold. Gott hatte es dort versteckt, weil die Nephiten ... (es folgte eine fünfminütige Erklärung mythologischer Zusammenhänge, die ich mir hier erspare). Eins mußt du wissen: Das Gold wird im

Berg bleiben, bis kurz vor der Wiederkehr Christi. Wenn die Zustände unerträglich schlimm sind, wird Gott es den Heiligen geben, damit sie in den Letzten Tagen überleben können. Der Prophet erwarb die Schürfrechte für den Berg, im Jahre 1894, stelle dir das vor, keine Krise weit und breit, das Zeitalter des Aufschwungs, der unbegrenzten Hoffnungen, welchen Anlaß gab es damals, zu glauben, die Apokalypse stünde kurz bevor? Geldgeber gab es so viele wie Stollen in den Bergen. Viele von den Heiligen investierten. 700.000 Aktien wurden verkauft. Nach einigen Jahrzehnten war der Schacht tausend Meter tief.

– Und, hat man Gold gefunden?

– Nein, aber das war doch auch nicht zu erwarten. Die Letzten Tage waren noch nicht nahe. Aber die Investition ist solide, denn sie kommen bestimmt.

Ich hatte mich vorbereitet, ich hatte Bücher gelesen und Fragen vorformuliert, doch als ich vor dem großen Tempel inmitten von Salt Lake City stand, nachdem ich von braven, jungen Frauen, die *representatives* genannt werden, eine Art Firmenführung erhalten hatte, bei der ich vernahm, daß mir der Zugang zu den Tempeln versagt bliebe, sowie einiges über Funktionalität und wenig über Spiritualität erfuhr, fiel meine Neugierde in sich zusammen, und ich fühlte mich mit einem Schlag fremd und unlustig, zum ersten Mal auf dieser sieben Jahre währenden Nachreise. Ich hatte das Ende der Fahnenstange erreicht, und fast war ich erleichtert, an diese Grenze gestoßen zu sein. Am nächsten Morgen fuhr ich zum großen Salzsee, planschte darin und brach auf nach Westen, in Richtung San Francisco, wie knapp hundertfünfzig Jahre vor mir Richard Burton.

TRIEST

TRIESTE, TRISTIA:

EIN FAST ZWANZIGJÄHRIGES

PROVISORIUM

الحاج عبد الله

Jutzi (Hg.):
*In Search of
Sir Richard
Burton*, S. 9

Sie könnten Mr. Dis[1] ins Ohr flüstern, daß Trieste nicht annähernd die Größe hat, um mich zu halten, daß ich mich aber mit Zentralasien oder gar einem unbekannten Afrika begnügen würde!

Am 24. Oktober 1872 brach Richard Burton von England nach Triest auf. Er war vom Foreign Office dorthin versetzt worden, weil man ihn aus dem Weg haben wollte. Er galt als weltfremder, aufsässiger Störenfried mit unergründlichen Sympathien für Moslems, weswegen bei seinem letzten Botschafterposten in Damaskus sowohl evangelische Missionare als auch jüdische Händler heftig gegen seine angeblich voreingenommene Politik protestiert hatten. Sein einziges Vergehen war objektiv zu sein, wo Bevorzugung erwartet wurde. Sein Vorgänger war auf den Posten nach Triest mit den Worten berufen worden:

[1] Premierminister Benjamin Disraeli.

J.B. ROTTMAYER K.K.HOF – &MARINE–FOTOGRAF

TRIEST TRIEST

VIRIBUS UNITIS

410 *NOMADE AUF VIER KONTINENTEN*

Dort gibt es nichts zu tun, und Sie sind genau der richtige Mann, dies zu tun. Richard Burton empfand Triest als Exil. Bis zu seinem Tod knapp zwei Jahrzehnte später, verbrachte er selten mehr als sechs Monate im Jahr auf diesem Posten und nutzte trotz seiner gesundheitlichen Probleme jede Gelegenheit, durch Europa und Arabien zu reisen. Er übersetzte und annotierte eine vollständige Ausgabe von *Tausendundeiner Nacht,* er schloß seine Nachdichtung des portugiesischen Nationalpoems *Os Lusíades* ab, er schrieb ein Dutzend Bücher. Es ist nicht überliefert, daß er irgendwelche diplomatische Arbeit von Bedeutung erledigt hätte.

Triest im Frühling war sanft. Kein gewalttätiger Wind blies vom Karst herab, weder die Bora noch der Schirokko. An einem sonnigen Tag wanderte ich von dem einstigen britischen Konsulat, von dessen Balkon aus Burton auf den Hafen blicken konnte, entlang einer dicht befahrenen Landstraße zu dem oberhalb der Stadt gelegenen Opicina (Opcine). Burton hat seine Pension in dem Bergdorf so genau beschrieben, daß ich, als ich nach einer weiteren Serpentine auf die ›Albergo Daneus‹ blickte, sofort sein einstiges Domizil erkannte. Der Gasthof war verlassen, aber eine gegossene Reliefplakette mit dem Profil Burtons an der Hausfassade erinnerte an seinen Aufenthalt. Die Tür war nur angelehnt. Ich stieg über Geröll und Balken; eine breite Treppe führte empor. Das Zimmer im dritten Stock, in dem Burton manches Schriftstück verfaßt hatte, war türlos und leer. Vier Stufen trennten das Zimmer von einem Balkon, der breit genug war, um dort einen Liegestuhl aufzustellen. Der Ausblick war grandios. Jenseits der Landstraße klammerten sich einige kleine Weingüter an den steilen Hang. Schiffe liefen in den Hafen ein. Der Wind wehte eine beständige Brise. Es war ein schöner Ort, der mich aber mit seiner Atmosphäre unverblümter Vergänglichkeit traurig stimmte. Hinter dem Gasthaus führte ein Pfad in den Karst. Wohin ich blickte, sah ich zwischen den spindeldürren Stämmen weiße Steine, die mich an Grabsteine erinnerten. Die Todesstimmung wurde verstärkt durch die dominante Farbe der blühenden, wilden Pfingstrosen. In Weiß gekleidet bezeugt man die Verbrennung eines Nächsten; in den weißen Gewändern des *ihram* wird der eigene Leichnam eines Tages verscharrt.

Ich nahm einen Bus in die Stadt hinab und ging die Via Napoleonica[1] zwischen Triest und Prosecco hinab, einen Weg, den Burton und Isabel, die täglich schwimmen gingen, oft entlangschlenderten. Die niedrigen, den Weg gelegentlich eingrenzenden Mauern waren an vielen Stellen stark verwittert, mit Moos überwachsen. Ich setzte mich auf eine Bank und versuchte mir vorstellen, wohin ein Schiff Richard Burton innerhalb eines Tages, einer Woche, eines Monats entführen konnte. Mir fiel der 19. Oktober 1890 ein, ein Sonntag. Bevor er sich zur Nachtruhe begab, verkündete er seiner Frau, er werde am nächsten Morgen die Übersetzung von *The Scented Garden* abschließen. Sie beschwor ihn, danach endlich seine Autobiographie niederzuschreiben. Ein eitler Wunsch – Burton wäre nicht in der Lage gewesen, sein eigenes Leben aufzuschreiben, auch wenn er nicht früh am nächsten Morgen gestorben wäre.

Die nächsten Tage verbrachte Isabel mit der Durchsicht seiner Bücher und Dokumente. Sie verbrannte die fast fertige, erweiterte und kommentierte Übersetzung von *The Scented Garden*, das eine oder andere Tagebuch

---

[1] Angeblich von napoleonischen Soldaten erbaut.

sowie eine Reihe von Briefen und anderen persönlichen Papieren. Offensichtlich bereinigte sie auch seine Bibliothek, denn die Sammlung in der Huntington Library[1] in San Marino, Kalifornien, enthält so gut wie keine erotische Literatur, eines seiner Interessengebiete. Dafür befindet sich dort ein Buch mit dem Titel: *The Destruction of Libraries by Fire considered practically and historically*,[2] verfaßt von einem Cornelius Walford. Vielleicht haben die meisten Tagebücher dieses erste Autodafé tatsächlich überlebt, wie Mary Lovell in ihrer Biographie überzeugend argumentiert, doch selbst wenn dem so gewesen ist, wurden sie von Lady Burtons Nachlaßverwalterin, ihrer Schwester Dilly Fitzgerald, nach dem Tod von Isabel im März 1896 dem Feuer übergeben.

Trotz großer Anstrengung und der Hilfeleistung einer Vielzahl von Burtoniern auf vier Kontinenten habe ich sie nicht finden können.

[1] Übernahm die Bibliothek Burtons vom Royal Anthropological Institute, London, und beheimatet nun die rund 2500 erhaltenen Bände aus Burtons Besitz. Alan Jutzi war so freundlich, mich durch die perfekt klimatisierten Kellerräume zu führen und mich manchen Band durchblättern zu lassen.

[2] Burton hatte 1861 bei einem Brand in Grindleys Lagerhaus, wo fast seine gesamte Bibliothek untergebracht war, darunter viele persische und arabische Handschriften, große Verluste erlitten.

L ISTE DER MANUSKRIPTE,

AN DENEN RICHARD BURTON

ZUM ZEITPUNKT SEINES TODES

ARBEITETE

أِلَحَاجِ عبد الله

So gut wie abgeschlossen

The Scented Garden (verbrannt)
Uruguay. An Epic Poem by Jose Basilio da Gama.
  Aus dem Brasilianischen übersetzt von Richard
  und Isabel Burton
Ladislas Magyar's African Travels
Pentamerone (später veröffentlicht)
Jew, Gypsy, and El Islam (später veröffentlicht)
Catullus (später veröffentlicht)

Teilweise abgeschlossen

More Notes on Paraguay
Personal Experiences in Syria
Lowlands of Brazil
North America
South America
Central America

A Book on Istria – Castellieri
Dr. Wetstein's Hauràn
Apuleius, or the Golden Ass
Ausonius, Epigrams
Material für vier weitere Bücher über Camões
Material für ein weiteres Buch über Schwerter
Material für ein Buch über griechische Sprichwörter
Material für ein Buch über Sinti und Roma
Material für ein Buch über slawonische Sprichwörter
A Study of the Wali
Akkas
A Trip Up the Congo, 1863
Ober Ammergau
Vichy
Lectures and Poetry
The Eunuch Trade of Egypt
Akits as Mirza Ali
The Ashanti War
Classics, Poetry, and Scraps
Inscriptions
Sind-Karachi
The Adelsburg Caves
The Neapolitan Muses
Syrian Proverbs
Pilpay's Fables
An Essay on Islam
Four Cantos of Ariosto

الحاج عبد الله

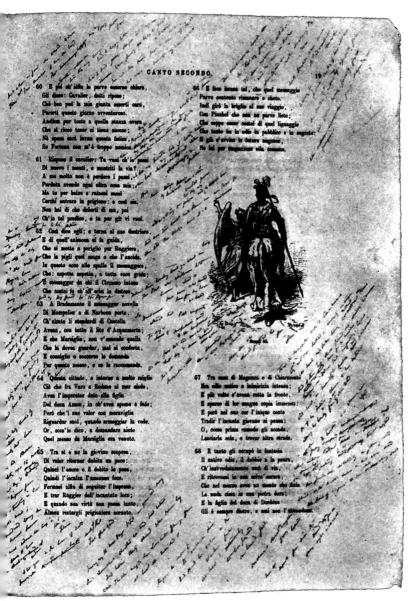

Faksimile von Burton-Übersetzungsnotizen zu Ariost

The Sotadic Zone
Social and Sexual Relations
of the Mohammedan Empire

by Sir Richard F. Burton

AUSGEWÄHLTE BIBLIOGRAPHIE

WERKE

/ Goa, / and the Blue Mountains ; / or, /
Six Months of Sick Leave. / By / Richard F. Burton, /
Lieut. Bombay Army. / Author of a Grammar of the
Mooltanee Language; / Critical Remarks on Dr. Dorn's
Chrestomathy of the Pushtoo, / or Affghan Dialect,
Etc. Etc. / London : / Richard Bentley, New Burlington
Street, / Publisher in Ordinary to Her Majesty. / 1851. /
   Reprint: Berkeley 1991.[1]

/ Scinde ; / or, / The Unhappy Valley. /
By / Richard F. Burton, / Lieut., Bombay Army. /
Author of »Goa and the Blue Mountains.« &c. / In Two
Volumes. / London : / Richard Bentley, New Burlington
Street, / Publisher in Ordinary to Her Majesty. / 1851. /

/ Sindh, / and / the Races that inhabit the
Valley / of the Indus ; / With / Notices of the Top-
ography and History / of the Province. / By / Richard
F. Burton, / Lieutenant Bombay Army, Author of »Goa
and the Blue / Mountains.« »A Grammar of the Multani
Language,« Etc., Etc. / London : / Wm. H. Allen & Co., /
7, Leadenhall Street. / 1851. /

---

[1] Wenn ein Reprint oder eine andere Ausgabe angegeben ist, bezieht
sich der bibliographische Vermerk im Text auf diese.

/ FALCONRY / IN THE / VALLEY OF THE INDUS. /
By / Richard F. Burton, / Lieut. Bombay Army. / Author
of »Goa and the Blue Mountains.« Etc. / London : /
John Van Voorst, Paternoster Row. / MDCCC.LII. /
    Reprint: Karachi 1997.

/ PERSONAL NARRATIVE / OF A / PILGRIMAGE TO
EL-MEDINAH / AND MECCAH. / By / Richard F. Burton, /
Lieutenant Bombay Army. / In Three Volumes. /
Vol. I.–El-Misr.[1] / London : / Longman, Brown, Green,
and Longmans. / 1855. /
    Reprint: New York 1995.
    Deutsch: *Persönlicher Bericht einer Pilgerreise nach
Mekka und Medina.* Stuttgart 2005.

/ THE / LAKE REGIONS OF CENTRAL AFRICA. /
A Picture of Exploration / By / Richard F. Burton /
Capt. H. M. I. Army: Fellow and Gold Medallist of the
Royal Geographical Society. / In Two Volumes. / London
/ Longman, Green, Longman, and Roberts. / 1860. /

/ THE CITY OF THE SAINTS / AND / ACROSS THE
ROCKY MOUNTAINS TO CALIFORNIA . / By / Richard
F. Burton, / Author of »A Pilgrimage to El-Medinah and
Meccah« / London: / Longman, Green, Longman, and
Roberts. / 1861. /
    Amerikanische Erstausgabe: New York 1862.

/ THE NILE BASIN. / PART I. / Showing Tanganyika
to be Ptolemy's Western / Lake Reservoir. /
A Memoir read before the Royal Geographical Society, /
November 14, 1864. / With Prefatory Remarks. /

---

[1] Vol. II.–El-Medinah; Vol. III.–Meccah.

By / Richard F. Burton / F. R. G. S. / London : / Tinsley
Brothers, 18, Catherine St., Strand. / 1864. /

/ WIT AND WISDOM / FROM / WEST AFRICA ; /
OR, / A BOOK OF PROVERBIAL PHILOSOPHY, IDIOMS, /
ENIGMAS, AND LACONISMS. / Compiled by / Richard F.
Burton / (Late) H. M.'s Consul for the Bight of Biafra
and Fernando Po, / Author of« »A Mission to Dahomey,«
»A Pilgrimage to El-Medinah and Meccah,« &c. /
London : / Tinsley Brothers, 18, Catherine St., Strand. /
1865 /
Reprint: New York 1969.

/ ZANZIBAR ; / CITY, ISLAND, AND COAST. / By /
Richard F. Burton / In Two Volumes. / Vol. I (Vol. II) /
London : / Tinsley Brothers, 18, Catherine Street, /
Strand. / 1872. /

/ THE GOLD-MINES OF MIDIAN / AND / THE
RUINED MIDIANITE CITIES. / A Fortnight's Tour /
in Northwestern Arabia. / By / Richard F. Burton /
Membre de l'Institut Ègyptien. / London : / C. Kegan
Paul & Co., I, Paternoster Square. / 1878. /
Reprint: New York 1995.
Deutsch: *Die Goldminen von Midian. Reisen und
Forschungen im biblischen Land.* Stuttgart 2002.

/ THE KASIDAH / OF HAJI ABDU EL-YEZDI / A Lay
of the Higher Law / Translated and Annotated / by / His
Friend and Pupil / F. B.[1] / London : / Privately Printed. /

[1] *F. B. sind wahrscheinlich die Initialen von Frank Baker, Deckname von
Richard Francis Burton, den er auch bei dem ebenfalls privat gedruckten
Langgedicht ›Stone Talk‹ benutzt, in dem der Autor sich satirisch mit den
Verbrechen des imperialen Englands auseinandersetzt. Es ist gewiß eines
von Burtons klügsten Werken, obwohl es praktisch unbekannt ist. Es ist sehr*

/ Selected Papers / On Anthropology, /
Travel & Exploration / By / Sir Richard Burton,
K. C. M. G. / Now Edited with an Introduction and /
Occasional Notes / By / N. M. Penzer, M. A., F. R. G. S.,
F. G. S., Etc. / Benjamin Blom, Inc. / *Publishers*
New York 1972. /

/ Travels / in / Arabia and Africa. / Four
Lectures from a Huntington Library Manuscript. /
San Marino : / 1990. /

ÜBERSETZUNGEN

/ Vikram and the Vampire / or / Tales of Hindu
Devilry. / Adapted by / Richard F. Burton, F. R. G. S.
&c. / With Thirty-three Illustrations / by / Ernest
Griset. / London : / Longmans, Green, and Co. / 1870. /

/ Benares : MDCCCLXXXV : Printed By the Kama-
shastra / Society For Private Subscribers Only. /
Volume I.–[1] / A Plain and Literal Translation of the /
Arabian Nights' Entertainments, Now / Entituled / The
Book of The / Thousand Nights and a Night. /
With Introduction Explanatory Notes on the Manners
and Customs of Moslem Men and a / Terminal Essay
upon the History of the / Nights / By / Richard
F. Burton /

*rar, denn Lady Burton hat eine große Anzahl an Exemplaren aufgekauft,
und zerstören lassen, um ihrem Ehemann potentiellen Ärger mit den Behörden zu ersparen.* (Norman Penzer, S. 77).
    [1] Volume II, III, IV… bis XVI.

BENARES: MDCCCLXXXV: PRINTED BY THE KAMASHASTRA
SOCIETY FOR PRIVATE SUBSCRIBERS ONLY.

VOLUME I.

PLAIN AND LITERAL TRANSLATION OF THE
ARABIAN NIGHTS ENTERTAINMENTS, NOW

ENTITULED

THE BOOK OF THE

Thousand Nights and a Night

WITH INTRODUCTION EXPLANATORY NOTES ON THE

MANNERS AND CUSTOMS OF MOSLEM MEN AND A

TERMINAL ESSAY UPON THE HISTORY OF THE

NIGHTS

BY

RICHARD F. BURTON

/ The / Kama Sutra / of / Vatsyayana. / Translated
from the Sanscrit. / In Seven Parts, / With / Preface,
Introduction, / and / Concluding Remarks. / Benares : /
Printed for the Hindoo Kama Shastra Society. / 1883. /

/ Kama-Shastra / or / The Hindoo Art of Love. /
(Ars Amoris Indica) / Translated from the Sanskrit,
and Annotated / by A. F. F. and R. F. B. / For Private Use
of the Translators Only in Connection With a Work on the
Hindoo / Religion, and on the Manners and Customs of
the Hindoos. / 1885. /

BIOGRAPHIEN
ÜBER RICHARD FRANCIS BURTON

Brodie, Fawn: *The Devil Drives.* London 1987.
Burton auf der Couch, *as good as it gets* in dieser Disziplin, d. h. verblüffende Einsichten wechseln sich mit
gewagten Spekulationen ab.

Burton, Isabel: *The Life of Captain Sir Richard
F. Burton* (2 Bände). London 1893. Vor allem an jenen
Stellen hochinteressant, wo Isabel die autobiographi-
schen Skizzen ihres Mannes abdruckt.

Farwell, Byron: *Burton. A Biography of Sir Richard
Francis Burton.* London 1990. Ein Spezialist für viktorianische Welteroberer. Solide recherchiert und gekonnt
ausgemalt, doch es herrscht eine gewisse Altherrenklub-
atmosphäre; man vermeint, den Whiskey zu schmecken
und die Zigarre zu riechen.

Hastings, Michael: *Sir Richard Burton. A Biography.* New York 1978. Gewitzt und originell – kommt Burton intellektuell am nächsten; er kehrt nicht unter dessen Bett, um weitere Stoffitzel zu finden, sondern er beschreibt das Laken so, daß man sich vorstellen kann, was im Bett geschehen ist.

Kennedy, Dane: *The Highly Civilized Man.* Cambridge 2005. Der Mann als Kind seiner Zeit. Brillantes akademisches Umkreisen von Burton anhand einiger zentraler Themen und Obsessionen seines Lebens.

Lovell, Mary S.: *A Rage To Live. A Biography of Richard & Isabel Burton.* New York 1998. Die ultimative Fleißarbeit, das aktuelle Nachschlagewerk. Leidet etwas unter dem programmatischen Ansatz der Autorin, Isabel Burton als ebenbürtige Partnerin und die Ehe mit Richard als *made in heaven* darzustellen. Als Advocatus Dei für Isabel verliert sie teilweise das Ebenmaß der Glaubwürdigkeit.

Rice, Edward: *Captain Sir Richard Francis Burton. The Secret Agent who made the Pilgrimage to Mecca, discovered the* Kama Sutra, *and brought the* Arabian Nights *to the West.* New York 1990. Schon der Untertitel beinhaltet mehrere Fehler! Herr Rice ist mit einer lebhaften Phantasie ausgestattet. So werden zum Beispiel städtische Beamte (Nagar-Brahmanen) zu Schlangenanbetern (Naga), und vor den erstaunten Augen des Lesers wird umgehend eine tantrische Geheimgesellschaft entlarvt.

Stisted, Georgiana M.: *Captain Sir Richard F. Burton,* London 1985. Die in den Onkel vernarrte

Nichte hat schon früh den Satan ausfindig gemacht,
nämlich Isabel Burton, und läßt keine Gelegenheit aus,
die Teufelin an die Wand zu malen.

Wright, Thomas: *The Life of Sir Richard Burton,*
2 Bände. London 1906.
Hat sich nicht nur mit den alten Fehlern begnügt,
sondern jede Menge neue hinzugefügt.
Wirft die fürsorgliche Frage auf, wie man einen Menschen vor ungeeigneten Biographen schützen kann.

BIBLIOGRAPHIEN
ZU RICHARD FRANCIS BURTON

Casada, James A.: *Sir Richard F. Burton. A Biobiblio-*
graphical Study. Boston 1990. Die Einführung ist ein
Muß für jeden, der über Richard Burton arbeiten will.

Kirkpatrick, B. J.: *A Catalogue of the Library*
of Sir Richard Burton, K. C. M. G. held by the Royal
Anthropological Institute. London 1978. Das ist die
einzige Katalogisierung der Sammlung, die sich heute
in der Huntington Library befindet.

Penzer, Norman M.: *An Annotated Bibliography*
of Sir Richard Francis Burton. London 1922. Pflicht-
lektüre für alle Burtonier. Schwer zu glauben, daß
eine Bibliographie so spannend sein kann. Zwischen
den trockenen Informationen erhält der Leser einen
Eindruck von dem nüchternen, aber keineswegs humor-
losen und zudem durchaus kritischen Herrn Penzer.

WERKE ANDERER AUTOREN

AL-ALBAANI, Mohammad Nasir-ud-diin: *Rites of Haj and Umrah*. New Delhi 2001.

BAARTMANS, Frans: *The Holy Waters. A Primordial Symbol in Hindu Myths*. New Delhi 2000.

BAER, Martin/SCHRÖTER, Olaf: *Eine Kopfjagd. Deutsche in Ostafrika*. Berlin 2001.

BLANCH, Lesley: *The Wilder Shores of Love*. New York 1954.

BRENT, Peter: *Far Arabia. Explorers of the Myth*. London 1977.

BRODIE, Fawn: *No Man Knows My History. The Life of Joseph Smith*. New York 1971.

BRUNOLD, Georg (Hg.): *Nilfieber. Der Wettlauf zu den Quellen*. Frankfurt 1994.

BURCKHARDT, Johann Ludwig: *In Mekka und Medina*. Berlin 1994.

BURTON, Jean: *Sir Richard Burton's Wife*. New York 1941.

CAPLAN, Pat: *African Voices, African Lives*. London 1997.

COMFORT, Alex (Hg.): *The Koka Shastra. Being the Ratirahasya of Kokkoka and Other Medieval Indian Writings on Love*. New York 1964.

EDWARDS, Michael: *British India, 1772–1947*. New York 1967.

ELSING, Evelyn: *Die Veddah. Fragen und Antworten im Wandel der Jahrhunderte*. München 1997.

FAIRHEAD, James/LEACH, Melissa: *Misreading the African Landscape*. Cambridge 1996.

FARMER, Philip José: *To Your Scattered Bodies Go*. London 1971.

Fisch, Jörg: *Tödliche Rituale. Die indische Witwen-verbrennung und andere Formen der Totenfolge.* Frankfurt 1998.

Fraser, George MacDonald: *Flashman.* London 1969.

Frobenius, Leo: *Kulturgeschichte Afrikas.* Wuppertal 1993.

Glendinning, Chellis: *Off The Map. An Expedition Deep Into Imperialism, the Global Economy, and Other Earthly Whereabouts.* Boston 1999.

Grant, James Augustus: *A Walk Across Africa.* London 1864.

Hall, Richard: *Lovers on the Nile.* London 1980.

Hall, Richard: *Stanley. An Adventurer Explored.* London 1974.

Harris, Frank: *My Life & Loves.* New York 1963.

Harris, Frank: *Contemporary Portraits.* New York 1915.

Hobson-Jobson: *The Anglo-Indian Dictionary. Hrsg. von Henry Yule und A.C. Burnell.* Hertfordshire 1996.

Hove, Chenjerai/Trojanow, Ilija: *Hüter der Sonne. Begegnungen mit Zimbabwes Ältesten – Wurzeln und Visionen afrikanischer Weisheit.* München 1996.

Ibn Jubyar: *The Travels.* London 1952.

Jutzi, Alan (Hg.): *In Search of Sir Richard Burton. Papers from a Huntington Library Symposium.* San Marino 1993.

Kipling, Rudyard: *Plain Tales From the Hills.* London 1994.

Krakauer, Jon: *Mord im Auftrag Gottes.* München 2003.

Krüger, Gesine: *Kriegsbewältigung und Geschichts-bewußtsein. Realität, Deutung und Verarbeitung des*

deutschen Kolonialkriegs in Namibia 1904 bis 1907.
Göttingen 1999.

LANNOY, Richard: *The Speaking Tree. A Study of Indian Culture and Society.* New York 1971.

LINDQVIST, Sven: *Exterminate All The Brutes.* London 1997.

MACKINTOSH-SMITH, Tim: *Travels with a Tangerine. A Journey in the Footnotes of Ibn Battutah.* London 2002.

MAITLAND, Alexander: *Speke and the Discovery of the Source of the Nile.* London 1971.

MAY, Karl: *Durch die Wüste.* Bamberg 1952.

MBITI, John S.: *African Religions and Philosophy.* Nairobi 1969.

MICHAELS, Axel: *Der Hinduismus. Geschichte und Gegenwart.* München 1998.

MOOREHEAD, Alan: *The White Nile.* New York 1960.

MORRIS, Jan: *Stones of Empire. The Buildings of British India.* Oxford 1983.

MUDIMBE, V. Y.: *The Idea of Africa.* London 1994.

NIEBUHR, Carsten: *Entdeckungen im Orient.* Tübingen 1973.

PANTER-DOWNES, Mollie: *Ooty Preserved. A Victorian Hill Station in India.* New York 1967.

PETERS, F. E.: *The Hajj. The Muslim Pilgrimage to Mecca and the Holy Places.* Princeton 1994.

PRATT, Mary Louise: *Imperial Eyes. Travel Writing and Transculturation.* New York 1984.

RABAN, Jonathan: *Arabia. A Journey Through the Labyrinth.* New York 1979.

RALLI, Augustus: *Christians at Mecca.* London 1909.

RAYNER, William: *Trail To Bear Paw Mountain.* London 1974.

SAID, Edward: *Orientalism.* New York 1978.

SARDAR, Ziauddin: *Postmodernism and the Other.*
London 1998.

SEVERIN, Timothy: *The African Adventure.* New York
1973.

SHAH, Idries: *Die Sufis. Botschaft der Derwische,
Weisheit der Magier.* München 1976.

SHANKAR, Jogan: *Devadasi Cult: A Sociological
Analysis.* New Delhi 1994.

SHERIFF, Abdul: *Slaves, Spices & Ivory in Zanzibar.*
London 1987.

SIMPSON, Donald: *Dark Companions. The African
Contribution to the European Exploration of East Africa.*
London 1975.

SPEKE, John Hanning: *Journal of Discovery of the
Source of the Nile.* Edinburgh 1863.

SPEKE, John Hanning: *What led to the Discovery
of the Source of the Nile.* Edinburgh 1864.

TINDALL, Gillian: *City of Gold. The Biography
of Bombay.* New Delhi 1992.

VARTHEMA, Ludovico de: *Reisen im Orient.* Übersetzt von Folker Reichert. Sigmaringen 1996.

WILKINS, W. H.: *The Romance of Isabel Lady Burton*
(2 Bde). New York 1897.

YOUNG, Donald (Hg.): *The Search for the Source
of the Nile: Correspondence between Captain Richard
Burton, Captain John Speke and others, from Burton's
unpublished East African Letter Book.* London 1999.

YOUNG, Wayland: *Eros Denied.* New York 1964.

ABBILDUNGSVERZEICHNIS

Vor- und Nachsatzpapier: Arabisches Monogramm von Richard Francis Burton

Seite 7: Richard Francis Burton, Portrait von Frederick Leighton, 1872, National Portrait Gallery, London

Seite 8/9: Historische Karte von Indien, Arabien und Ostafrika

Seite 10: El-hadj, Richard Francis Burton als Pilger, ca. 1854

Seite 18/19: Das Spiel, Sammlung Lehnert & Landrock

Seite 22/23: Kamasutra, Zehn Positionen; Puri, Orissa, 19. Jahrhundert

Seite 24/25: Die heilige Stadt Puri, Straße des Wallfahrtsortes mit Tempel im Hintergrund; Sammlung Greno

Seite 26/27: Jama Masjid, die große Freitagsmoschee, Delhi; Sammlung Greno

Seite 86/87: Zwei Sadhus, Sammlung Greno

Seite 124–127: Kamasutra, 64 Positionen; Puri, Ende 19. Jahrhundert

Seite 146: Richard Francis Burton in Landestracht, 1848

Seite 159: Tor des Islam, Sammlung Greno

Seite 160/161: Das Gebet, Sammlung Lehnert & Landrock

Seite 169: Richard Francis Burton als Mirza Abdullah, undatiert

Seite 184/185: Platz in Jeddah, Zeichnung von Richard Francis Burton

Seite 197: Surrah, Zeichnung von Richard Francis Burton

Seite 198/199: Mekka, Pilger bei der *tawaf*, der siebenfachen Umkreisung der Kaaba; Sammlung Greno

Seite 220/221: Der Berg Arafat während der Pilgerzeit, Zeichnung von Richard Francis Burton

Seite 234/235: Die Steinigung des Teufels, Zeichnung von Richard Francis Burton

Seite 266/267: Blick von Westen auf Medina, Zeichnung von Richard Francis Burton

Seite 274/275: Gemeinsames Gebet, Sammlung Lehnert & Landrock

Seite 276/277: Wächterskulpturen einer kultischen Stätte in Ostafrika, Sammlung Greno

Seite 282/283: Blick auf Sansibar vom Meer aus, Zeichnung von Richard Francis Burton

Seite 291: John Hanning Speke; Frontispiz in Burtons Exemplar von Hannings *Journal of the Discovery of the Source of the Nile* (1863)

Seite 292: Richard Francis Burton in seinem Zelt in Westafrika, 1862

Seite 297: Sidi Mubarak Bombay

Seite 308/309: Afrikanische Sklaven, Zeichnung von Richard Francis Burton

Seite 322/323: Der Tanz, Sammlung Greno

Seite 340/341: Im Dschungel, Sammlung Greno

Seite 358/359: Das Land der Nyamwezi, Zeichnung von Richard Francis Burton

Seite 392/393: Rudernde auf dem Tanganjikasee, Zeichnung von Richard Francis Burton

Seite 402/403: Salt Lake City, nach einer Zeichnung von Richard Francis Burton

Seite 409: Richard Francis Burton, Portrait von Madame Gutmansthal de Benvenuti, Triest 1879

Seite 410: Isabel Burton, ca. 1888, Photographie von J. B. Rottmayer, Triest

Seite 414: Richard Francis Burton in seinem Arbeitszimmer an *Tausendundeiner Nacht* arbeitend, Triest 1886

Seite 417: Ariost-Faksimile mit handschriftlichen Übersetzungsnotizen von Richard Francis Burton; die Illustration stammt von Gustave Doré

Seite 418: Titel-Faksimile von Burtons *The Sotadic Zone*

Seite 423: Faksimile der Titelseite von Burtons Exemplar *Thousand Nights and A Night* mit handschriftlichen Anmerkungen

The Kasidah of Haji Abdu El-Yezdi
von Sir Richard Francis Burton,
in der Übersetzung von Menno Aden

IM KONTEXT eines kurzen Briefwechsels schrieb
Ernst Jünger am 28.2.1976 auf einer Postkarte:»... Ich
lese zur Zeit *The Kasidah* von Richard Burton. ... Eine
Übersetzung wäre schön.« Dies gab den Anstoß für die
Befassung mit dieser Dichtung. Die ersten Kapitel habe
ich Jünger gegeben – seine Antwort vom 20.8.1976:
»Ihre Übersetzung finde ich gelungen; gewisse Frei-
heiten muß man beim Gedicht in Kauf nehmen. ...
Bitte fassen Sie das nur als bescheidene Anregung auf.
Meine Ansicht war nicht, Sie in eine langwierige Arbeit
zu verwickeln; ich hatte an einige Verse, die Ihnen besonders gefallen würden, gedacht.«
Ich (*1942) war frisch verheiratet. Als Jurist in einer
Großbank schrieb ich Artikel über so prosaische Themen wie *Der Arrest in den Auszahlungsanspruch des
Akkreditivbegünstigten.* Das erste Kind wurde geboren
und die angefangene Übersetzung blieb liegen. Pusch-
kins Gedichte, aus deren Übersetzung die Korrespon-
denz mit Jünger entstanden war, reizten mich aufgrund
der russischen Sprache mehr. Aber auch diese blieben
lange liegen (vgl. *Puschkin. Rußland und sein erster
Dichter,* Tübingen 2000), erschienen sind eine Reihe
von juristischen Werken, die meinen Namen tragen.
Als ich 1994 als Präsident des Oberkirchenrates der
Evangelisch-Lutherischen Landeskirche von Mecklenburg in den Dienst dessen trat, welcher der Gegenstand aller menschlichen Fragen ist und damit auch

das Thema von Burtons *The Kasidah,* nahm ich mir diese in Schwerin erneut vor. Ob Burton vielleicht doch Recht hat, so war mir im Verkehr mit dem kirchlichen Berufsbeamtentum die Frage gekommen: »Alles nur leere, selbstgedachte Bilder? Kein Gott, kein ewiges Heil?«

Meine Frau schenkte mir fünf Kinder; berufliche Verwerfungen führten mich weiter nach Sarajewo. Dort traf ich, ohne einen Bezug zu diesem Buch zu ahnen, kurz mit dem Vater des Autors dieses Werkes zusammen. »Wozu trifft man sich im Steg der Zeit?« fragt Burton. Nur, um wieder zu scheiden? Sieht man einander wohl einmal wieder? Und wenn – dann in verwandelter Form, wie es in unserer Dichtung heißt.

The Kasidah war bis auf die letzten drei Abschnitte fertig, und doch war die Übersetzung dieses vielschichtigen, sprachlich oft merkwürdigen Gedichtes voller Mühe. Ich legte das Manuskript zur Seite und hätte es fast vergessen. Mein Buch *Christlicher Glaube,* Münster 2003, schien mir dem Thema, um welches sich *The Kasidah* und, seit meiner Kindheit in einem evangelischen Pfarrhaus mein Denken dreht, näher zu sein.

Seit 1999 arbeite ich als Professor in Essen und der letzte Abschnitt kommt in Sichtweite. Noch ehe das weitausgreifende Kamel auch mich zum großen Heere bescheidet, sollte diese Dichtung, die mich seit dreißig Jahren begleitet, fertig werden. Wie Alles wird es einmal verhallen, wie das Läuten der Kamelglöckchen in der weiten Wüste. Vorher möge es auf dieser Seite der Ewigkeit den Einen oder Anderen begleiten und ihm sagen, daß er mit seinen Fragen nicht alleine ist.

Menno Aden, im März 2007

INHALTSVERZEICHNIS

EINSTIEG

/ wer ist dieser mann, / um den es hier gehen soll, /
und was bringt den autor dazu, / sich mit ihm zu
beschäftigen? / Seite 7

INDIEN

/ nach einer berghochjauchzenden, / wenn auch
reichlich verwirrenden begegnung / nimmt die reise
auf den spuren / von richard burton / einen schwer
verschuldeten fortgang / in die subtropen / Seite 28
   / dort ankommen, / wo man schon seit längerem nicht
hinwollte / Seite 43
   / über das ruhmreiche geschlecht der da cunhas, /
von tristan über gerson bis carlo / Seite 53
   / die entführte nonne, / oder die leichtgläubige äbtissin, / oder gut erfunden ist halb gewonnen / Seite 67
   / wie reist man hier, / wie ist man einst gereist? /
hier reist es sich noch einmal, / unbequem weit /
komfortabel breit / Seite 77
   / wieder im gebirge, / benötige ich neun löcher /
um meinen schwung zu verbessern / und eine weitere
enttäuschung zu erfahren / Seite 91
   / wenn bombay unter wasser steht, / feiert krishna
geburtstag / und inspektor mali empfängt besuch /
Seite 98

/ wie man am besten / eine neue sprache lernt, /
lernt man am besten von einem, / der viele sprachen
gelernt hat / Seite 104

/ der sextherapeut und / die rautsch-mädchen /
in der ladies bar / Seite 108

/ der ›sultan‹ von baroda / Seite 128

/ ein sufischer blick auf gesetz, wahrheit / und afghanistan / Seite 139

SINDH

/ von der schönheit der sindhi-namen, / aus dem
wörterbuch eines genesenden, / mit einer zeittafel
auf den spuren eines spions / Seite 147

ARABIEN

/ wie ich als lehrender schüler / ins fasten geriet /
und zur hadsch eingeladen wurde / Seite 162

THE KASIDAH of Haji Abdu El-Yezdi
Von SIR RICHARD FRANCIS BURTON
Übertragen von MENNO ADEN / Seite 170 bis 270

/ aufbruch zu einer pilgerreise / Seite 170

/ touchdown / und / zodiakallicht / Seite 183

/ du hast nicht richtig gelebt. / heißt es, bevor du
nicht / die kaaba erblickt hast / Seite 193

/ verweilen / in mekka / Seite 208

/ am berg der wiederbegegnung / Seite 222

/ die steinigung des teufels / ist die steinigung
der vielen / Seite 236

/ fünffe ziegen und zween kamele / Seite 245

/ von pilgern und bettlern / Seite 249

/ rückkehr nach mekka / Seite 254

/ in einer stadt namens stadt / Seite 261

/ nachklang / Seite 271

OSTAFRIKA

/ die entblätterung afrikas / beginnt im / ›british hotel kairo‹ / Seite 278

/ sansibar / oder eine erste absicht / Seite 284

/ von dem gesegneten sidi / aus bombay / Seite 293

/ afrika von außen ist europa von innen / Seite 301

/ fuß /safari / lang / und / breit / und / grad / Seite 303

/ leg ab / die last / deines herzens / Seite 312

/ ausrüstung 2000 / Seite 315

/ abwerfen: die fußfesseln der gewohnheit / die lasten der routine / die sklaverei des festen heims / Seite 317

/ im letzten bergregenwald / entdecken auch wir etwas, / bevor wir uns trotz gps verlaufen / Seite 339

/ das alphabet des busches / oder einschulung mit masai / Seite 347

/ kilosa und kidete und weiter / und weiter / Seite 352

/ aufstieg und wortdürre / Seite 356

/ der alte englische klub von dodoma / Seite 361

/ das verdammt heiße land der ugogo / Seite 363

/ tabora, einst kazeh: / rast nach all der hast / Seite 367

/ in abweichung des beispiels der vorreise / auf einem schlauchboot / den malagarasi / hinab / Seite 374

/ kein aufschluß über die frage, / wer die nicht vorhandenen / nilquellen entdeckt hat / Seite 382

/ damals und heute, / ujiji und kigoma, / und die letzte allee / führt zum see / Seite 387

/ abrechnung / Seite 394
/ sitzung der royal geographical society am 13. Juni
1859 / Seite 396

NORDAMERIKA

/ auch die neugierde erschöpft sich irgendwann, /
wenn auch unerwarteterweise / just bei den mormonen /
Seite 397

TRIEST

/ trieste, tristia: / ein fast zwanzigjähriges provisorium / Seite 408
/ liste der manuskripte, / an denen richard burton /
zum zeitpunkt seines todes arbeitete / Seite 415

Bibliographie / Seite 419

Abbildungsverzeichnis / Seite 432

Zu ›The Kasidah‹ / Seite 434

WEITERE WERKE
VON ILIJA TROJANOW

DIE WELT IST GROSS
UND RETTUNG LAUERT ÜBERALL, *München 1996*

AUTOPOL, *München 1997*

DER SADHU AN DER TEUFELSWAND, *München 2001*

AN DEN INNEREN UFERN INDIENS, *München 2003*

ZU DEN HEILIGEN QUELLEN DES ISLAM, *München 2004*

DER WELTENSAMMLER, *München 2006*

GEBRAUCHSANWEISUNG FÜR INDIEN, *München 2006*

DIE FINGIERTE REVOLUTION. BULGARIEN,
EINE EXEMPLARISCHE GESCHICHTE, *München 2006*

*Die deutsche Übersetzung der Burton-Texte
besorgte der Autor größtenteils selbst.*

DER AUTOR dankt dem Piper Verlag für die
freundliche Erlaubnis, ausgiebig aus seinem Buch
Zu den heiligen Quellen des Islam zitieren zu dürfen.

Zitate zur Schädeljagd im Afrika-Kapitel stammen
aus: Baer, Martin/Schröter, Olaf: *Eine Kopfjagd.
Deutsche in Ostafrika.* Christoph Links Verlag 2001

Die leicht veränderten Burton-Übersetzungen
der Seiten 372–390 stammen aus: Brunold, Georg (Hg.):
Nilfieber. Der Wettlauf zu den Quellen.
Eichborn Verlag 1994

*NOMADE AUF VIER KONTINENTEN –
AUF DEN SPUREN VON SIR RICHARD
FRANCIS BURTON VON ILIJA TROJANOW*
ist im Mai 2007 als zweihundertneunundsechzigster
Band der Anderen Bibliothek im Eichborn Verlag,
Frankfurt am Main, erschienen. Das Lektorat lag
in den Händen von Susann Urban.

DIESES BUCH wurde in der Korpus Bulmer
Antiqua von Wilfried Schmidberger in Nördlingen gesetzt
und bei der Fuldaer Verlagsanstalt auf 90 g/m² holz- & säurefreies
mattgeglättetes LuxoCream-Bücherpapier von Schneidersöhne,
Kelkheim/Taunus, gedruckt. Die Reproduktionen stammen
von Günter Mayr, Donauwörth. Den Einband fertigte
die Buchbinderei G. Lachenmaier, Reutlingen.
Ausstattung & Typographie von franz.greno@libero.it

1. bis 7. Tausend, Mai 2007.
Von diesem Band der Anderen Bibliothek
gibt es eine handgebundene Lederausgabe
mit den Nummern 1 bis 999; die folgenden
Exemplare werden ab 1001 numeriert.

Dieses Buch trägt die Nummer:

*   3726